新世纪高职高专
电子商务类课程规划教材

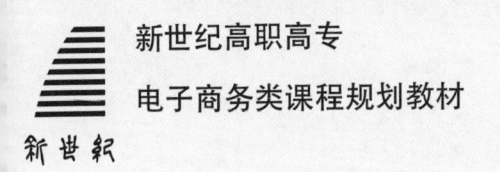

微课版

电子商务物流

（第五版）

新世纪高职高专教材编审委员会 组编

主　编　何　飞　季金震
副主编　高和生　许四化　季鹏飞

大连理工大学出版社

图书在版编目(CIP)数据

电子商务物流 / 何飞,季金震主编. -- 5 版. -- 大连:大连理工大学出版社,2021.1(2024.12 重印)
新世纪高职高专电子商务类课程规划教材
ISBN 978-7-5685-2807-8

Ⅰ. ①电… Ⅱ. ①何… ②季… Ⅲ. ①电子商务－物流管理－高等职业教育－教材 Ⅳ. ①F713.365.1

中国版本图书馆 CIP 数据核字(2020)第 243149 号

大连理工大学出版社出版

地址:大连市软件园路 80 号　邮政编码:116023
营销中心:0411-84707410　84708842　邮购及零售:0411-84706041
E-mail:dutp@dutp.cn　URL:https://www.dutp.cn
辽宁星海彩色印刷有限公司印刷　大连理工大学出版社发行

幅面尺寸:185mm×260mm　　印张:16.25　　字数:375 千字
2003 年 8 月第 1 版　　　　　　　　　　　2021 年 1 月第 5 版
2024 年 12 月第 3 次印刷

责任编辑:刘丹丹　　　　　　　　责任校对:夏圆圆
　　　　　　　封面设计:对岸书影

ISBN 978-7-5685-2807-8　　　　　　　　　定　价:48.80 元

本书如有印装质量问题,请与我社营销中心联系更换。

前　言

《电子商务物流》(第五版)是新世纪高职高专教材编审委员会组编的电子商务类课程规划教材之一。

电子商务物流是电子商务、物流管理以及相关专业学生在电子商务时代掌握电子商务环境下物流的特点和模式、物流业务流程、物流电子化的操作与管理、现代物流管理方法与运用等相关知识与操作技能的专业课程。本教材通过借鉴国内外先进的基础理论、方法和技术，结合我国的客观实际，系统且有针对性地阐述了物流系统的规划设计，使学生可以在科学、高效的物流系统里从事采购、运输、装卸搬运、仓储、流通加工、包装、配送等物流作业管理；在物流国际化、信息化、供应链一体化背景下使学生掌握现代物流管理方法与物流电子化的操作技能。

按照高职高专课程和内容体系的教学改革方向，我们力求将该教材编写成基于物流各岗位工作流程的任务驱动型教材。在项目上按照"项目引入""项目分析""任务分解"组织编写，在具体任务上按照"任务引入""任务目标""工作过程"组织编写，根据"基础充实、理论够用、以实为本、以能为主"的原则，以专业岗位能力培养为核心，以任务驱动教学法实现教、学、做一体化。

具体来说，本教材具有如下特色：

1.定位准确。本教材专门供高职高专院校电子商务、物流管理以及相关专业学生使用，是开设物流实务、物流管理、电子商务物流管理等相关课程的首选教材。全书分为十个项目，每个项目都包括"项目引入""项目分析""任务分解""相关知识""任务实施""案例分析""课外拓展"等模块，彻底打破传统章节式的编排模式，实现从内容到形式的创新，更符合高职高专教学改革的要求。

2.任务驱动。无论在项目上，还是项目分解后的任务上，都以任务驱动教学法的体例组织内容，以一个刚毕业的高职学生到第三方物流企业各岗位的实习过程为主线，注重对学生职业岗位能力的培养，图文并茂，易教易学，把教学改革从教材载体上落到实处。

3. 突出物流电子化。物流电子化运作是电子商务物流的基本特征，本教材以采购管理、运输管理、仓储管理、配送管理、供应链管理等系列软件的操作运用为载体，使学生在软件学习的过程中认识物流电子化的业务操作流程。同时，在物流信息技术应用、物流管理方法应用等项目中都融合物流电子化的实际应用。

4. 视野拓展。许多小资料的嵌入，把物流前沿理论和科技成果，如物流机器人、无人机送货、大数据分析等在物流中的应用和物流岗位的实践现状等全方位地展示给学生，拓展了学生的物流视野。

5. 注重配套性。针对高职高专学生的特点，本教材的知识介绍以实用为主，侧重技能方面的学习与运用（包括经验、方法、技巧等），并配有相应的微课、案例分析、课后习题和免费软件，满足教师和学生的要求。同时为了方便教学，本教材配有课件和习题参考答案等资源，如有需要，请登录职教数字化服务平台进行下载。

本教材由南京交通职业技术学院何飞、季金震任主编，负责教材总体编写思路的设计；湖北三峡职业技术学院高和生、广东职业技术学院许四化和百世物流科技（中国）有限公司季鹏飞任副主编。具体分工如下：项目一、二、五由何飞编写；项目三、四、六由季金震编写；项目七由何飞和季鹏飞共同编写；项目八由何飞和许四化共同编写；项目九由何飞和高和生共同编写；项目十由何飞和季金震共同编写。全书由何飞负责统稿。

在编写本教材的过程中，我们参考、引用和改编了国内外出版物中的相关资料以及网络资源，在此对这些资料的作者表示诚挚的谢意。请相关著作权人看到本教材后与出版社联系，出版社将按照相关法律的规定支付稿酬。

由于时间仓促，教材中仍可能存在不足和错误之处，恳请广大读者和专家、学者批评指正。

编　者

2021 年 1 月

所有意见和建议请发往：dutpgz@163.com
欢迎访问职教数字化服务平台：http://sve.dutpbook.com
联系电话：0411-84706104　84707424

目 录

项目一　电子商务物流信息技术应用 1
　项目引入 1
　项目分析 1
　任务分解 1
　相关知识 2
　　一、电子商务物流信息概述 2
　　二、电子商务物流信息系统 5
　任务一　条码与无线射频识别技术应用 6
　任务二　POS 系统与 EDI 技术应用 13
　任务三　GPS 与 GIS 在车辆监控系统中的应用 16
　案例分析 21
　课外拓展 24

项目二　电子采购 26
　项目引入 26
　项目分析 26
　任务分解 26
　相关知识 26
　　一、电子采购的含义 26
　　二、电子采购的特点 27
　　三、电子采购的模式 27
　　四、电子采购的一般业务流程 28
　任务　实施电子采购 29
　案例分析 37
　课外拓展 38

项目三　电子商务环境下的运输管理 40
　项目引入 40
　项目分析 40
　任务分解 40

相关知识 …………………………………………………………………………… 40
　　一、运输概述 ………………………………………………………………… 40
　　二、电子商务环境下的运输管理 …………………………………………… 48
任务一　电子商务物流运输管理 ………………………………………………… 51
任务二　多式联运管理 …………………………………………………………… 58
案例分析 …………………………………………………………………………… 64
课外拓展 …………………………………………………………………………… 65

项目四　电子商务环境下的仓储管理 ……………………………………………… 67
项目引入 …………………………………………………………………………… 67
项目分析 …………………………………………………………………………… 67
任务分解 …………………………………………………………………………… 67
相关知识 …………………………………………………………………………… 67
　　一、仓储管理概述 …………………………………………………………… 67
　　二、仓储管理作业技术 ……………………………………………………… 70
　　三、仓储合理化 ……………………………………………………………… 71
任务一　仓库规划与设计 ………………………………………………………… 75
任务二　仓储管理信息系统应用 ………………………………………………… 80
任务三　仓储成本控制 …………………………………………………………… 87
案例分析 …………………………………………………………………………… 91
课外拓展 …………………………………………………………………………… 94

项目五　电子商务环境下的装卸搬运、流通加工与包装 ………………………… 96
项目引入 …………………………………………………………………………… 96
项目分析 …………………………………………………………………………… 96
任务分解 …………………………………………………………………………… 96
相关知识 …………………………………………………………………………… 96
　　一、装卸搬运概述 …………………………………………………………… 96
　　二、流通加工概述 …………………………………………………………… 99
　　三、包装概述 ………………………………………………………………… 101
任务一　装卸搬运系统设计 ……………………………………………………… 105
任务二　电子商务环境下的装卸搬运作业管理 ………………………………… 111
任务三　电子商务环境下的流通加工与包装作业管理 ………………………… 120
案例分析 …………………………………………………………………………… 127
课外拓展 …………………………………………………………………………… 127

项目六　电子商务物流配送管理 … 129

项目引入 … 129
项目分析 … 129
任务分解 … 129
相关知识 … 129
一、电子商务物流配送的含义 … 129
二、电子商务物流配送的分类 … 134
三、电子商务物流配送的意义 … 136
四、配送作业流程 … 137
五、基于电子商务的物流配送发展现状分析 … 140
任务一　电子商务物流配送方案设计 … 140
任务二　电子商务物流配送作业管理 … 144
案例分析 … 153
课外拓展 … 154

项目七　电子供应链管理 … 156

项目引入 … 156
项目分析 … 156
任务分解 … 156
相关知识 … 156
一、电子供应链概述 … 156
二、电子供应链管理概述 … 160
任务　掌握供应链管理软件操作方法 … 165
案例分析 … 170
课外拓展 … 172

项目八　电子商务环境下的国际物流管理 … 174

项目引入 … 174
项目分析 … 174
任务分解 … 174
相关知识 … 174
一、国际物流的含义 … 174
二、国际物流的特点 … 175
三、国际物流系统的组成 … 176
四、国际物流的基本业务 … 177
五、国际物流系统的运作模式 … 178
六、电子商务环境下的国际物流标准化 … 179

任务　学会国际物流作业管理 …………………………………………… 182
　　案例分析 …………………………………………………………………… 193
　　课外拓展 …………………………………………………………………… 195

项目九　电子商务物流管理方法应用 …………………………………………… 196
　　项目引入 …………………………………………………………………… 196
　　项目分析 …………………………………………………………………… 196
　　任务分解 …………………………………………………………………… 196
　　相关知识 …………………………………………………………………… 197
　　　　一、JIT …………………………………………………………………… 197
　　　　二、QR …………………………………………………………………… 198
　　　　三、MRP ………………………………………………………………… 200
　　　　四、ERP ………………………………………………………………… 206
　　　　五、DRP ………………………………………………………………… 208
　　　　六、LRP ………………………………………………………………… 210
　　任务一　JIT 与 QR 应用 …………………………………………………… 212
　　任务二　ERP 应用 ………………………………………………………… 217
　　案例分析 …………………………………………………………………… 226
　　课外拓展 …………………………………………………………………… 230

项目十　电子商务物流系统规划 ………………………………………………… 232
　　项目引入 …………………………………………………………………… 232
　　项目分析 …………………………………………………………………… 232
　　任务分解 …………………………………………………………………… 232
　　相关知识 …………………………………………………………………… 232
　　　　一、电子商务物流系统概述 …………………………………………… 232
　　　　二、电子商务物流系统的规划设计 …………………………………… 237
　　任务　筹建配送中心 ……………………………………………………… 239
　　案例分析 …………………………………………………………………… 248
　　课外拓展 …………………………………………………………………… 250

参考文献 ……………………………………………………………………………… 252

项目一
电子商务物流信息技术应用

项目引入

李明是一名刚刚进入公司的高职毕业生,他所在的第三方物流企业——江苏远航物流公司已经有16年的发展历史,公司主要从事的是零担及整车运输,具有现代化的大型仓库,可以为顾客提供一体化的配送及物流服务。公司拟让他在企业物流各岗位得到系统的培训。培训部吴主管告诉他,企业信息化发展很快,各个岗位都在采用电子化的操作,物流信息化表现为物流信息收集的数据化和代码化、物流信息处理的电子化和计算机化、物流信息传递的标准化和实时化、物流信息存储的数字化、物流信息管理的高技术化等。李明听后决心先学好物流信息化技术,再深入到岗位锻炼。

项目分析

培训部吴主管告诉李明,物流信息技术是指现代信息技术在物流各个作业环节中的应用,是物流现代化极为重要的领域之一,尤其是计算机网络技术的应用使物流信息技术达到了新的水平。根据物流的功能及特点,物流信息技术主要包括条码及无线射频识别技术、电子数据交换技术、地理信息技术、全球卫星定位技术、智能标签技术、大数据及云计算技术、智能机器人技术等。

任务分解

李明听后,通过查找大量物流信息技术相关资料并深入企业各岗位调研学习,决定重点掌握条码与无线射频识别技术的应用、POS系统与EDI技术的应用、GPS与GIS的应用等,决心扎扎实实地掌握相关知识以及岗位需要的物流信息技术、技能操作等。

相关知识

一、电子商务物流信息概述

(一)物流

1. 物流的定义

中华人民共和国国家标准《物流术语》(GB/T 18354-2006)将物流定义为:"物品从供应地向接收地的实体流动过程。根据实际需要,将运输、储存、装卸、搬运、包装、流通加工、配送、信息处理等基本功能实施有机结合。"这个定义具有双重含义:一方面指物流活动的过程和状态;另一方面指物流活动的具体工作内容以及对这些工作进行系统的管理。定义的前半部分指出了物流的范围,起点是"供应地",终点是"接收地"。只要是符合这个条件的实体流动过程都可以看成物流。这个定义充分表达了物流的广泛性。定义的后半部分明确指出了物流所包含的功能要素,物流应当对于这些要素"实施有机结合"。"有机结合"表明物流是系统化的产物,像运输、包装等本身就是一种独立的经济形态,也是物流系统的一部分,它们和其他功能要素必须通过一体化、系统化来实现"有机结合"。"实施"是指一种管理活动,即把各种功能要素系统化。为了准确理解物流的定义,应把握以下几点:

(1)物流是一个系统,是各种物流构成要素的集成,运输、装卸、储存、包装、流通加工、物流信息是物流的基本构成要素,而不是完整的物流。

(2)定义中的"物品"不仅是指最终产品,还包括生产所用原材料、零部件、半成品和包装容器、包装材料,以及生产和消费过程中产生的废弃物。

(3)物流作为供应链的一个组成部分,在供应链管理与整合中起着重要的作用。

2. 物流的分类

物流活动存在于各个领域,它具有不同的表现形式,也有不同的种类和层次。为了全面认识物流,有必要对物流进行分类。

(1)按照物流所起的作用,可以将物流分为供应物流、销售物流、生产物流、回收物流、废弃物物流等。

(2)按照物流系统性质,可以将物流分为社会物流、行业物流和企业物流。

(3)按照物流活动涉及的空间和范围,可以将物流分为地区物流、国内物流和国际物流。

(4)按照物流与企业的所属关系,可以将物流分为自营物流和第三方物流。

3. 物流管理

(1)物流管理的定义及分类

物流管理是指为以最低的物流成本达到用户满意的服务水平,对物流活动所进行的计划、组织、协调与控制。物流管理既要实现最低化的成本管理,又要确保用户对物流服务质量的满意,可见,成本和服务是物流管理的两大侧重点。对物流活动进行计划、组织、协调和控制是对物流构成要素的管理,因此,物流管理不仅仅是对单个构成要素的管理,而且也是对所有要素动态的、全过程的管理。

物流管理涉及多个层面的内容,可以从不同角度对物流管理的内容加以分类,见表1-1。

表 1-1　　　　　　　　　　　　　物流管理的分类

划分角度	内　容
对物流活动要素的管理	运输管理、储存管理、包装管理、装卸搬运管理、流通加工管理、配送管理等
对物流系统要素的管理	人、财、物、设备、方法和信息的管理等
对物流活动的职能管理	计划管理、质量管理、技术管理、成本管理、服务管理等

（2）现代物流管理的目标

实施物流管理的目标就是要在尽可能低的总成本条件下实现既定的客户服务水平，即寻求服务优势和成本优势的一种动态平衡，并由此创造企业在竞争中的战略优势。根据这个目标，物流管理要解决的基本问题，简单地说，就是把产品以合适的数量和价格在合适的时间和地点提供给客户。

4. 电子商务物流

电子商务物流是指以电子信息技术为基础，注重服务、人员、技术、信息和管理的综合集成，是现代生产方式、现代管理手段和电子信息技术在物流领域中相结合的体现。

电子商务中的任何一笔交易都包含着四种基本的"流"，即信息流、商流、资金流和物流。过去，人们对电子商务过程的认识往往只局限于信息流、商流和资金流的电子化、网络化，而忽视了物流的电子化过程，认为对于大多数商品和服务来说，物流仍然可以经由传统的经销渠道实现。但随着电子商务的进一步推广与应用，物流的重要性和对电子商务活动的影响日益显现。试想在电子商务中，消费者在网上浏览商品后，通过轻松点击鼠标完成了网上购物，但所购货物迟迟不能送到手中，消费者很可能会放弃电子商务，而选择更为安全可靠的传统购物方式。

5. 物流系统化的目的

一般认为，物流系统化以速度快、可靠性高、费用低为原则，其核心是以最少的费用提供最好的物流服务。美国密西根大学教授斯麦基将物流系统化的目的简化为七个"适合"（7R），即优良的质量（Right Quality）、合适的数量（Right Quantity）、适当的时间（Right Time）、恰当的场所（Right Place）、良好的印象（Right Impression）、适宜的价格（Right Price）和适宜的商品（Right Commodity）。

我国理论界根据我国的实际情况将物流系统化的目的简化为以下六个方面：

（1）能够将用户所订的货物按期送到。

（2）尽可能地减少用户所需货物断档的情况。

（3）能够恰当地配置物流据点，提高配送效率，维持适当库存量。

（4）能够提高运输、保管、搬运、包装、流通加工等作业效率，实现省力化、合理化。

（5）能够保证订货、出货、配送的信息畅通无阻。

（6）能够使物流成本降到最低。

（二）电子商务物流信息的含义

电子商务物流信息是反映物流中运输、仓储、包装、装卸、搬运、流通加工等活动中相关知识、资料、图像、文件的总称。电子商务物流信息是伴随着物流活动的发生而产生的，现代信息技术的发展使人们能够更及时、准确地掌握物流信息，并通过其对物流活动进行有效的控制。随着计算机技术和互联网的广泛应用，基于计算机技术和互联网的物流信息技术成为现代物流技术发展的一个主要趋势。

(三)电子商务物流信息的分类

在处理电子商务物流信息和建立信息系统时,对电子商务物流信息的分类是一项基础工作。电子商务物流系统复杂,物流信息也是多种多样的,而且不同物流信息之间往往存在着各种各样的关联,使得电子商务物流信息的分类方式也有很多种。下面是几种常见的分类方式:

1. 按信息的功能要素分类

按所包含的功能要素,电子商务物流信息可分为运输信息、装卸信息、包装信息、加工信息、仓储信息等。包含不同功能要素的电子商务物流信息由于其本身特性互不相同,因而具有自身的信息内容和特点。每种电子商务物流信息又可进一步细化,如仓储信息可细化为出入库信息、仓储方式信息、仓储分类信息等。

2. 按信息的流向分类

按信息的流向,电子商务物流信息可分为输入信息和输出信息。电子商务物流输入信息是指由其他领域产生的对电子商务物流活动有影响的信息,是电子商务物流系统采集的对象。例如,商品交易信息和市场信息都会对电子商务物流活动产生影响,因此都属于输入信息。电子商务物流输出信息是电子商务物流信息的主要部分,即电子商务物流活动中产生的各种信息,这些信息可作为下一次电子商务物流活动的参考和根据,也可以对其他领域的活动起到一定的借鉴作用。

3. 按信息的作用层次分类

按信息的作用层次,电子商务物流信息可分为基础信息、操作流程信息、调度信息和决策信息。基础信息是指在基本的电子商务物流活动中产生的信息,如物品信息、货位信息、运输工具信息、路线信息等。操作流程信息是指在电子商务物流作业的各种操作过程中产生的相关信息,如到货信息、中转信息、在途信息、装卸信息等。调度信息是指在电子商务物流过程中调度安排所产生的信息。决策信息则是指能对整个电子商务物流系统的战略决策起到影响的信息,可能是科技、法律、文化等方面的信息,也可能是通过统计得出的某种总结性和归纳性的结论,如一些规则和规律等。

4. 按信息的加工程度分类

按信息的加工程度,电子商务物流信息可分为原始信息和加工信息。原始信息是指未加工的信息,是信息工作的基础,也是最有权威性和凭证性的信息。原始信息是加工信息可靠性的保证,一旦有需要,可从原始信息中找到真正的依据。加工信息是对原始信息进行各种方式、各个层次处理之后的信息,这种信息是对原始信息的提炼、简化和综合,大大缩小了信息量,并将信息梳理成规律性的东西,便于使用。加工信息需要各种加工手段,如分类、汇编、汇总、精选、制档、制表、制音像资料、制文献资料、制数据库等,同时还要制成各种指导性的资料。

(四)电子商务物流信息的特点

在电子商务时代,随着人类需求向个性化的方向发展,物流过程也在向着多品种、少量生产和高频度、小批量配送方向发展,因此物流信息在物流过程中也呈现出很多不同的特征。和其他领域的信息相比,电子商务下的物流信息具有如下特点:

(1)物流是个大范围的活动,物流信息源也分布在一个大的范围内,信息源点多,信息量大。如果在这个大范围内未能实现统一管理或标准化,则信息缺乏通用性。

(2)物流信息动态性特别强,信息的价值衰减很快,这就对信息的及时性要求很高。在大系统中,一般都强调及时性,信息收集、加工、处理反应速度快。

(3)物流信息种类多,不仅本系统内部各个环节有不同种类的信息,而且由于物流系统与其他系统,如生产系统、销售系统、消费系统等密切相关,因而还必须收集这些类别的信息。这就使物流信息的分类、研究、筛选等难度增加。

不同类别的物流信息还有一些不同特点,例如,物流系统产生的信息,由于需要向社会提供,因而收集信息力求全面、完整;而收集的其他系统信息,则要根据物流要求予以选择。

二、电子商务物流信息系统

(一)电子商务物流信息系统的含义

电子商务下的物流信息系统是一个以人为主导,利用计算机软硬件和网络通信设备,尤其是 Internet 等 IT 技术,结合各类机械化、自动化物流工具设备,进行物流信息的收集、存储、传输、加工整理、维护和输出,实现对实体物流综合管理的数字化、智能化、标准化和一体化,物流业务处理指挥信息化与网络化,为物流管理者及其他组织管理人员提供战略、战术及运作决策的支持,提高整体物流活动的效率和效益,降低整体物流成本,从而支持企业的现代管理并取得竞争优势的集成化人机系统。

(二)电子商务物流信息系统的构成

电子商务物流信息系统包括接受订货信息系统、订货信息系统、收货信息系统、库存管理信息系统、发货信息系统、配送信息系统等模块。

1. 接受订货信息系统

办理接受订货手续是交易活动的起始点,所有电子商务物流活动均从接受订货开始。为了迅速准确地将商品送到指定的地方,必须迅速准确地办理接受订货的各种手续。接受订货信息系统是办理从零售商处接受订单,准备货物,明确交货时间、交货期限,管理剩余货物等的信息系统。

2. 订货信息系统

订货信息系统要与接受订货信息系统、库存管理信息系统实时互动。库存不足时应防止缺货,库存过多时应减少订货。

3. 收货信息系统

收货信息系统是指根据收货信息对收到的货物进行检验,并与订货要求核对无误之后,录入库存并指定货位等的信息系统。

4. 库存管理信息系统

正确把握商品库存,对于制订恰当的采购计划、接受订货计划、收货计划和发货计划是必不可缺的,所以库存管理信息系统是物流管理信息系统的中心。对保存在物流中心内的商品进行管理,指定货位和调整库存的信息系统称为库存管理信息系统。

5. 发货信息系统

如何通过合理的发货安排将商品送到顾客手中,是物流信息系统需要解决的主要问题。发货信息系统是一种与接受订货信息系统、库存管理信息系统互动,并向保管场所发出拣选指令或根据不同的配送方向进行分类的信息系统。

6. 配送信息系统

配送信息系统是将商品按配送方向进行分类,制订车辆调配计划和配送路线计划的信息系统。降低成本对于高效率的配送计划来说是非常重要的。

任务一　条码与无线射频识别技术应用

任务引入

李明来到配送中心,经过培训部吴主管的介绍后开始向仓库分拣部门的操作员工学习条码与无线射频识别技术的应用。分拣员工向他介绍,条码技术是在计算机应用实践中产生和发展起来的一种自动识别技术,它提供了快速、精确、低成本的数据采集方法,是实现各行业自动化管理的必要条件。而射频识别技术的基本原理是电磁理论,利用无线电波对记录媒体进行读写。射频识别系统的优点是不局限于视线,识别距离比光学系统远,射频识别卡具有可读写能力,可携带大量数据,具有难以伪造和智能化等特点。

任务目标

仓库分拣员很高兴作为李明的现场师傅教授他条码与无线射频识别技术的应用。分拣员告诉李明要认识条码的分类,商品条码的种类及编码原则;掌握条码技术的运用和无线射频识别技术的运用;还要培养自己耐心细致、不怕吃苦的品质,才能做好分拣工作。

工作过程

步骤 1　认识条码的概念及条码技术的产生与发展

微课:带你走近条码

1. 条码的概念

商品条码是指由国际物品编码协会(EAN)和美国统一代码委员会(UCC)规定的,用于表示商品标识代码的条码,包括 EAN 商品条码(EAN-13 商品条码和 EAN-8 商品条码)和 UPC 商品条码(UPC-A 商品条码和 UPC-E 商品条码)。

2. 条码技术的产生与发展

条码技术的研究始于 20 世纪 40 年代初。20 世纪 40 年代后期,美国乔·伍德兰德和贝尼·西尔佛两位工程师就开始研究用代码表示食品项目以及相应的自动识别设备,并于 1949 年获得了美国专利。20 世纪 60 年代后期,北美铁路系统采用了条码系统,最早使用了条码技术。20 世纪 80 年代初,美国国防部要求向其交货的所有产品都要有条码,国际物品编码协会成立于 1977 年,负责开发和维护一套全球跨行业的标识和通信系统。我国条码技术的研究始于 20 世纪 70 年代末,目前已制定了《条码术语》(GB/T 12905-2019)等十几项国家标准。

步骤 2　认识条码的分类

(1)按条码有无字符和符号间隔,可分为连续性条码和非连续性条码。

(2)按字符符号个数固定与否,可分为定长条码和非定长条码。

(3)按扫描起点的可选性,可分为双向条码和单向条码。

(4)按条码的码制,可分为 UPC 条码、EAN 条码、三九条码、库德巴条码、二五条码、四九条码、11 条码、EAN-128 条码等。

(5)按条码应用的领域,可分为消费单元条码和物流单元条码。

步骤 3　认识条码技术的意义

(1)促进外贸出口。商品上印有条码标志,就等于获得了进入国外超级商店的入场券。
(2)实现商业的现代化管理。
(3)条码是快速、准确地进行物流控制的手段。
(4)为电子数据交换在全球的实现和发展提供保障。
(5)条码技术在物流及其他领域得到了广泛应用。

步骤 4　认识商品条码的种类及编码原则

1. EAN-13 商品条码

EAN-13 商品条码由 13 位数字组成,可用于销售包装,也可用于储运包装。

EAN-13 条码符号:$X_{13}\ X_{12}\ X_{11}\ X_{10}\ X_9\ X_8\ X_7\ X_6\ X_5\ X_4\ X_3\ X_2\ X_1$

前缀码(2~3位):$X_{13}\ X_{12}$、$X_{13}\ X_{12}\ X_{11}$

企业代码(4~5位):$X_{10}\ X_9\ X_8\ X_7$,$X_{11}\ X_{10}\ X_9\ X_8\ X_7$

商品项目代码(5位):$X_6\ X_5\ X_4\ X_3\ X_2$

校验码(1位):X_1

(1)前缀码。EAN 分配给国家或地区编码组织代码。EAN 分配给中国物品编码中心的前缀码由 3 位数字组成,目前 EAN 已将"690~699"分配给中国物品编码中心使用。

(2)企业代码(厂商识别代码)。企业代码由该国或地区物品编码管理机构分配。具有企业法人营业执照或营业执照的厂商可以申请注册厂商识别代码。当厂商生产的商品品种很多,超过商品项目代码的编码容量时,允许厂商申请注册一个以上的厂商识别代码,但只有在商品项目代码全部用完时,才可再次申请。企业代码的申办程序如图 1-1 所示。

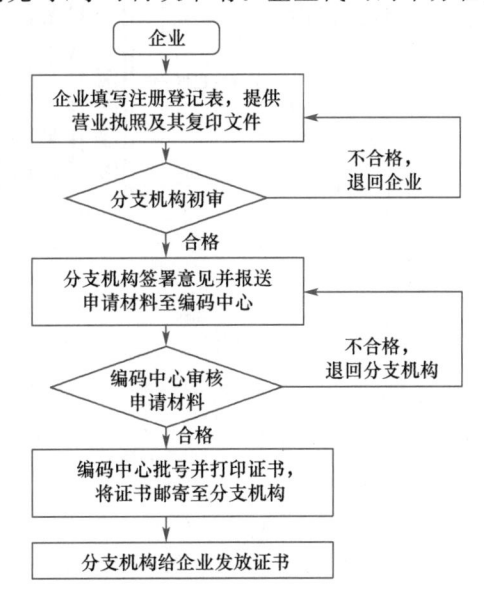

图 1-1　企业代码的申办程序

(3)商品项目代码。商品项目代码由制造厂商负责编制。厂商必须保证每个商品项目代码的唯一性。厂商在编制商品项目代码时,产品的基本特征不同,其商品项目代码就不同。由 3 位数字组成的商品代码有 000～999 共 1 000 个编码容量，可标识 1 000 种商品；同理，由 4 位数字组成的商品项目代码可标识 10 000 种商品，由 5 位数字组成的商品项目代码可标识 100 000 种商品。编制商品项目代码应遵循的基本原则包括：唯一性原则、无含义原则、稳定性原则。

(4) 校验码。校验码用于计算机自动校验整个代码录入是否正确，通过计算而来。

例 1-1

代码 690123456789 X1 校验码的计算。

计算步骤：自右向左顺序编号

位置序号　13　12　11　10　9　8　7　6　5　4　3　2　1
代码　　　　6　9　0　1　2　3　4　5　6　7　8　9　X1

从序号 2 开始求出偶数位上数字之和：①＝9＋7＋5＋3＋1＋9＝34；①×3＝②；②＝34×3＝102。

从序号 3 开始求出奇数位上数字之和：③＝8＋6＋4＋2＋0＋6＝26；②＋③＝④；④＝102＋26＝128。

用大于或等于④且为 10 最小整数倍的数减去④，其差即为所求校验码的值，即 130－128＝2。校验码 X1＝2。

2. EAN-8 商品条码

EAN-8 商品条码只用于商品销售包装，其前缀码和校验码与 EAN-13 商品条码相同。EAN-8 商品条码无企业代码，只有商品项目代码，由国家物品编码管理机构分配。EAN-8 商品条码结构如图 1-2 所示。EAN/UCC-8 商品条码又称缩短版商品条码，用于标识小型商品，它由 8 位数字组成。从代码结构上可以看出，EAN/UCC-8 代码中用于标识商品项目的编码容量要远远小于 EAN/UCC-13 代码。以"690"打头的商品标识代码为例，就 EAN/UCC-8 代码来说，除校验位外，只剩下 4 位可用于商品编码，即可标识 10 000 种商品项目；而以"690"打头的 EAN/UCC-13 代码，除厂商识别代码和校验码外，还剩 5 位可用于商品编码，即可标识 100 000 种商品项目。可见，EAN/UCC-8 代码用于商品编码的容量很有限。

图 1-2　EAN-8 商品条码结构

在以下几种情况下，可采用 EAN-8 商品条码：

(1) EAN-13 商品条码的印刷面积超过印刷标签最大面面积的四分之一或全部可印刷面积的八分之一时。

(2) 印刷标签的最大面面积小于 40 cm^2 或全部可印刷面积小于 80 cm^2 时；产品本身是直径小于 3 cm 的圆柱体时。

3. UCC/EAN-128 码

UCC/EAN-128 码是目前可用的较完整的、高密度的、可靠的、应用灵活的字母数字型一维码制之一。它允许表示可变长度的数据，并且能将若干信息编码在一个条码符号中。相关的 EAN·UCC 应用标识符以及属性数据都可用 UCC/EAN-128 码制表示。

图 1-3 所示的条形码标签表示系列货运包装箱代码、保质期、批号等信息。

4. 二维条形码

一维条形码所携带的信息量有限，如商品上的条形码仅能容纳 13 位（EAN-13 商品条码）阿拉伯数字，更多的信息只能依赖数据库的支持。离开了预先建立的数据库，这种条形码就没有意义了，因此在一定程度上也限制了条形码的应用范围。基于此，在 20 世纪 90 年代发明了二维条形码。二维条形码除了具有一维条形码的优点外，同时还有信息量大、可靠性高、保密和防伪性强等优点。目前，二维条形码主要有 PBF417 码、Code49 码、Code16K 码、Data Marrix 码、MaxiCode 码等，主要分为堆积式（层排式）和矩阵式（棋盘式）两大类，如图 1-4 和图 1-5 所示。

图 1-3　条形码标签

图 1-4　堆积式二维条形码　　　图 1-5　矩阵式二维条形码

二维条形码作为一种新的信息存储和传递技术，从诞生之时就受到了国际社会的广泛关注。经过多年的努力，现已应用在国防、公共安全、交通运输、医疗保健、工业、商业、金融、海关及政府管理等多个领域。

二维条形码依靠其庞大的信息携带量，能够把过去使用一维条形码时存储于后台数据库中的信息包含其中，然后通过阅读条形码得到相应的信息，并且二维条形码还有错误修正技术及防伪功能，增强了数据的安全性。另外，在海关报关单、长途货运单、税务报表、保险登记表上也都有使用二维条形码技术来解决数据输入及防止伪造、删改表格的例子。

5. 物流条码

物流条码是指由 EAN 和 UCC 制定并用于商品单元的全球统一标识的条码。商品单元由消费单元、储运单元和货运单元组成。

物流条码标识的内容主要有项目标识（货运包装箱代码 SCC-14）、动态项目标识（系列货运包装箱代码 SSCC-18）、日期、数量、参考项目（客户购货订单代码）、位置码、特殊应用（医疗保健业等）及内部使用。国际通用的物流条码有消费单元条码、储运单元条码和货运单元条码。

6. UPC 条码

UPC 条码是由美国统一代码委员会制定的一种条码,主要用于美国和加拿大。

7. ITF 条码

ITF 条码主要用于运输包装,是印刷条件较差,不允许印刷 EAN 和 UPC 条码时可以选用的一种条码。

步骤 5　掌握无线射频识别的应用

1. 无线射频原理

RFID 是 Radio Frequency Identification 的缩写,即无线射频识别。它是一种非接触式的自动识别技术,通过射频信号识别目标对象并获取相关数据,识别工作无须人工干预。作为条形码的无线版本,RFID 技术具有条形码所不具备的防水、防磁、耐高温、使用寿命长、读取距离大、标签上数据可以加密、存储数据容量大、存储信息更改自如等特点。

RFID 系统由电子标签(Tag)、阅读器(Reader)、天线(Antenna)组成。与传统条形码识别技术相比,RFID 的优势包括:快速扫描;体积小型化、形状多样化;抗污染能力和耐久性强;可重复使用;穿透性和无屏障阅读;数据的记忆容量大;安全性高。

RFID 的工作原理如下:标签进入磁场后,接收阅读器发出的射频信号,凭借感应电流所获得的能量发送出存储在芯片中的产品信息(Passive Tag,无源标签或被动标签),或者主动发送某一频率的信号(Active Tag,有源标签或主动标签);阅读器读取信息并解码后,送至中央信息系统进行有关数据处理,如图 1-6 所示。

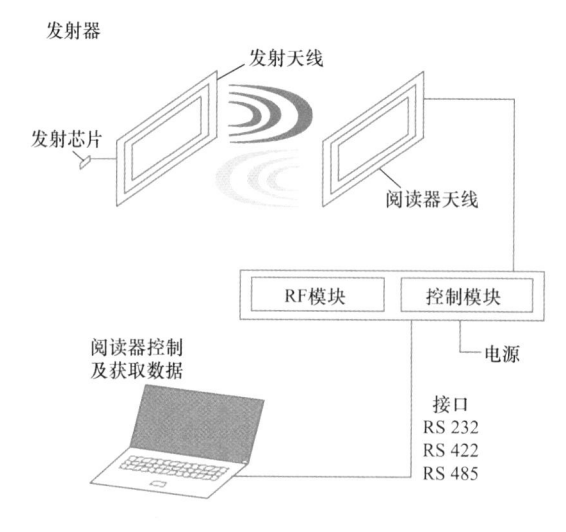

图 1-6　RFID 的工作原理

2. RFID 的应用范围

RFID 的应用范围包括:

(1)零售业。

(2)车辆自动识别。

(3)自动化的生产流水线。

(4)粉尘、污染、寒冷、炎热等恶劣环境中。

(5)物流和供应链的管理中。

(6)身份识别,如医疗领域的医疗器械管理、病人身份识别。

(7)产品防伪,如贵重物品的防伪、票证的防伪等。

3. 数字分拣技术的运用

数字分拣系统(Digital Picking System,DPS)中常用的是电子标签辅助拣货技术,它是一种无纸化的拣货系统,可分为摘取式数字分拣技术和播种式数字分拣技术。

电子标签辅助拣货系统是在拣货操作区中的所有货架上,为每一种货物安装一个电子标签,并与分拣系统的其他设备连接成网络。控制电脑可根据货物位置和订单、清单数据,发出出货指示并使货架上的电子标签亮灯,操作员根据电子标签所显示的数量及时、准确、轻松地完成以"件"或"箱"为单位的商品拣货作业。这里以一个电子标签拣货系统为例来做简要操作说明。首先进入电子标签拣货系统,如图1-7所示。

图1-7 进入电子标签拣货系统

单击"分拣订单设置"按钮,出现如图1-8所示界面,分为摘取式分拣订单设置和播种式分拣订单设置两种,其分拣流程分别如图1-9和图1-10所示。操作员一般先通过条码扫描把将要分拣的货物信息输入系统中,对应客户配货位置的电子标签就会显示出该位置所需配货的数量,配拣员可根据这些信息进行快速分拣作业。

图1-8 分拣订单设置

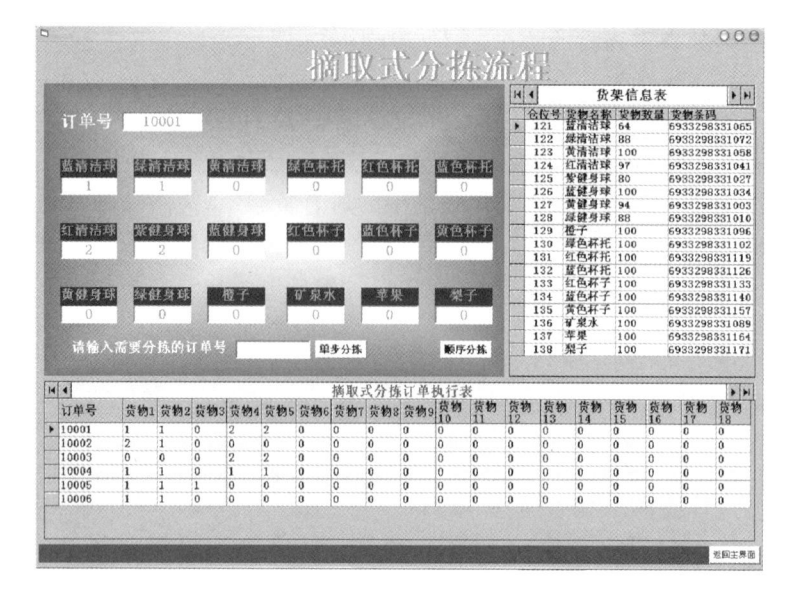

图 1-9 摘取式分拣流程

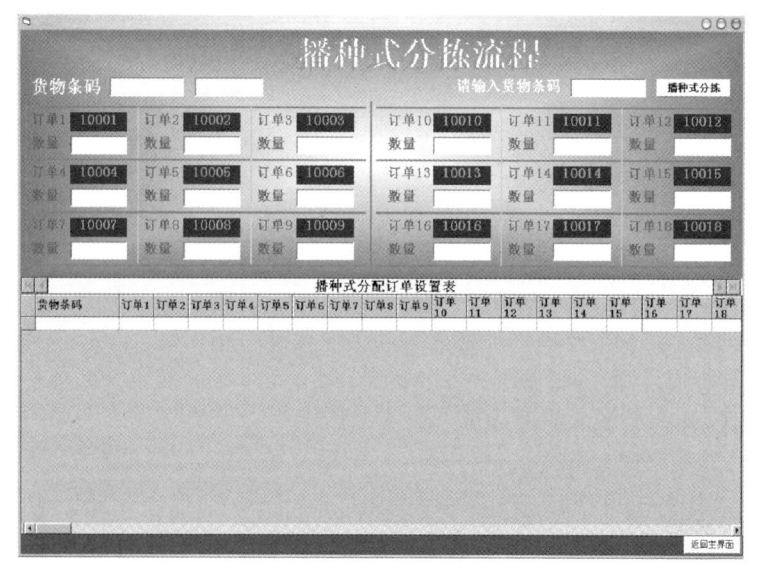

图 1-10 播种式分拣流程

小资料

1. 物联网(Internet of Things)

麻省理工学院(MIT)的自动识别实验室提出,要在计算机互联网的基础上,利用 RFID、无线数据通信等技术,构造一个覆盖世界上万事万物的"Internet of Things(物联网)"。

在"物联网"的构想中,RFID 标签中存储着规范而具有互用性的信息,通过无线数据通信网络把它们自动采集到中央信息系统,实现物品(商品)的识别,进而通过开放性的计算机网络实现信息交换和共享,从而实现对物品的"透明化"管理。

2. 仓储管理利用射频识别技术的实际应用

将 RFID 系统与条码系统结合，可用于智能仓库货物管理，有效解决与仓库及货物流动有关的信息管理，不但可增加一天内处理货物的件数，还监看着这些货物的一切流动信息。一般而言，射频卡贴在货物要通过的仓库大门边上，读写器天线放在叉车上，每个货物都贴有条码，所有条码信息都被存储在仓库的中心计算机里，该货物的有关信息都能在计算机里查到。当货物被装走运往别地时，由另一读写器识别并告知计算机中心它被放在哪个拖车上，这样管理中心可以实时地了解到已经生产了多少产品和发送了多少产品，并可自动识别货物，确定货物的位置。

3. 光学字符识别

在物流领域应用比较广泛的光学字符识别（Optical Character Recognition，OCR）已有几十年的历史，近些年又出现了图像字符识别（Magnetic Image Character Recognition，MICR）和智能字符识别（Intelligent Character Recognition，ICR），实际上这三种自动识别技术的基本原理大致相同。

OCR 有三个重要的应用领域，即办公自动化中的文本输入、邮件自动处理和自动获取文本过程。具体包括：零售价格识读，订单数据输入，单证、支票和文件识读，微电路及小件产品上状态特征识读等。随着指纹识别的发展，目前指纹分析及鉴定签名方面的应用正在推广。

随着 OCR 技术的日趋成熟，这一技术以其高速、准确、低成本的特点，广泛应用于文件资料的自动输入等诸多方面，同时也在银行储蓄业务的事后自动监督系统中得到了应用。

任务二　POS 系统与 EDI 技术应用

任务引入

李明在配送中心了解到，现在一些合作超市连锁门店的货物由该公司配送中心根据合作超市门店 POS 系统实时传来的销售与库存信息直接送达。仓库管理员向他介绍，借助于条形码技术，POS 系统实现了商品订购、送货、内部配送、销售、盘货等零售业循环的一体化管理，使商业管理模式实现了三个转变：一是从传统的依靠经验管理转变为依靠精确的数字统计分析管理；二是从事后管理转变为实时管理；三是从商品大类管理转变为单品管理。销售商的销售时点信息向物流商开放后，物流商可随时掌握门店商品的销售状况，及时安排配送服务，从而可以减少脱销和滞销带来的损失，提高销售额。而 EDI 作为一种电子化的贸易工具和方式，被广泛应用于商业贸易伙伴之间，特别是从事国际贸易的贸易伙伴之间。它将标准、协议规范化和格式化的贸易信息通过电子数据网络，在相互的计算机系统之间进行自动交换和处理。

任务目标

仓库管理员很高兴作为李明的现场师傅教授他 POS 系统与 EDI 技术的应用。仓库管理员告诉李明要理解 POS 系统的组成和特点,理解 EDI 的组成;掌握 POS 系统和 EDI 系统的应用;还要培养自己勤奋钻研、认真细致的作风。

工作过程

步骤 1 掌握 POS 系统的应用

1. POS 系统的组成和特点

POS(Point of Sale)系统,即销售时点信息系统,它最早应用于零售业,之后逐渐扩展至金融、旅游等服务性行业,利用 POS 系统的范围也从企业内部扩展到整个供应链。现代 POS 系统已不仅仅局限于电子收款技术,它还考虑将计算机网络、电子数据交换、条形码技术、电子监控技术、电子收款技术、电子信息处理技术、远程通信、电子广告、自动仓储配送技术、自动售货、备货技术等一系列科技手段融为一体,从而形成一个综合性的信息资源管理系统。

POS 系统的组成:前台 POS 销售系统和后台 MIS 信息管理系统。

POS 系统的特点:分门别类管理,如单品管理、员工管理和顾客管理;自动读取销售时点信息;集中管理信息;它是连接供应链的有力工具。

2. POS 系统的结构和运行

POS 系统的硬件主要包括收款机、扫描器、显示器、打印机、网络服务器、计算机与硬件平台等,如图 1-11 所示。POS 系统的软件包括前台 POS 销售系统和后台 MIS 信息管理系统。前台 POS 销售系统的主要功能包括售货收款、销售结算、退货退款等,后台 MIS 信息管理系统的主要功能包括商品入库管理、商品调价管理、单据票证管理等,如图 1-12 所示。

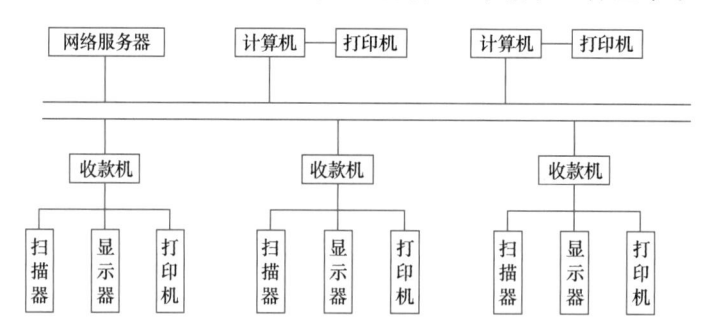

图 1-11 POS 系统的硬件结构

3. POS 系统的运行步骤

(1)店铺销售商品都贴有表示该商品信息的条形码或自动识别标签。

(2)在顾客购买商品结账时,收银员使用扫描读数仪自动读取商品条形码标签或自动识别标签上的信息,通过店铺内的计算机确认商品的单价,计算顾客购买总金额等,同时返回给收款机,打印出顾客购买清单和付款总金额。

(3)各个店铺的销售时点信息通过 VAN(增值网络)以在线联结的方式即时传送给总部

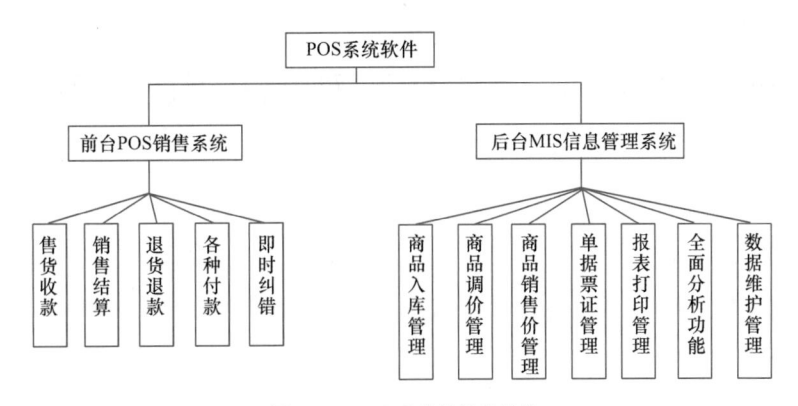

图 1-12　POS 系统的软件结构

或物流中心。

（4）在总部，物流中心和店铺利用销售时点信息来进行库存调整、配送管理、商品订货等作业。

（5）在零售商与供应链的上游企业结成协作伙伴关系的条件下，零售商利用 VAN 在线联结的方式把销售时点信息即时传送给上游企业。

步骤 2　掌握 EDI 系统的应用

EDI(Electronic Data Interchange，简称 EDI)，即电子数据交换，它是参加商业运作的双方或多方按照协议，对具有一定结构的标准商业信息，通过数据通信网络在参与方计算机之间所进行的传输和自动处理。EDI 的核心内容是商业信息和商业单证，如订单、发票、付款通知、付款凭证、交货凭证等。EDI 使商业伙伴之间的关系更加密切，从而使企业销售人员的角色发生微妙变化。如网上在线订单系统和网上在线客户信息系统将会对拥有庞大对外销售的行业产生重要影响。

1. EDI 的组成

EDI 由以下两部分组成：

（1）EDI 数据标准

EDI 数据标准是由各企业、各地区代表共同讨论、制定的电子数据交换统一标准。各组织之间的不同文件格式，可以通过共同的标准达到彼此之间交换文件的目的。

（2）EDI 软件及硬件

EDI 软件具有将用户数据库系统中的信息译成 EDI 的标准格式以供传输交换的能力，主要包括转换软件、翻译软件、通信软件等。硬件包括计算机、调制解调器、电话线等。

2. EDI 的应用过程

利用 EDI 订购商品的过程如图 1-13 所示。

图 1-13　利用 EDI 订购商品的过程

任务三　GPS 与 GIS 在车辆监控系统中的应用

任务引入

李明在跟随配送车辆去合作连锁超市送货时,看到送货车都装有车载 GPS 导航仪,导航仪指引车辆的行车路线,并通过卫星通信把车辆位置及车辆状况等信息实时传递给公司车辆监控中心。

任务目标

李明抓紧时间向负责运输的张师傅请教 GPS 导航仪的使用,张师傅在讲解操作的同时告诉他需要认识 GPS 监控系统的组成;掌握 GPS 监控系统的工作原理与应用,掌握 GIS 在车辆监控系统中的运用;牢固树立安全第一的观念。

工作过程

步骤 1　认识 GPS 监控系统的组成

GPS 系统是美国从 20 世纪 70 年代开始研制,历时 20 年,耗资 200 亿美元,于 1994 年全面建成,具有海、陆、空全方位实时三维导航与定位能力的新一代卫星导航与定位系统。

GPS(Global Positioning System,全球定位系统)车辆监控系统由三部分组成,即监控中心、通信链路和车载终端,采用了 GPS 卫星定位系统、GIS(Geographic Information System,地理信息系统)、GSM(Global System for Mobile Communication)/GPRS(General Packet Radio Service)通信技术,如图 1-14 所示。

微课:GPS 与 GIS 在车辆监控中的应用

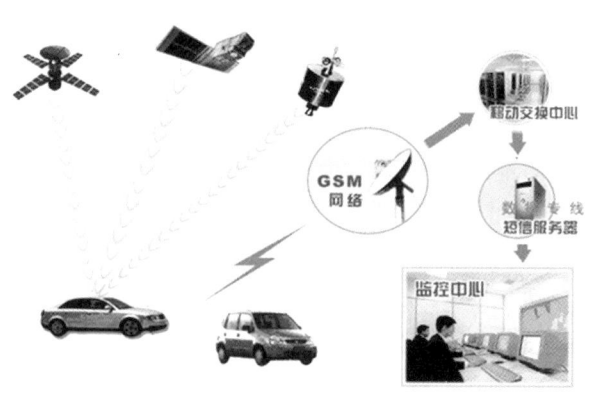

图 1-14　GPS 车辆监控系统的组成

1. 监控中心

监控中心主要包括四部分:信息网关、服务中心、数据中心和监管终端。

(1)信息网关有两个主要功能:处理 GPRS、GSM 信息上传、下发;对中心进行管理监控,包括对建立下级分中心的授权、管理、设置,对分中心数据进行管理。

(2)服务中心主要是对整个车辆进行管理,包括车辆用户的配置、监管终端的协调、车辆上传数据的派发、监管终端相关命令的接收和发布等。

（3）数据中心主要完成对车辆行车轨迹数据的记录、存储、检索、历史回放等功能。

（4）监管终端主要实现车辆监管、行车路线规划、车辆在电子地图中的实时显示管理、报警提示、下发命令等。

2. 通信链路

通信链路包括中心到移动 GPRS 服务器的链路、车载终端的 GPRS 无线通信链路、各分中心与总中心的 Internet 链路和客户端与分中心的 Internet 链路。

3. 车载终端

车载终端由四部分组成：GPS 接收机单元、GSM 通信单元、中央控制模块和外接设备。

（1）GPS 接收机单元接收相关卫星的定位信号，以确定车辆现时刻的位置数据信息，如经度、纬度、时间等，交由中央控制模块处理。

（2）GSM 通信单元主要负责将中央控制模块传递来的车辆数据信息发送给监控中心，同时将所接收到的由监控中心发送来的命令转送给中央控制模块。

（3）中央控制模块由单片机及控制电路组成，负责对车辆数据信息及中心相关命令的处理。由于其使用的是 GSM 网络的短消息模式，因此对数据信息及中心命令首先要进行相应的打包、解包。

（4）外接设备包括手柄、天线、显示屏等。

步骤 2　掌握 GPS 监控系统的工作原理

整个车辆监管系统采用 GPS 卫星进行车辆定位，采用 GPRS 移动通信网络的数据信息进行车辆与监管中心之间的双向数据通信（在没有 GPRS 网络的情况下切换到 GSM 通信）。

车载终端通过 GPS 卫星运算出定位数据（经度、纬度、时间、速度、方向）和状态数据等，经过计算打包处理，将数据信息通过 GPRS/GSM 模块发回到中心信息网关，中心信息网关接收来自车载单元回传中心的定位及状态数据，判断数据类型，将其中的 GPS 定位数据、状态数据、服务请求等根据中心服务系统的车辆所属单位（通过车台信息进行识别）派发给相应的监控客户端，监控客户端即可实时地将车辆的经度、纬度、速度、状态等信息显示在监控终端的电子地图上。

各监控客户端可以对所属的车台进行呼叫及相关控制，或者以文本信息方式发布信息。首先将命令发往相应的中心监控服务器，再由中心信息网关通过 GPRS 网关发往目标车台。车台根据系统命令，会自动回传定位数据、警报信号（区域报警、线路报警、超速报警、分段限速报警等）。

总中心通过宽带专线连接信息服务器，分中心通过宽带连接互联网，并连接总中心。总中心、分中心及各中心内部的数据中心、监管终端均基于 IP 互联技术，从而使所有功能组件均可以通过互联网连接而放置在不同的地理位置，无论是无线上网还是专线都可以及时、准确地监控车辆。GPS 监控系统的工作原理如图 1-15 所示。

步骤 3　掌握 GIS 在车辆监控中的应用

GIS 是自 20 世纪 60 年代开始迅速发展起来的地理学研究新成果。GIS 系统以地理空间为基础，利用地理模型的分析方法及时提供多种空间、动态的地理信息，从而为有关经济

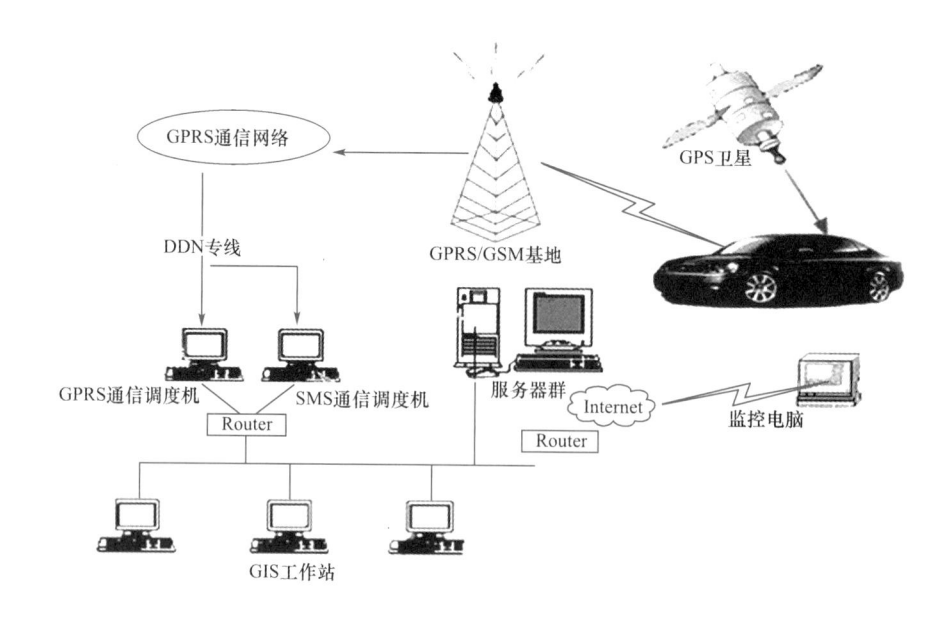

图 1-15　GPS 监控系统的工作原理

决策服务。

地理信息子系统安装运行在各受理台上,与急救中心信息系统进行连接,可以一机双屏,主要实现以下功能:

(1)显示城市的矢量电子地图。电子地图具有局部放大、缩小、平移功能,能根据路名(汉字或拼音)和建筑物名称在图上查出其所在的位置,能根据车辆当前的位置确定其所在的道路。

(2)利用 GIS 管理工具,能根据车辆运行轨迹生成新的道路,即改即用。

(3)地图分为道路层、重要标志建筑物层、医疗机构层、门牌号码层、车辆运行层等,能对各层分别控制其特性。

(4)在电子地图的背景上显示车辆位置,并以不同颜色表示车辆的状态:前往现场、任务中、任务结束、待命车辆、不可用车辆等。

(5)呼救地址、接车地点、送往地点的自动、手工定位及重定位。

(6)实时显示指定车辆位置、状态、时间。

(7)实时显示指定车辆的行车轨迹及历史出车轨迹。

(8)根据呼救地址自动提供推荐车辆、推荐医院、呼救区域。

(9)提供导航索引图。

(10)在地图上可显示车辆、医院、急救站及通信信息,并可进行电话调度。

(11)可任意缩放、拖动地图,并可进行地图打印。

小资料

1. 北斗卫星导航系统

北斗卫星导航系统(BeiDou Navigation Satellite System,简称 BDS)是中国自行研制的

全球卫星导航系统,也是继 GPS、GLONASS 之后的第三个成熟的卫星导航系统。目前,北斗卫星导航系统和美国 GPS、俄罗斯 GLONASS、欧盟 GALILEO,是联合国卫星导航委员会认定的供应商。

北斗卫星导航系统于 2018 年底开始提供全球服务,并于 2019 年 11 月下旬开始为私营公司提供定位服务。

北斗卫星导航系统将进入全球服务的新时代,它将在精密农业、数字化建设和智能港口建设方面为东盟、南亚、东欧、西亚和非洲带来好处。

系统完成之后,导航服务本身会得到增强。例如,定位精度的水平将从 5 米提高到 1 厘米,这将有助于搜索和救援任务。这种精确度对于无人驾驶汽车的开发也至关重要。北斗卫星导航系统和 5G 都将会被自动驾驶公交车使用。显然,"5G+北斗+AI"的组合已经成为国内许多城市产业发展的新机遇,如自动驾驶和智慧城市等相关建设,在未来十到二十年将会得到蓬勃发展。

2. 智慧物流

IBM 于 2009 年提出了建立一个面向未来的具有先进、互联和智能三大特征的供应链,通过感应器、RFID 标签、制动器、GPS 和其他设备及系统生成实时信息的"智慧供应链"概念,紧接着"智慧物流"的概念由此延伸而出。与强调构建一个虚拟的物流动态信息化的互联网管理体系不同,智慧物流更重视将物联网、传感网与现有的互联网整合起来,通过精细、动态、科学的管理,实现物流的自动化、可视化、可控化、智能化、网络化,从而提高资源利用率和生产力水平,创造更丰富社会价值的综合内涵。

IT 产业下一阶段的任务是把新一代 IT 技术充分运用在各行各业之中。具体地说,就是把感应器嵌入和装备到电网、铁路、桥梁、隧道、公路、建筑、供水系统、大坝、油气管道等各种物体中,并且被普遍连接,形成所谓的"物联网",然后将"物联网"与现有的互联网整合起来,实现人类社会与物理系统的整合,在这个整合的网络当中,存在能力超级强大的中心计算机群,能够对整合网络内的人员、机器、设备和基础设施实施实时的管理和控制。在此基础上,人类可以以更加精细和动态的方式管理生产和生活,达到"智慧"状态,提高资源利用率和生产力水平,改善人与自然的关系。

智慧物流是利用集成智能化技术,使物流系统能模仿人的智能,具有思维、感知、学习、推理判断和自行解决物流中某些问题的能力。也就是说,在流通过程中获取信息,从而分析信息并做出决策,使商品从源头开始被实施跟踪与管理,实现信息流快于实物流。可通过 RFID、传感器、移动通信技术等使配送货物实现自动化、信息化和网络化。

3. 物流企业应用大数据的优势

在信息爆炸的时代,物流企业每天都会涌现出海量的数据,特别是全程物流,包括运输、仓储、搬运、配送、包装和再加工等环节,每个环节中的信息流量都十分巨大,物流企业很难对这些数据进行及时、准确的处理。随着大数据时代的到来,大数据技术能够通过构建数据中心,挖掘出隐藏在数据背后的信息价值,从而为企业提供有益的帮助,带来利润。

面对海量数据,物流企业不断加大大数据方面的投入,但不应仅仅把大数据看作一种数据挖掘、数据分析的信息技术,而应该把大数据看作一项战略资源,充分发挥大数据给物流企业带来的发展优势,在战略规划、商业模式和人力资本等方面做出全方位的部署。

(1) 信息对接，掌握企业运作信息

在信息化时代，网购呈现出一种不断增长的趋势，规模已经达到了空前巨大的地步，这给网购之后的物流带来了沉重的负担，对每一个节点的信息需求也越来越多。每一个环节产生的数据都是海量的，传统的数据收集和分析处理方式已经不能满足物流企业对每一个节点的信息需求，这就需要通过大数据把信息对接起来，将每个节点的数据收集并且整合，通过数据中心分析、处理，转化为有价值的信息，从而掌握物流企业的整体运作情况。

(2) 提供依据，帮助物流企业做出正确决策

传统的根据市场调研和个人经验来进行决策的方式已经不适合数据化的时代，只有真实的、海量的数据才能真正反映市场的需求变化。通过对市场数据的收集、分析处理，物流企业可以了解到具体的业务运作情况，能够清楚地判断出哪些业务带来的利润率高、增长速度较快等，把主要精力放在真正能够给企业带来高额利润的业务上，避免浪费。同时，通过对数据的实时掌控，物流企业还可以随时对业务进行调整，确保每个业务都可以带来赢利，从而实现高效的运营。

(3) 培养客户黏性，避免客户流失

网购人群的急剧膨胀，使得客户越来越重视物流服务的体验，希望物流企业能够提供最好的服务，甚至掌控物流业务运作过程中商品配送的所有信息。这就需要物流企业以数据中心为支撑，通过对数据挖掘和分析，合理地运用这些分析成果，进一步巩固和客户之间的关系，增加客户的信赖，培养客户的黏性，避免客户流失。

(4) 通过数据"加工"实现数据"增值"

在物流企业运营的每个环节中，只有一小部分结构化数据是可以直接分析利用的，绝大部分非结构化数据必须要转化为结构化数据才能储存分析。这就造成了并不是所有的数据都是准确的、有效的，很大一部分数据都是延迟、无效甚至是错误的。物流企业的数据中心必须要对这些数据进行"加工"，从而筛选出有价值的信息，实现数据的"增值"。

4. 物流机器人

物流机器人，目前在行业内还没有明确的定义，有人称其为移动机器人，有人理解为仓储机器人，也有人认为应用在物流领域的机器人都可称为物流机器人。从物流行业应用的角度出发，以物流的"仓""运""配"三大核心要素为基准，可以将应用在搬运、码垛、拣选、末端配送等重要物流环节的机器人统称为物流机器人，如AGV（自动导引运输车）、码垛机器人、分拣机器人、末端配送机器人等。

近年来，随着电子商务的迅猛发展，消费者的需求逐渐趋于多样化和个性化，企业的订单处理也呈现出"多品种、小批量、多批次"的特点。特别是"新零售"概念的推出，对仓储系统的智能化、柔性化提出了更高的要求。企业要想高效率、低成本地履行订单，一套自动化、智能化的仓储系统就显得尤为重要。而物流机器人解决方案具有极强的柔性，可以灵活机动地增加机器人数量来应付电商销售波峰、波谷问题，也可以按照业务量在多个仓库之间调动机器人使用，这都是传统拣选模式不能代替的。由此，物流机器人成为电商打造智能仓储的理想选择。

与此同时，在"工业4.0"理念及《中国制造2025》战略的推动下，制造企业的生产方式开始向柔性、智能、精细转变，构建以智能制造为根本特征的新型制造体系迫在眉睫。生产物流的自动化和智能化成为提高企业生产效率、降低生产成本、提高设备利用率的重要手段，

物流机器人在生产物流中扮演的角色也越来越重要。

另外,智慧物流的发展给物流机器人的应用提供了广阔的市场。物流行业整体属于劳动密集型产业,自动化水平较低,在人力成本不断上升的背景下,物流企业自身降本增效的需求日益迫切。具有高度智能、柔性化特点的物流机器人,自然成为推动智慧物流发展必不可少的重要技术装备。物流机器人将借助智慧物流的东风迎来新的发展。

任务总结

李明通过这段时间的学习懂得:物流信息技术是物流技术中发展最迅猛的领域,从数据采集技术到物流信息系统都发生了日新月异的变化,计算机网络技术的飞速发展,进一步促进了物流产业的信息化进程,从真正意义上提高了现代物流技术和管理水平。

案例分析

【案例一】

亚马逊十大先进的物流技术

亚马逊在业内率先使用了大数据、人工智能和云技术进行仓储物流的管理,创新地推出预测性调拨、跨区域配送、跨国境配送等服务,不断给全球电商和物流行业带来惊喜。下面介绍亚马逊十大先进的物流技术。

1. 亚马逊的智能机器人 Kiva 技术

亚马逊 2012 年斥资 7.75 亿美元收购了机器人制造商 Kiva Systems,大大提升了亚马逊的物流系统。2015 年,亚马逊已经将机器人数量增至 10 000 台,用于北美的各大运转中心。Kiva 系统作业效率要比传统的物流作业提升 2~4 倍,机器人每小时可跑 30 英里,准确率达到 99.99%。

Kiva 机器人作业颠覆传统电商物流中心作业"人找货、人找货位"模式,通过作业计划调动机器人,实现"货找人、货位找人"的模式,整个物流中心库区无人化,各个库位在 Kiva 机器人驱动下自动排序到作业岗位。

2. 无人机送货

亚马逊发布 PrimeAir 无人快递,顾客在网上下单,如果重量在 5 磅以下,可以选择无人机配送,在 30 分钟内把快递送到家。整个过程无人化,无人机在物流中心流水线末端自动取件,直接飞向顾客。

3. 订单与客户服务中的大数据应用

亚马逊有一套基于大数据分析的技术来帮助精准分析客户的需求。后台系统会记录客户的浏览历史,随之把顾客感兴趣的库存放在离他们最近的运营中心,这样方便客户下单。订单处理、快速拣选、快速包装、分拣等一切都由大数据驱动,且全程可视化。亚马逊的物流体系会根据客户的具体需求时间进行科学配载,调整配送计划,实现用户定义的时间范围的精准送达,亚马逊还可以根据大数据的预测,提前发货,赢得绝对的竞争力。

4. 智能入库管理技术

亚马逊全球的运营中心把大数据技术应用得淋漓尽致,可以说从入库这一时刻就开始了。采用独特的采购入库监控策略,亚马逊基于自己过去的经验和所有历史数据的收集,了解什么样的品类容易坏,坏在哪里,然后对它进行预包装。这都是在收货环节提供的增值服务。亚马逊的 Cubi Scan 仪器会对新入库的中小体积商品测量长、宽、高,根据这些商品信息优化入库。例如鞋服类、百货,新的爆款等,都可以送过来通过 Cubi Scan 测量直接入库。这给供应商提供了很大方便。

5. 大数据驱动的智能拣货和智能算法

在亚马逊的运营中心,不管是什么时间点,基本上在任何一个区域、任何一个通道里面,不太会看到很多人围在一起,这是为什么?因为亚马逊的后台有一套数据算法,它会给每个人随机地优化他的拣货路径。拣货的员工直接朝前走,不走回头路,而且确保全部货物拣选完毕之后,路程最小。通过这种智能的计算和智能的推荐,可以把传统作业模式的拣货行走路程减少至少 60%。

6. 随机存储

亚马逊的随机存储核心是系统 Bin,将货品、货位、数量绑定关系发挥到了极致。

7. 智能分仓和智能调拨

亚马逊实现了智能分仓、就近备货和预测式调拨。这不仅仅应用在自营电商平台,而且应用在开放的"亚马逊物流+"平台中。全国各地包括各大运营中心之间有干线的运输调配,以确保库存已经提前调拨到离客户最近的运营中心。整个智能化全国调拨运输网络很好地支持了平行仓,全国范围内只要有货就可以下单购买,这是大数据体系支持全国运输调拨网络的充分表现。

8. 精准预测、二维码精准定位技术

亚马逊的智能仓储管理技术能够实现连续动态盘点,库存精准率达到 99.99%。在亚马逊全球运营中心,每一个库位都有一个独特的编码,二维码是每一个库位的身份证,就是一个 GPS,可以在系统里查出商品定位,亚马逊精准的库位管理可以实现全球库存精准定位。

9. 可视化订单作业、包裹追踪

亚马逊平台可以让消费者、合作商和亚马逊的工作人员全程监控货物、包裹位置和订单状态。每个流程都有数据的支持,并通过系统实现全订单的可视化管理。

10. 亚马逊独特发货、拣货——八爪鱼技术

一个员工站在分拣线的末端就可以非常高效地将所有包裹通过八爪鱼工作台分配到各个路由上面,八爪鱼是非常高效的,据说这是亚马逊员工自己设计的。站在中间那个位置,一个人可以眼观六路,这个作业可以通达八方,非常高效,没有人员的冗余。而且,八爪鱼上全部是滚珠式的琉璃架,没有任何的板台,员工作业很轻松。

【案例分析与讨论】 亚马逊公司在物流管理中采用了哪些信息技术?效果如何?

【案例二】

物联网背景下耐克中国物流中心的智能物流

耐克中国物流中心(CLC)(江苏太仓)是耐克全球第七个、第二大物流中心。当耐克在大中国区的年销售额达到18.64亿美元,什么是它现在最优先和最重要的应该做的事?不是品牌,不是营销,而是一个能够高效管理库存和快速补货的强大的物流支持系统。

这个巨型方盒的建筑面积达20万平方米,拥有超过10万个货品托盘,年吞吐能力超过2.4亿个件次,同时可满足79个集装箱货车装卸货。更重要的是,耐克将借此缩短15%的交货时间——一件货品从门店下单到发货将只需要数小时。

这里就像是一个巨型的中央处理器。所有商品分拣和管理的基础都依赖于强大的数字化采集和处理能力。所有货品都嵌入了电子标签,并逐一扫描,工人们根据电子显示屏上的信息来分拣配送货品,其信息通过专门数据端口与耐克全球连接,每天都会有完整的共享数据反馈给相关部门。信息如此之多,以至于计算机所需要的编码数量几乎与全球最大的购物网站亚马逊一样多。这里是物流专家们把对数字和技术的热爱转化为成果的乐园。

包括总长达9公里的传送带、顺序拣货机、无线射频扫描仪、自动化仓库管理系统等在内的诸多物流技术与装备,让这座仓库在分配效率、吞吐力、弹性力三项指标上均达到了全球较高水准。

这座耐克在中国的第一家大型物流中心有两幢建筑,分别储存鞋类和服装类货品,两者之间通过传送带装置接驳。仓储区被分为整箱区和托盘区两大单元,散装托盘区分布其间。如果有大订单到来,整箱区可直接配送;小订单补货则可以直接从托盘区内散装货品中抽取。根据配送分拣需求,服装配送楼层被分割为三层:顶层是拥有4.5万个设置了独立编码的货架区,二层则是两套自动分拣系统,一层为打包和装车配送区。

出人意料的是,拥有4.5万个独立编码的顶层货架区的编码其实并无规律可言,这主要是为了避免操作员因频繁操作会熟记下编码,从而产生误操作。取货操作员运用机器语音系统与计算机对话,核对存货信息(取货前自动控制系统会告知操作员取货区域,操作员到达后,通过麦克风和耳机先向计算机系统报告货架区编码以及取货数量进行确认)。这套语音识别系统由耐克独立研发完成,它可以识别各国语言,甚至包括方言,系统会事先采集记录每一个操作员的音频信息。为以防万一,耐克另配备了一套应急装置,一旦语音识别系统发生故障,取货员可以用手持扫描设备救急,这也是货架编码的另一用途。

同时,这些货架安放的角度按照人体工程学设计,最大限度地避免员工腰肌劳损。耐克规定,在货架充裕的情况下货品必须先存在中间层,方便员工取货。在货架最下端,底层货架与地板的间隙可以容纳临时扩充的货架,便于其在发货高峰期存放物料。

CLC顶层的仓储区高10多米,为了最大限度地提高空间利用率、增加货品容纳量,耐克采用了窄巷道系统,货架之间的巷道宽度也被压缩到最小,与叉车的宽度相差无几。耐克在地板下方安装了用于叉车牵引的特殊磁力导线系统。这套智能引导系统可以使驾驶员在磁力线的自动引导下,以最精确的行车姿态进入取货巷道,完全避免任何碰撞。在自动引导取货时,叉车只能沿着磁导线的分布前后直来直往,而不会左右摇摆;取货小车装运完毕,关掉磁导线开关,货车方可左右拐弯。

CLC配送货品的一般流程:接到订单,区分订单大小,仓储区取货。仓储区整箱订单货品通过传送带运至2楼分拣区,操作员和传送带会进行两次核对分拣;订单货品的余额件数由3楼操作员人工补货,自动分拣机验货、装箱后,再运至1楼,进行扫描核对、装车及发运。

作业过程中,最关键的要素是精确。以服装分拣为例,当3楼仓储区的整箱货品通过传送装置送到2楼时,操作员会通过手持扫描设备进行标签扫描。所有货品标签的贴放位置和高度都有严格规定,以提高核对效率。核对无误后,在传送带送至1楼的过程中,沿途每隔数米均有扫描设备对包装箱条码进行扫描,记录下位置信息。这些信息又与分布于物流中心各功能区的自动化分拣设备相连,使产品可以快速被传送至不同的操作区。一旦分拣有误,传送带会自动将错误货品甩出,进入特殊通道交由专人处理。

当货品经过层层校验,从分拣来到打包环节时,CLC的系统会自动打印一张货品标签单,清楚地标明货品编号和件数。电脑还能估算出货物体积,并提示操作员大概选用何种型号的包装箱最为合适。

装箱操作员除了核对货品件数和编码外,另一重要工作就是要把货品发货标签贴到规定位置,便于下一个环节的机器或人工再次抽查核对。在装车发货之前,仓储管理系统再次进行信息甄别,根据订单的时间配送要求,采用不同的交通工具和多级物流网络,确保产品高效、准确、及时以及以最低成本送达。

发生火灾怎么办?CLC在设计之初就避免了这一切。这里一共安装了超过220个空气探测器,一旦失火,自动报警系统会响应,并打开喷水灭火系统。在仓储区之外,耐克还设立了"防火墙",即便发生火灾,楼层只会朝着特定方向倒塌,保证另一个独立区域安然无恙。在两道墙壁中央,CLC专门设置了消防人员救援通道和避难走道,后者还有特制的正压送风系统,只会依照特定风道排放烟雾,不会伤害人身安全。

【案例分析与讨论】 耐克中国物流中心的物流智能化体现在哪些地方?

课外拓展

一、单选题

1. 全球定位系统也称为(　　)。
   A. EDI　　　　　B. CAD　　　　　C. GIS　　　　　D. GPS

2. 电子商务物流信息系统包括接受订货信息系统、订货信息系统、收货信息系统、库存管理信息系统、发货信息系统、(　　)等模块。
   A. 地理信息系统　　　　　B. 配送信息系统
   C. 导航系统　　　　　　　D. 管理信息系统

3. RFID系统由(　　)、阅读器、天线组成。
   A. 射频　　　　　B. 二维码　　　　　C. 摄像机　　　　　D. 电子标签

4. GPS车辆监控管理系统由三部分组成,即监控中心、通信链路和(　　)。
   A. 计算机硬件系统　　　　　B. 计算机软件系统
   C. 车载终端　　　　　　　　D. 地理空间数据和人员

5. EDI由以下两部分组成:(　　)和EDI软硬件。
   A. 物流信息　　　B. 资金流　　　C. 电脑　　　D. 数据标准

二、多选题

1. 目前物流行业中所使用的关键信息技术包括（　　）等。
   A. EDI　　　　　　B. GPS　　　　　　C. GIS　　　　　　D. RFID
   E. 托盘

2. 现代物流中的 GIS 主要应用在（　　）等方面。
   A. 运输路线的选择　　　　　　B. 仓库位置的选择
   C. 仓库的库存量控制　　　　　D. 合理装卸策略
   E. 运输车辆的调度

3. 对物流系统要素的管理内容包括（　　）。
   A. 人　　　　　　B. 财　　　　　　C. 物　　　　　　D. 设备
   E. 信息与方法

4. 根据电子商务物流信息的流向，电子商务物流信息可分为（　　）。
   A. 运输信息　　　B. 仓储信息　　　C. 输入信息　　　D. 输出信息
   E. 系统信息

5. 电子商务物流信息的特点包括（　　）。
   A. 信息面广　　　B. 信息量大　　　C. 信息动态性强　　D. 信息种类少
   E. 信息时效性差

三、判断题

1. 与传统条形码识别技术相比，RFID 的优势包括：快速扫描；体积小型化、形状多样化；抗污染能力和耐久性强；可重复使用；穿透性和无屏障阅读；数据的记忆容量大；安全性低。（　　）

2. 数字分拣系统（Digital Picking System, DPS）中常用的是电子标签辅助拣货技术，它是一种无纸化的拣货系统，可分为摘取式数字分拣技术和播种式数字分拣技术。
（　　）

3. 车载终端由四部分组成：GPS 接收机单元、GSM 通信单元、中央控制模块和外接设备。（　　）

4. 国际通用的物流条码有消费单元条码、储运单元条码和货运单元条码。（　　）

5. 二维条形码依靠其庞大的信息携带量，能够把过去使用一维条形码时存储于后台数据库中的信息包含在条形码中，可以直接通过阅读条形码得到相应的信息，并且二维条形码还有错误修正技术及防伪功能，增强了数据的安全性。（　　）

四、操作题

下载一个免费 GPS 导航软件并试用。

项目二
电子采购

项目引入

江苏远航物流公司采购部李主管告诉李明,当今世界网络、通信和信息技术快速发展,Internet在全球迅速普及,使得现代商业具有不断增长的供货能力、不断增长的客户需求和不断增长的全球竞争三大特征,这将为企业传统的采购活动带来巨大的冲击和挑战,进而引发企业采购模式的剧烈变革,电子采购这一新的采购方式应运而生。因此,建立高效率、低成本的采购网络,即实现电子采购,已经成为企业不得不认真思考的核心管理问题。

项目分析

采购部李主管介绍说,一个好的电子采购管理平台,不仅给企业提供便捷、高效的互联网采购管理技术,还提供行业信息资讯服务,从而成就整个采购产业链的高速流畅运转,促进采供双方的良性合作,创造一个共享、共赢的市场环境。

任务分解

李明听后,在李主管的安排下,决定重点掌握电子采购软件的操作和应用。

相关知识

随着科学技术的不断发展和网络技术的普及,电子采购作为一种新型的采购方式迅速得到应用。它依赖于电子商务技术的发展和物流技术的提高,依赖于人们思想观念和管理理念的改变,通过互联网来增强日常采购的管理能力。许多企事业单位已在一定范围内和相当程度上运用了电子采购技术,简化了采购流程,节约了采购成本,提高了采购效率。

一、电子采购的含义

电子采购是由采购方发起的一种采购行为,是一种不见面的网上交易,如网上招标、网上竞标、网上谈判等。电子采购比一般的电子商务和一般的采购在本质上有了更多的概念延伸,它不仅仅完成采购行为,而且利用信息和网络技术对采购过程的各个环节进行管理,有效地整合了企业的资源,帮助供求双方降低了成本,提高了企业的核心竞争力。可以说,企业采购电子化是企业运营信息化不可或缺的重要组成部分。

二、电子采购的特点

在电子采购模式下,买主和卖主通过网络而联结,商业交易具有无缝性,其优势是十分显著的。

1. 提高采购效率,缩短采购周期

采购方通过电子采购交易平台进行竞价采购,可以根据自己的要求自由设定交易时间和交易方式,大大缩短了采购周期。自采购方竞价采购项目正式开始至竞价结束,一般只需要1～2周,较传统招标采购节省30%～60%的时间。

2. 节约大量的采购成本

使用电子采购系统可以为企业节省大量成本。企业通过竞价采购,商品的价格平均降幅为10%左右,最高时可达到40%。

3. 优化采购流程

采购流程的电子化不是用计算机和网络技术简单替换原有的方式、方法,而是要依据更科学的方法重新设计采购流程。

4. 共享信息

不同企业,包括各个供应商都可以共享信息,这样不但可以了解当时采购、竞标的详细信息,还可以查询以往交易活动的记录,包括中标、交货、履约等情况,帮助买方全面了解供应商,卖方也可以更清楚地把握市场需求及企业本身在交易活动中的成败得失,积累经验,这使供求双方之间的信息更加透明。

5. 提高客户满意度

电子采购能帮助采购方改善客户服务,提高客户满意度,提高供应链绩效,以及改善与供应商的关系。

6. 利益双赢

电子采购不仅使采购企业大大获益,而且让供应商获益。供应商通过电子采购可以更及时地掌握市场需求,降低销售成本,改善与采购商之间的关系,获得更多的贸易机会。

三、电子采购的模式

1. 买方模式

买方模式是指采购方在互联网上发布所需采购产品的信息,供应商在采购方的网站上登录自己的产品信息,以供采购方评估,双方通过采购网站进行进一步的信息沟通,完成采购业务的全过程。买方模式中采购方承担了建立、维护和更新产品目录的工作。

买方模式适合大型企业的直接物料采购。首先,大型企业一般已经运行着成熟可靠的企业信息管理系统,因此,与此相适应的电子采购系统应该与现有的信息系统有着很好的集成性,能够保持信息流的通畅;其次,大型企业往往处于所在供应链的核心地位,核心供应商较为集中,采购量巨大,因此供需双方需要进行紧密合作;最后,一般来说,只有大型企业才有能力承担建立、维护和更新产品目录的工作。

2. 卖方模式

卖方模式是指供应商在互联网上发布其产品的在线目录，采购方通过浏览来取得所需的产品信息，以做出采购决策并下订单，确定付款和交付选择。在这个模式里，供应商必须要投入大量的人力、物力和财力，用以建立、维护和更新产品目录；但对于采购方来说，则不必花费太多力气就能得到自己所需的产品（对于拥有几百个供应商的买方，就要访问众多的网站才能采购到需要的产品）。同时，卖方模式需要面临B2B电子采购与企业内部信息系统无法很好集成的问题，因为采购方与供应商是通过供应商的系统进行交流的，由于双方所用的标准不同，供应商系统向采购方传输的电子文档不一定能为采购方的信息系统所识别，可能会延长采购时间。

3. 市场模式

市场模式是指供应商和采购方通过第三方设立的网站进行采购业务的过程。在这个模式里，无论是供应商还是采购方，都需要在第三方网站上发布自己提供或需要的产品信息，第三方网站则负责产品信息的归纳和整理，以便于用户使用。第三方网站包括以下两种：

（1）垂直门户。垂直门户是经营专门产品的市场，如钢材、化工、能源等，它通常由一个或多个本领域内的领导型企业发起或支持。

（2）水平门户。水平门户集中了种类繁多的产品，其主要经营领域包括维修和生产用的零配件、办公用品等。水平门户一般由电子采购软件集团或间接材料和服务供应领域的领导者发起或资助。

四、电子采购的一般业务流程

1. 提交采购需求

最终用户通过填写在线表格提出采购产品的请求。对于经常采购的商品，可以建立一个特别的目录供用户选择，以方便最终用户提出采购申请。

2. 确定采购需求

根据企业预先规定的采购流程，采购申请被依次自动地传送给各个责任人请求批准。

3. 选择供应商

一旦采购申请最终得到认可，采购人员按不同的情况可采取两种方式：若所需采购的物品已有了固定供应商，则该申请转化成订单自动发送给供应商；若所需采购的物品没有固定的供应商，采购人员需要通过采购寻源流程去寻找合适的供应商。

4. 下订单

在确定了供应商后，订单会通过电子邮件等方式传送给供应商。

5. 订单跟踪

有些信息系统较为完善的供应商会反馈给采购方一个订单号，采购人员可以通过订单号追踪订单的执行情况，直到发货。

6. 付款

如果连接了银行系统，则可以进行电子支付，但目前电子支付主要还是用于个人交易。对于企业，可以在银行系统完成具体业务的支付流程，同时便于查询支付情况。

任务　实施电子采购

任务引入

李明通过深入学习了解到，采购作为满足社会需求的一种重要手段，对整个社会的生产与生活产生了极其重要的影响。对企业来说，采购直接影响着生产经营过程和企业效益，并构成企业竞争力的重要方面。采购也会带来很大的经济风险，在传统环境下，采购是买方独自的行为，因而买卖双方缺乏充分的信息沟通，从而产生了提前采购、重复采购、供应与生产脱节等现象。如何控制这些风险，成了摆在现代企业面前的一项重要任务。电子采购作为一种新的采购模式，充分利用了现代网络的开放性、信息的多样性、交易的快捷性和低成本等特点，可以有效地解决企业和政府所面临的这些问题。

任务目标

采购部李主管告诉李明需要理解电子采购的特点，理解电子采购的一般模式，学会利用公司相关软件平台实现电子采购操作；还要养成精打细算的工作作风。

工作过程

步骤 1　考察企业实施电子采购的必要性

企业实施电子采购之前需要考虑：
(1) 公司是否有决心要进行电子采购？
(2) 电子采购将如何对公司产生最有利的影响？电子采购是否与公司的核心企业流程整合？
(3) 评价公司目前的绩效与成本，与实现电子采购的预期绩效和成本进行比较，计算预期投资回报率。

步骤 2　电子采购的具体实施

实施电子采购的步骤如下：

1. 采购流程整合

采购流程包括：采购费用历史资料分析；采购货品分类；确认进行电子采购的切入点（产品类别）；定义采购规格；确定供货商群；选择招标与议价方式；与供货商沟通；进行在线招标、议价、采购。

2. 建立数据库及相关管理软件

建立数据库及相关管理软件，为在互联网上采购和实现供应管理功能积累数据，主要包括：供应商目录、供应商的原料和产品信息、各种文档样本、与采购相关的其他网站、可检索的数据库、搜索工具。

3. 成立正式的项目小组

项目小组需要由高层管理者直接领导，其成员应当包括项目实施的整个进程所涉及各个层面的人员，包括信息技术、采购、仓储、生产、计划等部门的人员，甚至包括互联网服务提供商（ISP）、应用服务提供商（ASP）、供应商等外部组织成员。每个成员就各种方案选择的意见、风险、成本、程序安装和监督程序运行的职责分配等进行充分的交流和讨论，以取得共识。企业的实践证明，事先做好组织上的准备是保证整个进程顺利进行的前提。

4. 广泛调研，收集意见

为做好电子采购系统，应广泛听取各方面的意见，包括有技术特长的人员、管理人员、软件供应商等。同时要借鉴其他企业行之有效的做法，在统一意见的基础上，制订和完善有关的技术方案。

5. 建立企业内部管理信息系统

建立企业内部管理信息系统，实现业务数据的计算机自动化管理。在企业的电子采购系统网站中，设置电子采购功能模块，使整个采购过程始终与管理层、相关部门、供应商以及其他相关内、外部人员保持动态的联系。

6. 提供培训

很多企业只在系统开发完成之后才对使用者进行相应技术培训。但是国外企业和国内一些成功企业的做法表明，事先对所有使用者提供充分的培训是电子采购成功实施的一个关键因素。培训内容不仅包括技能培训，更重要的是让员工了解将在什么地方进行制度革新，以便将一种积极的、支持性的态度灌输给员工，这将有助于减少未来项目进展中的阻力。

步骤 3 电子采购风险分析

电子采购带给企业的益处较多，所以许多大型企业都纷纷追加企业资源计划（Enterprise Resource Planning，ERP）投资，在 ERP 或 MRP（Material Requirement Planning，物料需求计划）的基础上完善企业的采购流程，并把电子采购的导入当成提高企业竞争力的有效途径。企业在看到电子采购带来好处的同时，也应该清醒地认识到其存在的诸多风险。

1. 安全风险

虽然目前电子采购在飞速发展，但电子采购的安全保障问题仍然是企业及用户较关心的问题。我国电子采购用户在技术和管理方面仍存在一些问题，如安全技术的强度不够，不够重视安全管理，企业在导入电子采购的过程中必须对安全风险予以重视。

2. 供应链内企业的信任风险

企业利用网络进行采购不得不面对信任风险。企业所采购的物品种类繁多，供应商数量较多且良莠不齐，企业无法保证所有的供应商都能够提供优良的商品品质、售后服务，并保证交货时间等，且企业也不可能对每一家供应商都进行实地考察，这就增加了网络采购的风险。

3. 技术与管理风险

从技术的角度来看，企业导入电子采购时所必须考虑的问题有：如何建立一个符合交易安全并易于运作的内部网络？如何有效制定非常情况下的应急措施？如何培训并帮助供应商建设网络系统？如何对网络进行维护并时常更新技术？如何管理自己的网站以防止被攻击？

4. 成本风险

企业导入电子采购的成本主要由前期导入成本、人事及培训成本和使用及维护成本等组成。前期导入成本一般包括硬件成本、软件成本和辅助供应商成本；人事及培训成本包括人事成本、培训员工成本和培训供应商成本；使用及维护成本包括管理费用、维护网络成本、网络连接费用成本和其他成本。其中,占较大比重的主要是软件成本、硬件成本及培训员工成本。

步骤 4 进行 B2B 交易中的电子采购操作

管易宝进销存系统是一款较通用的企业进销存管理系统,软件涵盖了企业进、销、存管理的全过程。

1. 系统登录

首次运行,进入登录界面,如图 2-1 所示。系统默认工号为 888,无密码,进入系统以后可以设置操作员相关信息,包括工号、姓名、密码(可修改)。以后登录时按照新帐号、密码登录即可。

图 2-1 登录界面

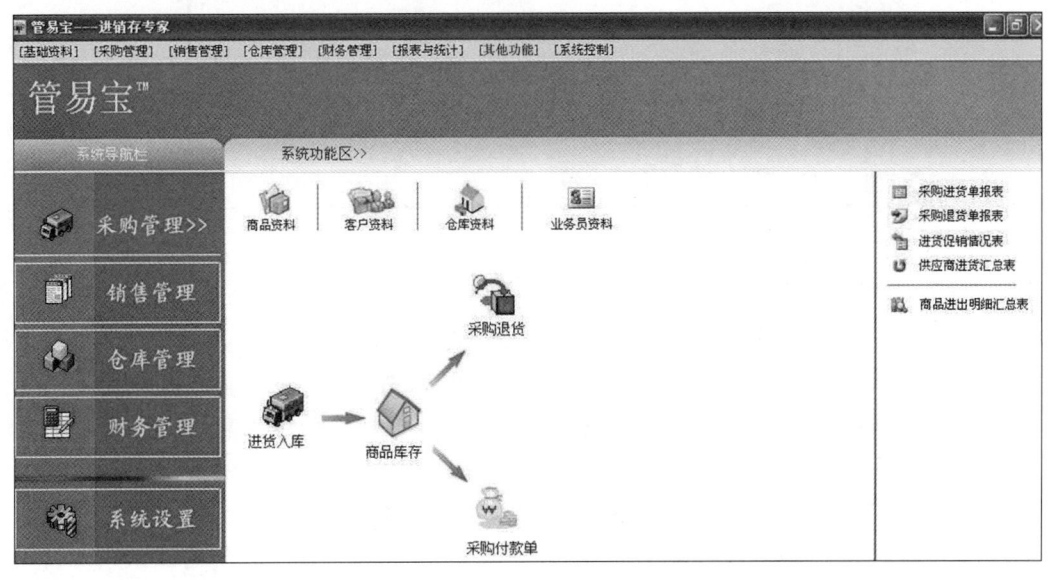

登录成功,进入系统主界面,如图 2-2 所示。

图 2-2 系统主界面

2. 系统初始化

首次使用,必须先进行系统的初始化,设置系统的基础资料。单击【基础资料】菜单,选择其中的功能项,如图 2-3 所示。

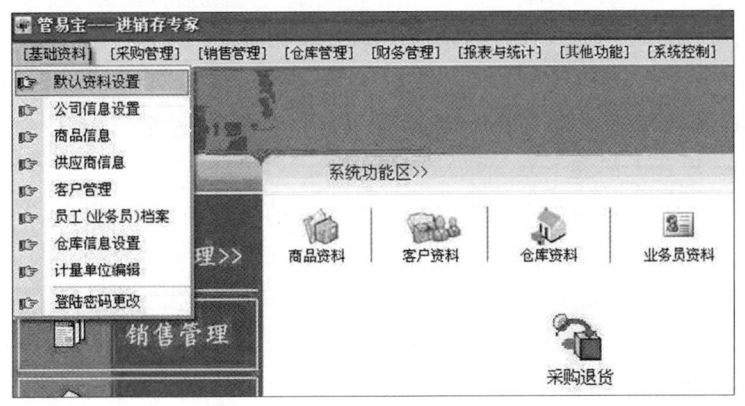

微课:跟上采购潮流
——电子化采购操作

图 2-3 设置系统的基础资料

(1)基础资料设置

基础资料设置界面如图 2-4 所示。本界面上共有 6 个选项卡,设置的信息主要与财务管理相关,所以也可以在【财务管理】功能界面进行设置。下面逐一进行简单介绍。

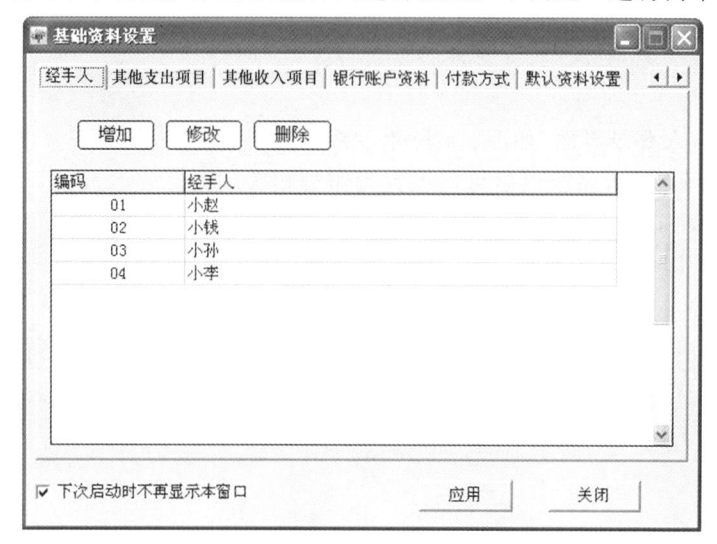

图 2-4 基础资料设置界面

①经手人:设置收支业务的经手人,主要是编码和经手人姓名。单击【增加】按钮可以添加经手人,修改和删除经手人单击相应的按钮进行操作即可。

②其他支出项目:设置应付账款以外的其他支出项目的内容,包括编码和项目内容。

③其他收入项目:设置销售收入以外的其他收入项目的内容,包括编码和项目内容。

④银行账户资料:设置银行账户资料,包括编码、账户名称、期初余额。

⑤付款方式:设置财务付款的方式,如现金、签单、转账支票等。

⑥默认资料设置:设置各功能模块的默认仓库,包括采购入库及退货的默认仓库、销售出货及销货退回的默认仓库、其他入库和出库的默认仓库;设置单价小数位数、默认出货折扣率。

完成所有设置后,单击【应用】按钮保存设置,然后单击【关闭】按钮退出。

(2)公司信息设置

在【公司信息设置】界面可设置公司相关信息,包括公司名称、电话、传真、地址等。

(3)商品资料管理

在【商品资料管理】界面可设置商品类别、商品编码、商品名称和规格、速记码、进价、批发价、零售价、条形码、供应商、库存上限和下限等,如图 2-5 所示。

单击【货类】按钮,打开商品类别对话框,根据本企业销售商品的分类情况,编辑商品类别,建立相应的商品分类目录树。

建立了商品分类目录树后,就可以录入商品信息了。单击【新增】按钮,出现如图 2-6 所示的界面,将各项目填写完毕并保存。当然也可以单击【导出】按钮将商品信息导出为 Excel 电子表格,或者单击【导入】按钮将利用 Excel 编辑的商品信息直接导入本系统,还可以利用【修改】或者【删除】按钮对商品信息进行修改或者删除操作。

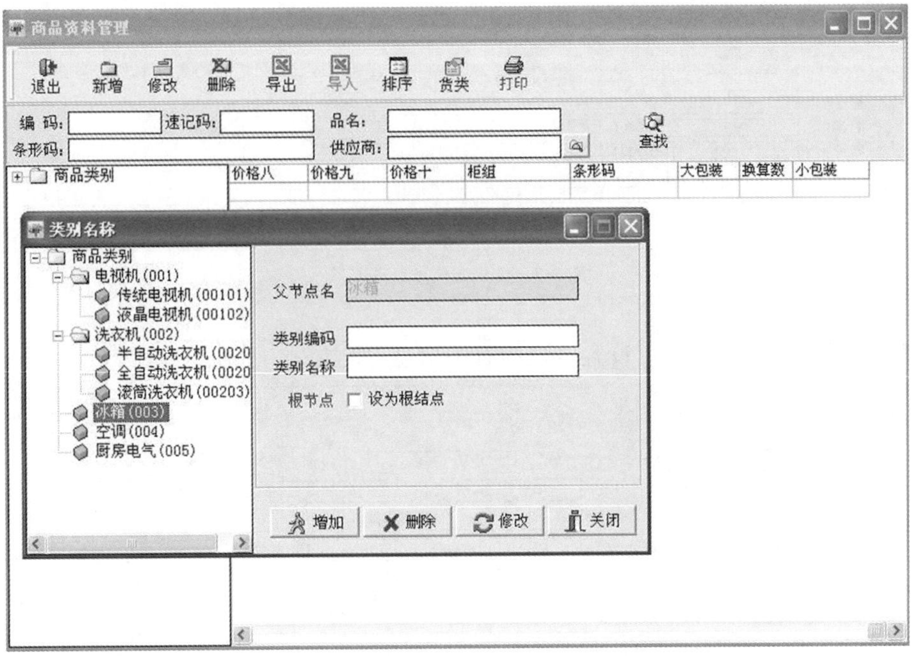

图 2-5 商品资料管理界面

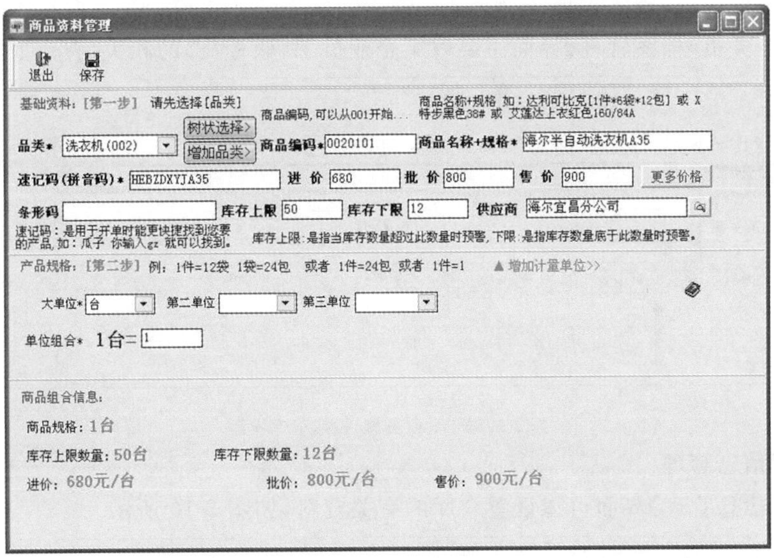

图 2-6 录入商品信息

其中"品类"就是商品类别,单击"售价"文本框右侧的【更多价格】按钮可以对价格进行编辑,即可以设置多个价格,便于销售时针对不同的客户选择不同的价格。单击"供应商"文本框右侧的图标进入【供应商信息管理】界面,可选择供应商或者添加供应商。

(4)供应商信息管理

在【供应商信息管理】界面可设置供应商的相关信息,包括商号、供应商名称、地址、联系方式等,如图 2-7 所示。

图 2-7　供应商信息管理界面

(5) 客户管理

在【客户信息管理】界面可设置客户的有关信息,如图 2-8 所示。

图 2-8　客户信息管理界面

(6) 员工(业务员)档案管理

【员工(业务员)档案管理】界面主要收集企业员工(业务员)的相关信息,如图 2-9 所示。

图 2-9　员工(业务员)档案管理界面

(7) 仓库信息管理

在【仓库信息管理】界面可以设置仓库的有关资料,如图 2-10 所示。

图 2-10　仓库信息管理界面

(8) 计量单位设备

在计量单位设置界面可以编辑商品的各种计量单位,如图 2-11 所示。

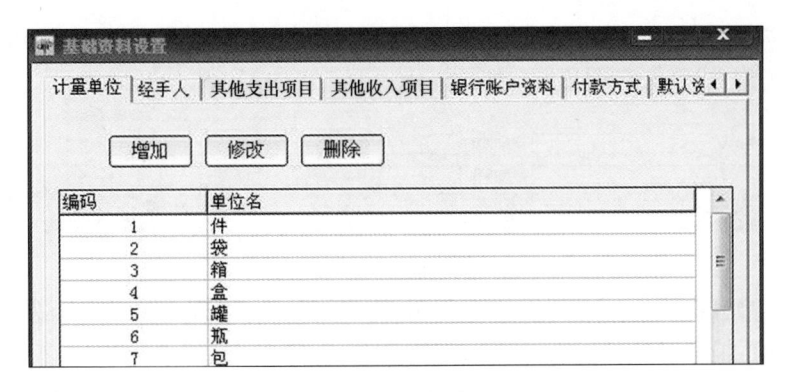

图 2-11　计量单位设置界面

(9) 其他设置

单击图 2-2 所示界面左侧系统导航栏目的【系统设置】或者利用【系统控制】菜单可进行其他设置。

① 用户授权

对不同的用户进行权限的设置，便于对用户的权限进行控制，允许或不允许用户进行哪些操作，如图 2-12 所示。

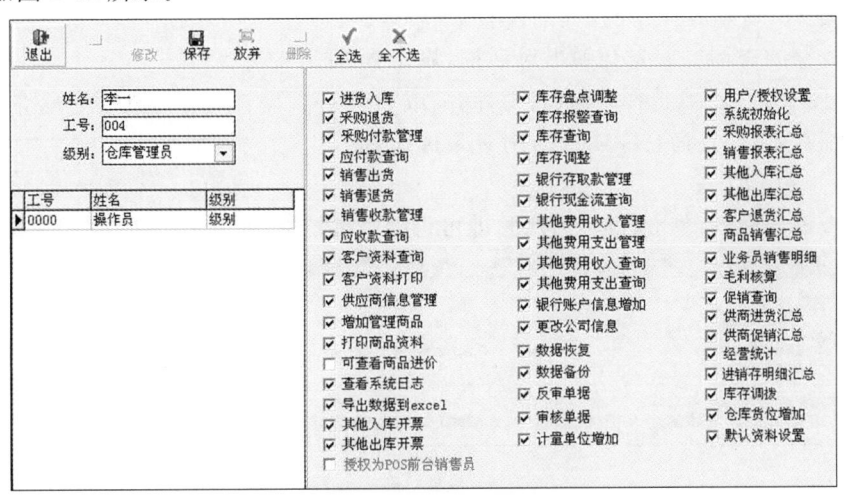

图 2-12　用户授权界面

② 备份和还原数据库

退出时，系统会提醒用户备份数据库，避免数据丢失。

3. 采购管理

采购管理模块的主要功能包括进货入库、库存查询、采购退货、采购付款等。可单击图 2-2 所示界面左侧系统导航栏目的【采购管理】，或者利用【采购管理】菜单完成相应的操作。

(1) 进货入库

单击图 2-2 所示界面中的【进货入库】图标，登记经过验收入库的商品具体信息，如图 2-13 所示，当然也可以利用条码设备进行扫描或者射频识别技术进行无线接收入库商品信息。

图 2-13　商品进货管理界面

单击【新增】按钮添加入库商品信息，其中"摘要"项选择"入库单"，录入发票号码、订单号，选择供应商，填写商品速记码、单位、件数、存放仓库、折扣、进价、实进金额、品名规格等，然后保存。要修改已保存的入库单信息，则选择相应的入库单后，单击【修改】按钮进行修改。还可打印入库单据，可利用【打印】后面的四个按钮进行翻页。单击【查找】按钮可设定条件进行进货单据的查询。

单击【审核】按钮对入库单据进行审核，单据审核后将不能再修改数据。一般要求制单和审核由不同的操作员进行。审核完成后，系统会提示"应付款已经生成，审核成功"，此时系统自动记录应付款项。

(2) 库存查询

单击图 2-2 所示界面中的【商品库存】图标，可进行商品库存的查询。首先会弹出对话框，设定查询条件，如图 2-14 所示，选择"查询汇总库存"或"查询仓库明细"，若是"查询仓库明细"，则必须选择具体的仓库。

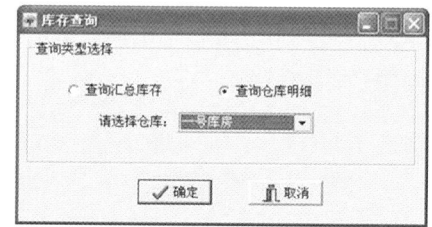

图 2-14　查询条件设置界面

设定查询条件后，单击【确定】按钮，即可得到查询结果，如图 2-15 所示。

图 2-15　查询结果显示界面

(3) 采购退货

单击图 2-2 所示界面中的【采购退货】图标，进入采购退货管理界面，同入库操作一样，单击上面的【新增】按钮，填写具体信息。

其中"退货性质"可选择过期退货、质量问题退货、运输破损或其他原因。其他项目含义同入库操作中一样，填写完毕后保存。同样，退货单也需要审核，审核成功后，系统记录应付款(冲减应付款项)，并冲减库存数量。

(4) 采购付款单

单击图 2-2 所示界面中的【采购付款单】图标，可进行采购付款管理。进入界面后单击【新增】按钮，弹出采购付款操作对话框，设定付款日期，选择供应商、付款方式、付款来源等，单击上面的【收银】按钮，弹出确认对话框，确定付款。同样，确认付款后，付款单需要审核，审核成功后，系统记录现金或银行存款日记账和应付账款。

任务总结

通过电子采购的岗位锻炼,李明懂得了电子采购改变了传统采购业务的处理方式,优化了采购流程,提高了采购效率,降低了采购成本。通过电子目录,可以快速地找到更多的供应商;根据供应商的历史采购数据,可以选择最佳的货物来源;通过电子招标和电子询价、比价等采购方式,可以形成更加有效的竞争,降低采购成本;通过电子采购流程,可以缩短采购周期,提高采购效率,减少采购的人工操作错误;通过供应商和供应链管理,可以减少采购的流通环节,实现端对端采购,降低采购费用;通过电子信息数据,可以了解市场行情和库存情况,科学制订采购计划和采购决策。

案例分析

IBM 采购管理

IBM综合运用集中采购和电子采购方式,以降低采购成本。首先进行组织机构的变革,设立集中采购管理部门;再由集中采购管理部门进行采购流程的变革;继而按规范的采购流程,设计电子采购管理系统,并组织实施;最终实现采购流程的科学化、管理手段的现代化,提高采购工作效率,降低采购综合成本。

1. 采购物品的重新分类

依靠专家的才智、经验和耐心形成了"17类生产性和12类非生产性"的详尽目录。这一步工作的目标是使来自不同地区、具有不同习惯、使用不同语言的员工方便、快捷地查找到所需要的产品。

2. 采购流程的重新审定

IBM公司采购变革不在于订单的介质从纸张变为电子,人工传输变为网络,而在于采购流程的梳理。

3. 采购成本明显降低

当"中央采购"系统在IBM公司内部平稳运转后,效果立竿见影。简化业务流程方案实施后,在5年的时间里,总共节约的资金超过了90亿美元,其中40多亿美元得益于采购流程方案的重新设计。

4. 采购效率大大提高

基于电子采购,IBM公司降低了采购的复杂程度,采购订单的处理时间已经降低到1天,合同的平均长度减少到6页,内部员工的满意度提升了45%,"独立采购"也减少到2%。电子采购在IBM公司内部产生了效率的飞跃。

5. 供应商的满意度提高

从电子采购系统的推广角度而言,供应商更欢迎以简便快捷的网络方式与IBM公司进行商业往来,与IBM公司一起分享电子商务的优越性,从而达到一起降低成本、一起增强竞争力的双赢战略效果。

6. 采购部门人员结构优化

IBM公司采购部门人员总体成本降低了，员工出现了分流：负责供应商管理、合同谈判的员工逐渐增多，而执行采购人员逐渐缩减、集中化。新的采购需求不断出现，改革也将持续下去。

【案例分析与讨论】

1. IBM电子采购给该公司带来的好处是什么？
2. IBM电子采购给你带来哪些启示？

课外拓展

一、单选题

1. 电子采购的模式包括买方模式、卖方模式和（　　）。
   A. 市场模式　　　　B. 比较模式　　　　C. 垂直模式　　　　D. 水平模式
2. 电子采购的一般业务流程包括提交采购需求、确定采购需求、（　　）、下订单、订单跟踪和付款。
   A. 比较商品　　　　B. 选择供应商　　　C. 讨价还价　　　　D. 谈判
3. 电子采购的风险包括（　　）、成本风险、安全风险和供应链内企业的信任风险。
   A. 时间风险　　　　　　　　　　　　　B. 货物损失风险
   C. 管理风险　　　　　　　　　　　　　D. 技术与管理风险
4. 企业导入电子采购的成本主要由（　　）、人事及培训成本和使用及维护成本等组成。
   A. 硬件成本　　　　　　　　　　　　　B. 软件成本
   C. 前期导入成本　　　　　　　　　　　D. 辅助供应商成本
5. 第三方网站分为垂直门户和（　　）。
   A. 水平门户　　　　B. 混合门户　　　　C. 供应链门户　　　D. 联合销售门户

二、多选题

1. 电子采购的优势包括（　　）。
   A. 提高采购效率　　　　　　　　　　　B. 节约大量的采购成本
   C. 优化采购流程　　　　　　　　　　　D. 信息共享
   E. 互利共赢
2. 下列属于垂直门户网站经营的产品是（　　）。
   A. 钢材　　　　　　B. 石油　　　　　　C. 农产品　　　　　D. 办公用品
   E. 零配件
3. 电子采购项目小组的成员一般包括（　　）。
   A. 高层管理者
   B. 信息技术、采购、仓储、生产、计划等部门的人员
   C. 互联网服务提供商
   D. 供应商
   E. 政府机构

三、判断题

1. 采购方企业通过电子采购交易平台进行竞价采购,可以根据自己的要求自由设定交易时间和交易方式,大大缩短了采购周期。（　　）

2. 采用电子采购可以更及时地掌握市场需求,降低销售成本,增进与采购商之间的关系,获得更多的贸易机会。（　　）

3. 目前电子采购在飞速发展,电子采购的安全保障问题不是企业及用户关心的问题。（　　）

4. 采购流程的电子化是用计算机和网络技术简单替换原有的方式、方法。（　　）

5. 买方模式适合小型企业的直接物料采购。（　　）

四、操作题

登录阿里巴巴网站,学习其网络采购操作流程。

项目三 电子商务环境下的运输管理

项目引入

江苏远航物流公司经理告诉李明,运输在公司的运营过程中起着很重要的作用,是物流管理中最重要的环节之一,通常企业物流成本的大部分属于运输管理成本,而且运输是为顾客提供高质量物流服务的重要保障。李明听后决心到运输管理岗位进行实习。

项目分析

运输管理部门主管介绍说,运输管理部门主要从事货物托运、运输方式选择、运输质量控制、运费核算及成本控制、单证流转、运输信息处理、货物跟踪及交付等作业,解决物流运输过程中货物的接、转、发、交等问题,主要包括货物受理、签单、制单、跟踪、交付等环节。

任务分解

李明听后,决定通过深入运输管理部门各岗位学习,重点了解运输基本原理,掌握各种运输方式的流程;了解国际多式联运,能按照用户的需要,有效、合理地开展物流运输活动;能合理进行运输组织管理,掌握运输成本优化方法,学会运输软件的使用等技能。

相关知识

一、运输概述

(一)运输的概念

运输是指利用设备和工具,将物品从一个地点向另一个地点运送的物流活动。其中包括集货、分配、搬运、中转、装入、卸下、分散等一系列操作。运输是物流的主要功能之一,也是物流作业中最直观的要素之一。运输提供两大功能:产品转移和产品储存。

1. 产品转移

无论产品处于哪种形式,是材料、零部件、装配件、在制品,还是制成品,也不管是在制造过程中将被转移到下一阶段,还是更接近最终的顾客,运输都是必不可少的。运输的主要目的就是要以最少的时间、最低的财务和环境资源成本,将产品从原产地转移到规定地点。此外,产品灭失损坏的费用也必须是最低的;同时,产品转移所采用的方式必须能满足顾客有关交付履行和装运信息的可得性等方面的要求。

2. 产品储存

对产品进行临时储存是一个不太寻常的运输功能,即将运输车辆临时作为产品的储存设施。然而,如果转移中的产品需要储存,但在短时间内(如几天后)又将重新转移的话,那么,该产品在仓库卸下来和再装上去的成本也许会超过储存在运输工具中每天支付的费用,在这种情况下,可将运输车辆临时作为产品储存设施。

在仓库空间有限的情况下,利用运输车辆储存不失为一种可行的选择。可以采取的一种方法是,将产品装到运输车辆上去。然后采用迂回线路或间接线路运往其目的地。在本质上,这种运输车辆被用作一种储存设施,但它是移动的,而不是处于闲置状态。实现产品临时储存的第二种方法是改道。这是当交付的货物处在转移之中,而原始的装运目的地被改变时才会发生的。

(二)运输的方式

按运输工具的不同,可将运输方式划分为公路运输、铁路运输、水路运输、航空运输、管道运输等。这些运输方式各不相同,因此又出现了把各种运输方式结合起来实现优势互补的多式联运。

小资料

近代运输工具的历史

就近代运输业发展的一般历史来看,船舶运输是较早使用的一种机械运输手段。1807年,世界上第一艘轮船在北美哈德逊河下水,揭开了机械运输的新纪元。其后,各种新型机械运输工具相继出现:1825年,世界上第一条铁路在英国正式通车;1861年,世界上第一条输油管道在美国铺设;1886年,世界上第一辆以汽油为动力的汽车在德国问世;1903年,由莱特兄弟制造的世界上第一架飞机在美国飞上蓝天。经历了近一个世纪,五种新型机械运输工具相继问世,奠定了公路、铁路、水路、航空以及管道运输方式构成的运输业的基本格局。机械运输业的形成最终确立了运输业作为一个独立产业部门的地位,也成为现代运输业的基础。

1. 公路运输

公路运输是主要使用汽车或其他车辆(如人力车、畜力车)在公路上进行货、客运输的一种方式。公路运输主要承担近距离及小批量的货运和水运及铁路运输难以到达地区的长途、大批量货运和铁路、水运优势难以发挥的短途运输。公路运输有很强的灵活性,近年来,在有铁路、水运的地区,较长途的大批量运输也开始使用公路运输。公路运输的主要优点是灵活性强,公路建设期短,投资较低,易于因地制宜,对收到站设施要求不高,可以采取"门到门"的运输形式,即从发货者门口直接到收货者门口,而不需转运或反复装卸搬运。当然,公路运输也可作为其他运输方式的衔接手段,其运输的经济半径一般在200千米以内。但是,公路运输易造成环境污染,能量消耗大,易发生事故。

2. 铁路运输

铁路运输是使用铁路列车运送客、货的一种运输方式。铁路运输主要承担长距离、大批量的货运,在没有水运条件的地区,几乎所有的大批量货物都是依靠铁路运输完成运送任务的。铁路是在干线运输中起主力运输作用的运输形式。铁路运输的优点是受自然条件限制小,载运量大,能耗小、污染小,运输成本比较低。主要缺点是灵活性差,只能在固定线路上实现运输,需要与其他运输手段配合和衔接。铁路运输经济里程一般在200千米以上,所以铁路运输不适合短距离运输。铁路运输分为车皮运输和集装箱运输两种。

(1)车皮运输是租用适合物品数量和形状的车皮所进行的铁路运输方式。这种方式适合运送大宗物品,主要用来运送煤炭、水泥、石灰等无须承担高额运费的大宗物品。但车皮难以往返利用,运输效率较低,而且必须是专用铁路通往的收、发货地点,需要有专用搬运设施和机器。

(2)集装箱运输是铁路和公路联运的一种复合型直达运输,其特征是送货到门,可以由一个地点直达另一个地点,适合化工产品、食品、农产品等物品的运输。

3. 水路运输

水路运输是一种古老的运输方式,它是使用船舶运送客、货的一种运输方式。水路运输的主要优点是成本低,所以适合低成本、大批量、长距离的货物运输。水路运输的缺点主要是速度慢,受港口、水位、季节、气候影响较大,一年内中断运输的时间较长,航运周期长。目前国际贸易对水运的依赖性较强,绝大部分货物的运输都是采用水运方式进行的。水路运输主要有以下四种形式:

(1)沿海运输。沿海运输是使用船舶通过大陆附近沿海航道运送客、货的一种方式,一般使用中小型船舶。

(2)近海运输。近海运输是使用船舶通过大陆邻近国家海上航道运送客、货的一种运输形式,视航程可使用中型船舶或小型船舶。

(3)远洋运输。远洋运输是使用船舶跨大洋的长途运输形式,主要依靠运量大的大型船舶。

(4)内河运输。内河运输是使用船舶在陆地内的江、河、湖、川等水道进行运输的一种方式,主要使用中小型船舶。

4. 航空运输

航空运输是使用飞机或其他航空器进行运输的一种形式。航空运输的单位成本很高,因此,主要适合运载的货物有两类:一类是价值高、运费承担能力很强的货物,如贵重设备的零部件、高档产品等;另一类是紧急需要的物资,如抢险救灾物资等。航空运输的主要优点是速度快,不受地形的限制。在火车、汽车都到达不了的地区可依靠航空运输,因而其具有特殊优势。缺点是费用高,运输重量受限制。

5. 管道运输

管道运输是利用管道输送气体、液体和粉状固体的一种运输方式。其运输形式是靠物体在管道内顺着压力方向循序移动实现的。管道运输与其他运输方式的重要区别在于,管道设备是静止不动的。管道运输是随着石油和天然气产量的增长而发展起来的,目前已成为陆上油、气运输的主要方式。管道运输的主要优点包括:连续性强、消耗少;运输量大,定向性强;运输费用低;不占用土地,管理方便,利于环境保护;密封设备可避免物品损失。此外,管道运输不存在其他运输设备本身在运输过程中消耗动力所形成的无效运输问题。管道运输的缺点是建设投资大,对运输货物有特定要求和限制,灵活性差。

(三)运输的发展趋势

1. 运输集装化

运输集装化主要体现在托盘与集装箱的运用上。托盘与集装箱已经成为现代物流集装体系的两大支柱。

(1)托盘式运输

托盘式运输是以托盘为单位,把不同尺寸大小的货物统一起来,使同一托盘在运输、储存、装卸、搬运等过程中连续使用,不需更换,以提高物流效率,降低物流成本。

全程托盘化运输对企业和社会产生了重要影响。全程托盘化运输有利于企业推进作业现场的机械化和自动化,改善劳动环境,节省运输过程中装卸作业的时间,减少货损货差,有利于降低物流的总成本,对于建立高效率物流系统具有重要意义;全程托盘化运输还能提高物流系统的社会影响,有利于改善物流对环境的影响,有利于水、陆、空联运和国际复合运输方式的发展,有利于国际物流系统的合作与协调。托盘尤其以其简单、方便的特点在集装领域颇受青睐。

为了使物品能有效地装卸、运输、保管,可以将其按一定数量组合放置于一定形状的台面上,这种台面有供叉车从下部叉入并将台板托起的叉入口。以这种结构为基本结构的平板、台板和在这种基本结构基础上所形成的各种形式的集装器具都可统称为托盘,如图3-1所示。托盘是在物流领域中为了适应装卸机械化而发展起来的一种重要的集装器具,它的发展可以说是与叉车同步。叉车与托盘的共同使用形成的有效装卸系统大大地促进了装卸活动的发展,使装卸机械化水平大幅度提高,使长期以来在运输过程中的装卸瓶颈得以解决或改善。所以,托盘的出现也有效地促进了全物流过程水平的提高。

图3-1 不同类型的托盘

(2)集装箱运输

集装箱运输是以集装箱作为运输单位进行货物运输的现代化运输方式,目前已成为国际上普遍采用的一种重要的运输方式。国际多式联运是在集装箱运输的基础上产生和发展起来的,一般以集装箱为媒介,把海上运输、铁路运输、公路运输和航空运输等传统单一运输方式有机地联合起来,以完成国际货物运输。

集装箱是一种用来运输货物的大型容器。符合下列条件的货物运输容器都可以称为集装箱:

①能长期反复使用,具有足够的强度。

②各种运输方式联运或中转时,箱内货物无须倒装。

③具有便于快速装卸和搬运的装置,可以从一种运输方式比较方便地直接换装到另一种运输方式。

④便于货物装满与卸空,能充分利用箱内容积。

⑤箱内容积在 1 m^3 以上。

集装箱是具有一定规格和强度的进行周转用的大型货箱。根据货物特性和运输需要,集装箱可以用钢、玻璃钢、铝等材料制成,适合于铁路、水路、公路、航空等多种运输方式。

集装箱运输的优点在于:

①提高货物运输质量和安全系数,减少被盗、散落等货损现象的发生。

②使用集装箱装运货物,可简化运输包装或直接使用商品包装,节省包装材料,降低产品成本。

③便于开展多式联运。

④集装箱运输简化了点件、检斤等货运手续和中转作业,并为装卸机械化提供了条件,提高了装卸作业效率,加速车辆周转。

⑤集装箱还具备标准化装备的一系列优点。例如,其尺寸、大小、形状有一定规定,便于对装运货物和承运设备做出规划、计划,有利于实现货运管理现代化。

⑥集装箱可以重叠垛放,有利于提高单位地面的储存数量,在车站、码头等待运出,占地也较小。

当然,集装箱运输也有缺点:

①集装箱运输业资本高度密集,港口及其相应设施和设备的投资,船舶和集装箱的投资,内陆配套基础设施的投资等都是巨大的。

②集装箱的自重大,因而无效运输、无效装卸在整个运输和装卸中所占的比重较大。在物流过程中,许多劳动消耗于箱体本身,增加了货物的运费。

③集装箱的箱体本身造价较高,在每次物流中分摊由集装箱本身造价所派生的集装箱使用费的成本较高。

④集装箱返回困难,空箱返回会造成很大的运力浪费。

小资料

集装箱的一般构造如图 3-2 所示。典型结构是梁板结构,梁起支撑作用,板起承载封闭作用。板包括底板、顶板和两侧板。箱体两端一端是侧壁,一端是门。

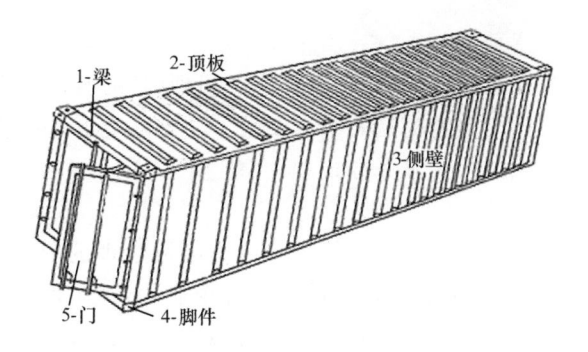

图 3-2 集装箱的一般构造

箱顶部两端安装起吊的挂钩,以便于吊车类装卸机进行装卸操作。有的集装箱箱底设有叉车的叉入槽孔,以利于叉车进行装卸作业。

为了有效地开展国际集装箱多式联运,就必须要实现集装箱标准化,各国政府参照国际标准并考虑本国的具体情况制定了本国的集装箱标准。我国现行国家标准《系列 1 集装箱 分类、尺寸和额定质量》(GB/T 1413-2008)中规定了集装箱各种型号、尺寸及额定质量,见表 3-1。

表 3-1　　　　　　　GB/T 1413-2008 集装箱规格

集装箱型号	长度(L)		宽度(W)		高度(H)			额定总质量(总质量)	
	mm	ft　in	mm	ft	mm	ft	in	kg	lb
1EEE	13 716	45	2 438	8	2 896	9	6	30 480	67 200
1EE					2 591	8	6		
1AAA	12 192	40	2 438	8	2 896	9	6	30 480	67 200
1AA					2 591	8	6		
1A					2 438	8			
1AX					<2 438	<8			
1BBB	9125	29　$11\frac{1}{4}$	2 438	8	2 896	9	6	30 480	67 200
1BB					2 591	8	6		
1B					2 438	8			
1BX					<2 438	<8			
1CC	6 058	19　$10\frac{1}{2}$	2 438	8	2 591	8	6	30 480	67 200
1C					2 438	8			
1CX					<2 438				
1D	2 991	9　$9\frac{3}{4}$	2 438	8	2 438	8		10 160	22 400
1DX					<2 438	<8			

2. 全程联运化

全程联运是指以某一包装单元(托盘或集装箱)作为运输单元,通过多式联运,将货物运送到最终目的地的运输方式。例如,将需要运输的货物装在托盘上形成包装单元,先用汽车,再用飞机,最后再用汽车运送到用户要求的最终目的地。这种"门到门"的运输是集装单元化与多式联运的结合,是最理想的运输方式之一,它从整体上保证了运输过程的最优化和高效率。在电子商务环境下,多式联运得到了快速发展。这是因为:

(1)电子商务技术,尤其是 Extranet 使企业联盟更加容易实现。而运输企业之间通过联盟，可扩大多式联运经营。

（2）多式联运方式为托运人提供了"一票到底""门到门"的服务方式，而电子商务的本质特征之一就是简化交易过程，提高交易效率。在电子商务环境下，多式联运与其说是一种运输方式，不如说是一种组织方式或服务方式。

3. 信息化

物流信息在未来会变得越来越重要，信息将成为物流管理的依据。一个显著的变化就是信息流由闭环变为开环。原来的信息管理以物流企业的运输、保管、装卸、包装等功能环节为对象，以自身企业的物流管理为中心，与外界信息交换很少，是一种闭环管理模式。现在和未来的物流企业注重供应链管理，以顾客服务为中心。首先，它通过加强企业间的合作，把产品生产、采购、库存、运输配送、产品销售等环节集成起来，将生产企业、配送中心（物流中心）、分销商（零售点）网络等经营过程的各个方面纳入一个紧密的供应链中。此时，信息就不是只在物流企业内闭环流动，而信息的快速流动、交换和共享将成为信息管理的新特征。其次，电子数据交换（EDI）、地理信息系统（GIS）、全球定位系统（GPS）和条码技术（Bar Code）等现代物流技术的应用，有利于提高运输和配送的作业效率，降低运营成本。通过智能化运输管理系统可以自动计算最优配装方案，选择最优运输路线，随时了解车辆运营状态，并随时与客户进行信息沟通，提高顾客响应速度。

4. 快速化

随着高速公路的兴建和高速铁路的发展，运输呈现快速化的趋势。高速公路的兴建促进了公路运输的发展。而我国目前已经从高速铁路技术的进口国变成了高速铁路技术的出口国。高速铁路作为现代社会一种新的运输方式，具有极为明显的优势。在运行速度上，最高时速可达350千米，堪称"陆地飞行"；在运输能力上，一个长编组的列车可以运送1 000多人，每隔3分钟就可以开出一趟列车，运力强大；在适应自然环境上，高速列车可以全天候运行，基本不受雨、雪、雾等的影响；在列车开行上，采取"公交化"的模式，旅客可以随到随走；在节能环保上，高速铁路是绿色交通工具，非常适应节能减排的要求。

小 资 料

铁路电商合作物流新模式

一年一度的"双十一"来临，铁路部门积极投身电商黄金周运输，努力满足人民群众日益增长的物流需求。2018年11月11日"双十一"运输首日，铁路装运电商货物1 875吨，收入248.3万元，其中，高铁装运电商货物201.6吨，收入81.7万元，收入同比增长31.8%；行李车装运电商货物520.4吨，收入117.5万元，收入同比增长32.3%；特快班列装运电商货物58车、1 153吨，收入49万元，运输工作安全平稳有序，社会反响积极良好。

从数据来看，这次铁路电商"双十一"的运量并不是很大，但是高铁快运与快递物流行业的合作运输，极大提升了快递物流的运输速度，这样的合作运输模式或许是一条值得探索的新模式。为什么这样说呢？

其一是这种联合运输模式极大提升了物流运输的效率。就全国来看，大部分的电商快递行业采用的是公路运输的模式，所运输的数量有些，尤其是在大型的节日营销时，公路运输就会变得十分紧张,拿"双十一"来说,一份"双十一"的快递真正到达购物者的手中或许要几天甚至十几天的时间,这就更不用去谈平时两三天的运输时长了。而铁路货物运输装载量大,且属于专有线路运输,运输速度快,更适合快递行业的运输。

其二是这种联合运输模式能够有效地整合运输资源。2018年9月17日,国务院办公厅印发了《推进运输结构调整三年行动计划(2018—2020年)》,其中运输结构的调整大的方向就是往铁路倾斜,同时以多种方式联合运输为辅。这足以表明,在有效的运输资源整合的过程中,铁路占据着主导的地位,是整个资源整合中的核心。

其三是这种联合运输模式会随着逐步完善,展现出更多、更大的价值。在目前来看,铁路电商运输这样的模式还处于雏形阶段,高铁快运等新的运输模式皆是如此,但是这样的模式值得去探索。一旦成熟,首先是运输资源得到充分的整合利用,其次则是运输效率的提高,最主要的是节省了运输的费用。而随着这样的运输方式逐步完善,网络购物将会像如今的外卖一样,极速到达。

5.环保化

运输是物流中最主要的活动,但同时也是物流作业耗用资源、污染和破坏环境的重要方面。运输过程中产生的尾气、噪声和可能出现的能源浪费等都对绿色物流管理提出了新的挑战。近年来,激烈的能源供求矛盾使运输的绿色化问题更加凸显。如何实现绿色化运输,保证运输与社会经济和资源环境之间的和谐发展,进而实现运输的可持续发展已成为我国物流业研究的重要内容。

小资料

运煤"公转铁"多式联运物流体系助力蓝天保卫战

2018年9月6日,伴随着一阵阵列车鸣笛,从潞城市现代智慧物流产业园首发的煤炭集装箱班列启程。列车运载车皮44节88个集装箱,拉载煤炭2 800多吨,从潞铁物流集运站出发前往河北。这标志着潞城市在打造多式联运大型物流基地,建立"公、铁、水"多式联运绿色物流体系的成功探索,也为该市"一枝四叶、一网四核"智慧物流园区建设奠定了坚实的基础。

潞城市地处晋、冀、鲁、豫四省交通要冲,公路、铁路、航空立体交叉网络发达,境内货物吞吐量2 000余万吨,旺盛的物流运输在带来可观的经济效益的同时,随之产生的汽车尾气排放、抛洒、扬尘等路面污染也成为潞城市环境污染的重要因素之一。面对日益严峻的环保态势和旺盛的物流运输需求,潞城市主动适应经济转型发展的要求,大力推进运输结构调整,畅通运输通道,积极探索将物流运输的主力军由公路向铁路转移,构建公路、铁路多式联运的绿色物流体系,助力打赢蓝天保卫战。

"随着环境保护形势越来越严峻,运输方式必然由公路转为铁路为主,铁路运输有这样几个优势:环保,铁路单位货物周转量的能耗和污染物的排放量仅为公路运输的七分之一和十三分之一;安全、准点,铁路运输受气候和极端天气影响较小,速度快,安全可靠,连续性强,能保证全年运行;在中长途运输中,铁路运输能力大,运输成本较低,能降低物流成本、提高运输效率和经济收益。"山西潞铁物流有限公司负责人介绍道。

据悉,此次使用的35吨敞顶集装箱是铁路部门新推出的一种新型、方便、快捷、环保、低碳的集装化现代运载工具,适用于装载散堆装货物,也适用于装载成件包装货物。运输采用点对点、门到门的方式,不仅解决了相关的环境污染问题,同时还减少了反复倒装货物的环节,降低了作业成本,破解了煤炭装运场地受限的难题。

6. 智能化

目前国内外对智能运输系统(Intelligent Transportation System,ITS)的理解不尽相同,但不论从何种角度出发,有一点是共同的:ITS是用各种高新技术,特别是电子信息技术来提高交通效率,提高交通安全性和改善环境保护的技术经济系统。因此,智能运输系统是在较完善的交通基础设施之上,将先进的信息技术、通信技术、控制技术、传感器技术和系统综合技术有效地集成,并应用于地面交通系统,从而建立起来的大范围内发挥作用的、实时、准确、高效的交通运输系统。

智能运输系统从广义上说也是一种人工智能系统,是用交通类的传感器、带有交通知识的CPU和能执行交通功能的执行机构模拟人的五官、大脑和四肢,达到交通智能化的目的。

二、电子商务环境下的运输管理

(一)运输的组织管理

合理的运输应当是从商品的生产地向消费地、供应地向需求地的流动。运输合理化的影响因素很多,起决定性作用的主要有五个方面的因素,称为合理运输的"五要素"。

1. 运输距离

在运输时,运输时间、运输货损、运费、车辆周转等运输的若干技术经济指标,都与运输距离有一定的比例关系,运输距离长短是运输合理与否的一个最基本因素。因此,物流公司在组织商品运输时,首先要考虑运输距离,尽可能实现运输路径优化。

2. 运输环节

每增加一次运输,不但会增加起运的运费和总运费,而且还会增加运输的附属活动,如装卸、包装等,各项技术经济指标也会因此而下降。所以,减少运输环节,尤其是同类运输工具的环节,对合理运输具有促进作用。

3. 运输工具

各种运输工具都有其使用的优势领域,对运输工具进行优化选择,要根据不同的商品特点,分别利用铁路、水运、汽运等不同的运输方式,选择最佳的运输路线合理使用运力,以最大限度地发挥所用运输工具的作用。

4. 运输时间

运输是物流过程中需要花费较多时间的环节,尤其是远程运输,所以,运输时间的缩短对整个流通时间的缩短具有决定性的作用。此外,运输时间短,有利于加速运输工具的周转,充分发挥运力的作用,有利于货主资金的周转,有利于运输线路通过能力的提高,对运输合理化会产生更大贡献。

5. 运输费用

运费在很大程度上决定着整个物流系统的竞争能力。实际上,运输费用的降低,无论对货主企业还是物流经营企业来说,都是运输合理化的一个重要目标。运费也是各种合理化措施的实施是否行之有效的最终判断依据之一。

从上述五个方面来考虑组织运输活动,可以促进运输的合理化,从而避免不合理运输现象的出现,节约社会资源,并为企业创造效益。

(二)不合理的运输形式

不合理运输是在现有条件下可以达到的运输水平却未达到,从而造成了运力浪费、运输时间增加、运费超支等问题的运输形式。目前我国存在的主要的不合理运输形式有:

1. 空车无货载行驶

空车无货载行驶是指返程或起程空驶。空车无货载行驶可以说是不合理运输的最严重形式。在实际运输组织中,有时候必须调运空车,从管理上不能将其看成不合理运输。但是,因调运不当或货源计划不周,不采用运输社会化而形成的空驶是不合理运输的表现。造成空驶的不合理运输主要有以下几种原因:

(1)能利用社会化的运输体系而不利用,却依靠自备车送货、提货,往往出现单程空驶的不合理运输。

(2)由于工作失误或计划不周,造成货源不实,车辆空去空回,形成双程空驶。

(3)由于车辆过分专用,无法搭运回程货,只能单程驶车,单程回空周转。

2. 对流运输

对流运输又称"相向运输"或"交错运输",指同一种货物或彼此间可以互相代用而又不影响管理、技术及效益的货物,在同一线路上或平行线路上做相对方向的运送,而与对方运程的全部或一部分发生重叠交错的运输。已经制定了合理流向图的产品,一般必须按合理流向运输,如果与合理流向图指定的方向相反,也属对流运输。

3. 迂回运输

迂回运输是舍近求远的一种运输,是可以选取短距离却改选较长路线进行运输的一种不合理运输形式。迂回运输有一定的复杂性,不能简单为之。只有当计划不周、地理不熟、组织不当时发生的迂回运输才属于不合理运输;如果最短距离有交通阻塞、道路情况不好或有对噪音、排气等特殊限制而发生的迂回运输不能称为不合理运输。

4. 重复运输

重复运输有两种形式:一种是本来可以直接将货物运到目的地,但是在未达目的地之处,或在目的地之外的其他场所将货卸下,再重新装运送达目的地;另一种是,同品种货物在同一地点一方面运进,同时又向外运出。重复运输增加了非必要的中间环节,这就延缓了流通速度,增加了费用和货损。

5. 倒流运输

倒流运输是指货物从销售地或中转地向产地或起运地回流的一种运输现象。其不合理程度要甚于对流运输。原因在于,往返两程的运输都是不必要的,形成了双程的浪费。倒流运输也可以看成隐蔽对流的一种特殊形式。

6. 过远运输

过远运输是指调运物资舍近求远,近处有资源不调而从远处调,这就造成可采取近程运输而未采取,拉长了货物运距的浪费现象。过远运输占用运力时间长,运输工具周转慢,物资占压资金时间长,远距离自然条件相差大,又易出现货损,增加了费用支出。

(三)电子商务物流运输的质量管理

1. 运输质量管理的含义

运输质量管理是运输企业为了保证和提高产品质量,为用户提供满意的产品而进行的一系列管理活动,包括调查、计划、组织、协调、控制、检查、处理、信息反馈等活动。运输质量是一个综合性的概念,它主要包括运输产品质量、运输工作质量和运输服务质量三个方面。

2. 运输质量特性及评价指标

运输业不同于工农业,它的产品(运输劳务)是一种特殊产品,其使用价值就是实现旅客、货物的空间位置移动,它有以下评价指标:

(1)安全性评价指标。安全性是道路运输质量的首要特性,安全性包括旅客和企业职工的人身安全、货物安全及运输工具运行安全等,但主要是指旅客和货物的安全。安全性评价指标主要有:行车责任事故频率、特大行车责任事故次数、安全行车间隔里程、旅客安全运输率等。

(2)及时性评价指标。客货位移是有时间性的。满足旅客和货主对客货流时间和运输速度的要求,就是运输质量的及时性。及时性的基本要求是要按照运输合同及协议规定的或企业对社会宣布的发车、运行和到达时间,将货物、旅客及时送达目的地,提供及时的运输服务。同时,在保证安全的前提下,最大限度地在运送速度上达到货主和旅客理想满意的程度,缩短商品流通和旅客在途时间。及时性评价指标主要有:客运班车正点率、货运及时率、货运合同履约率、货运超期天数等。

(3)经济性评价指标。经济性即运输质量的经济特性。运输劳务同有形产品一样,也具有商品性。运输企业也要依据价值规律,通过市场有偿地提供运输服务。但是运输设施、运输服务又具有社会性、公共性以及军事性等特点,运输业应首先考虑社会效益,然后才是本行业和本企业的经济效益。运输质量的经济特性是指旅客的整个旅行费用,货物的包括装卸、中转换装、运输、仓储、包装等在内的运输费用及支出要尽可能少。因此,要千方百计地降低运输成本和运输费用,以最合理、最经济的运输方式和较低的运价完成运输任务,减轻旅客和货主的经济负担,在保证社会效益的前提下谋取企业合理的利益。经济性评价指标主要有:客货运价执行率、单位运输成本、货损率等。

(4)服务性评价指标。运输面对千家万户,包括城市和乡村、企事业单位和居民,服务于工农业生产和人民生活,具有强烈的社会服务性质。服务性是运输质量特性的综合体现。它要求一切从旅客和货主的需求出发,尽最大可能为旅客和货主提供便利条件,提供热情周到的服务。如提供良好的服务设施、运输设备和齐全的服务项目,从办理托运手续和旅客乘车手续,到运输时间、运输地点直至货物交付后和旅客下车到达目的地,提供种种便利条件,进行全过程服务,并帮助解决运输过程中遇到的困难。同时,要讲职业道德和精神文明,要有热情周到的服务态度,文明礼貌,满足旅客和货主在运输过程中的精神需求,使旅客旅行舒适愉快。服务性评价指标主要有:旅客(货主)满意率、旅客(货主)意见处理率、运费结算正确率等。

项目三　电子商务环境下的运输管理

任务一　电子商务物流运输管理

任务引入

李明来到运输管理部门后,部门主管首先向李明介绍运输管理软件的使用。运输管理软件可以实现对运输过程的管理和控制,主要包括员工信息、客户信息、车辆的管理和司机证件管理、运输线路管理、派车等其他多项专业性较强及较复杂的工作。运输管理软件能对这一系列工作进行系统整理,给不同的人员分派不同的权限和职责,使用户可以更容易驾驭运输管理工作。

任务目标

部门主管告诉李明要会利用软件对运输进行业务管理、车辆管理、油卡管理;通过公司具体业务流程熟悉运输软件的使用,提高在物流运输管理工作中信息技术的应用能力。

工作过程

步骤 1　运行软件

安装货运运输管理系统,安装完成后启动软件,以默认用户名和密码进入系统。

微课:运输管理系统电子化操作

步骤 2　系统的初始化设置

在主界面单击左侧业务导航栏目最下方的【系统维护】,出现如图3-3所示界面。

图3-3　"系统维护"模块主界面

单击【企业资料】图标，可以设置企业相关信息，其中企业名称必须填写，还要填写其他一些项目，如联系人和联系电话、传真、地址、邮政编码、电子邮件、公司网址等。填写完毕后，单击下方的【保存】按钮返回。单击【承运单位】图标，可以填写挂靠车辆所属的公司或者个人相关信息。单击【车辆资料】图标，可以设置运输车辆相关信息。单击【司机资料】图标，可以录入驾驶人员相关信息。其他模块都可以通过单击相应图标完成初始设置。

步骤 3　业务管理

业务管理是此系统的主要功能，即使用此软件对运输业务进行具体管理。业务管理分为数据录入、业务查询、车辆状态三个功能模块。业务管理流程如图 3-4 所示。

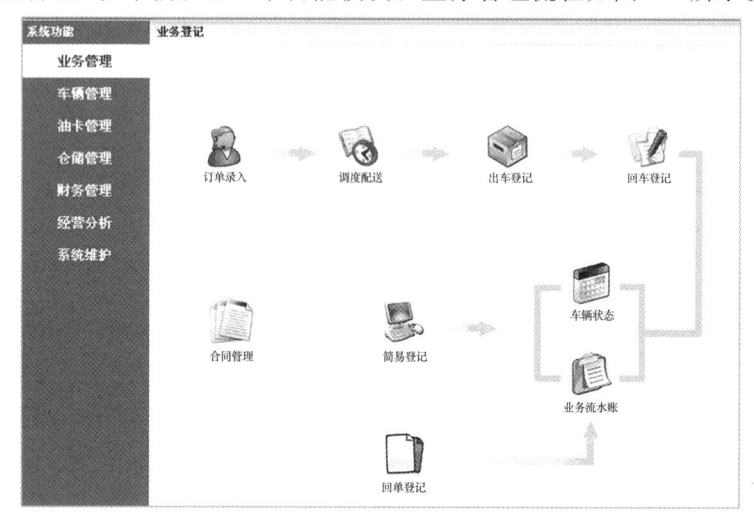

图 3-4　业务管理流程

1. 数据录入

可以按照以下步骤录入数据，如图 3-5 所示。

图 3-5　数据录入流程

（1）订单录入

订单录入主要是由业务人员以手工方式完成，有些信息化程度比较高的企业通过建立网站，将网站系统同业务管理系统进行无缝连接，则可以由客户通过 Web 方式自主下达订单并保存到后台数据库中，然后由业务人员对订单进行处理。在【业务管理】界面单击【订单录入】图标，出现如图 3-6 所示的界面，将有关项目填写清楚并保存，当然也可以对订单进行修改、删除等操作。委托单上部分项目的含义如下：

①接单日期：接到订单的时间，可从右侧下拉式日历表中选择。

②要求到货日期：托运方要求货物送达目的地的时间，可从右侧下拉式日历表中选择。

③合同号：如果同客户签订了合同，就可在此处填写合同号码，单击右侧的文件夹图标即可进行选择。【合同管理】界面如图 3-7 所示，可以添加、修改、删除及查找合同。

④计量单位：也称订单计量（吨、箱、台等），在订单录入时必须输入计量单位，如果是包

项目三　电子商务环境下的运输管理

图 3-6　录入客户订单信息

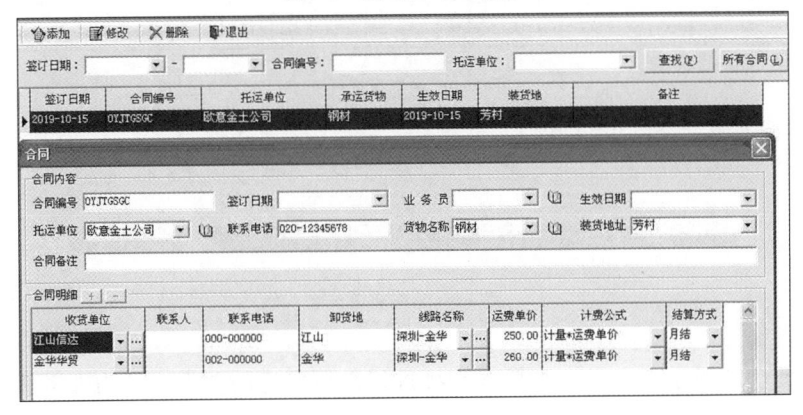

图 3-7　合同管理界面

车运输,请输入包车计量约定值,但不能等于零,如可输入"888"。

⑤计费公式:根据前面的计量单位设定运费的计算方法。有"计量*运费单价""计量*公里*运费单价""固定运费"等,系统会根据此处的设定自动计算运费。

⑥结算方式:根据实际采用的结算方式选择"现结""月结""预付"等。

(2) 调度配送

单击【调度配送】图标,出现如图 3-8 所示的界面。

本界面上半部分显示的是尚未调度的订单,下半部分显示的是已经调度的订单。选择尚未调度的订单,设置计划出车日期,选定要调度的车号,选择出车的司机(支持多个司机)和装卸员即可。当然也可以设置一车一单,也支持一车多单的情况。单击界面上面的【派车单】即可打印派车单送交司机。完成后注意保存,此时,调度单状态变为"出车状态"。

(3) 出车登记

单击【出车登记】图标,出现如图 3-9 所示的界面,可以进行出车登记。

首先读取调度单,然后单击表格列中的【出车状态】,选择出车日期,完成后保存。

(4) 回车登记

单击【回车登记】图标,在出现的界面中可以进行回车登记。

图 3-8 调度配送界面

图 3-9 出车登记界面

2. 业务查询

可以查询已经回车登记的调度单或直接进行简易登记的单据。单击业务管理主界面的【业务流水账】图标,可以查询业务处理情况。

订单查询的条件可以是回车日期、车号、司机、客户(委托方)、收货方或者是这几个条件的任意组合。设定查询条件以后,单击上面的【查询】按钮,查询结果即显示在界面右边的表格中。

3. 车辆状态

可以了解每台运输车辆当前的运营状态,即待命状态、出车状态、维修状态。车辆在出车登记后自动显示到出车状态,回车登记后自动显示到待命状态。此功能可作为调度人员的调度参考。在业务管理主界面单击【车辆状态】图标,进入车辆状态查询界面,如图 3-10 所示。其中,绿色表示待命状态,黄色表示出车状态,蓝色表示维修状态。如果用户需要手工改变状态,可选中某一车辆后,将其拖到目标状态窗口中。

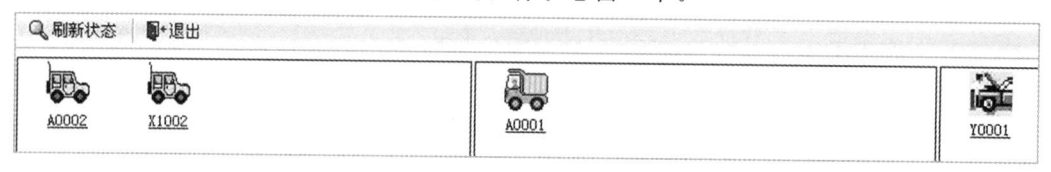

图 3-10 车辆状态查询界面

项目三　电子商务环境下的运输管理

步骤 **4**　车辆管理

在系统主界面"系统功能"栏中选择"车辆管理"功能，进入车辆管理主界面，如图3-11所示。

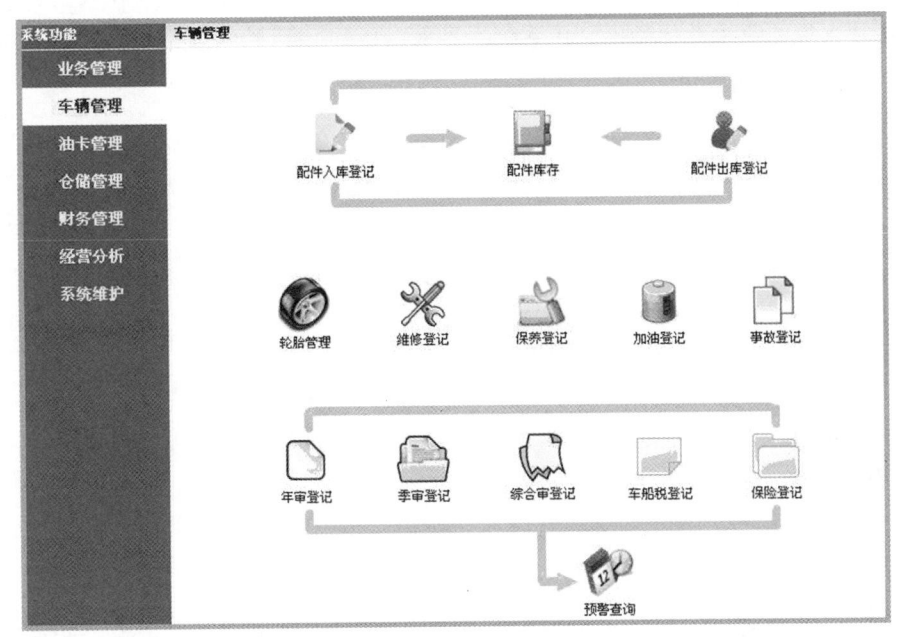

图3-11　车辆管理主界面

（1）配件管理。配件管理主要涉及车辆进行内部维修要使用的配件的入库、出库的管理。

①配件入库登记。单击【配件入库登记】图标，进入配件入库登记界面，单击【登记】按钮，即可进行配件入库的登记工作。填写入库日期、配件名称及规格、数量、单价、金额、供应商、经办人等信息，其中配件名称及规格、供应商信息可以利用下拉式菜单直接选择，要对配件名称及规格和供应商信息进行设置的话，单击右侧的图标即可。登记完毕单击【保存】按钮返回。系统会根据结算情况登记应付账款情况。

②配件库存。在车辆管理主界面单击【配件库存】图标即可查询配件库存情况。

③配件出库登记。在车辆管理主界面单击【配件出库登记】图标，进入配件出库登记界面，单击【登记】按钮进行配件的出库登记，选择出库的配件名称、数量、要使用配件的车辆、经办人等，单击【保存】按钮进行保存，系统会弹出对话框，询问是否要进行维修登记。

（2）维修管理。维修管理功能主要用于登记车辆的维修清单。在车辆管理主界面单击【维修登记】图标进入维修登记界面，单击【登记】按钮，填写维修日期、车辆、维修地点、配件名称及规格、数量、单价、配件费用、维修人员、人工费用等，保存后系统会自动登记账簿。

（3）轮胎管理、保养登记、加油登记、事故登记的功能主要是记录与此相关的信息。

（4）年审登记、季审登记、综合审登记、车船税登记、保险登记，分别记录车辆的年审、季审、综合审、车船税的缴纳以及保险的办理情况。因为这些业务都有时间限定，所以一般还要登记业务的办理时间、到期日，这样，系统可以进行预警提醒，避免错过办理本业务的时间。

步骤 5 油卡管理

在运输企业的经营费用中,燃油费用可能是最大的一笔开支了,所以要加强对于燃油费用的管理。通常的方法是进行定额管理,日常加油使用加油卡,可以取得比较好的效果,也便于对驾驶人员的业绩进行考核。在系统主界面"系统功能"栏内选择"油卡管理"功能,进入油卡管理主界面,如图 3-12 所示。

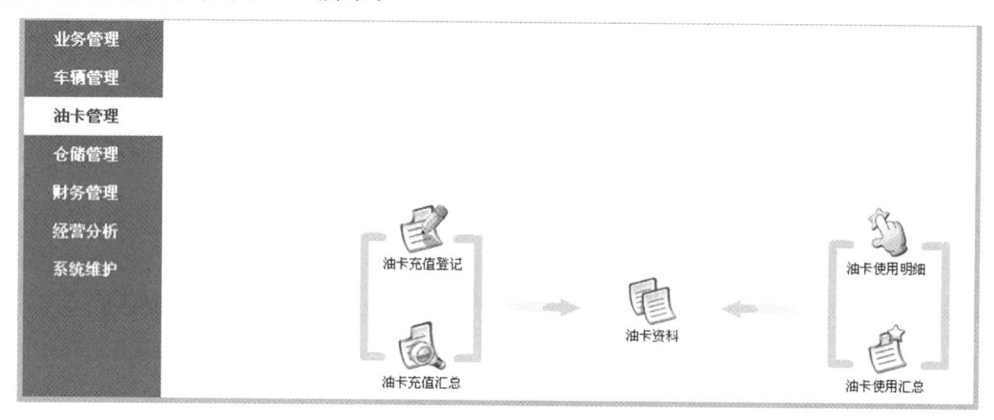

图 3-12 油卡管理主界面

1. 设置油卡资料

单击【油卡资料】图标,进入油卡信息设置界面,单击【添加】按钮,设置相关信息,包括油卡编号、购卡日期和对应的车辆。加油卡实际上是一种可重复使用的储值型电子货币,便于汽车加油时的结算,类似于日常生活中使用的公交卡类支付工具。对于复选框"是否主卡"的解释:主卡是一个总的账户,每次充值的时候,先充值到主卡里面,然后再分配到下属车辆对应的油卡上,每次充值的时候签约的加油站会打印两张单据,一张是主卡充进账户里的单据,另一张是需要分配金额的单据,加油站会让客户签名,然后给客户开收据。月终的时候,可以由管理部门汇集所有单据去加油站填开增值税发票,这样的话可以对加油业务进行集中统一管理,所以主卡只有一张。填写完毕注意保存。

2. 油卡充值

油卡充值登记主要登记油卡充值信息,在对油卡进行充值时填写。单击【油卡充值登记】图标,进入油卡充值登记界面,登记充值的油卡编号、充值金额、充值日期等,保存退出。

当有车辆去加油站加油时,使用加油卡进行结算,回来后以加油站开具的单据进行登记。保存时,系统自动登记会计账簿。

油卡充值汇总主要显示油卡充值及使用情况,可查看主卡充值或副卡使用情况。

3. 油卡使用明细及汇总

这两个功能主要统计各副卡的使用情况及汇总情况。

步骤 6 仓储管理

仓储管理主要用于对本企业仓库内货物的进出情况、相关费用的统计进行管理。

步骤 7 财务管理

在系统主界面选择"财务管理"功能，进入财务管理主界面，如图 3-13 所示。本功能主要是对企业日常经营活动进行财务核算。

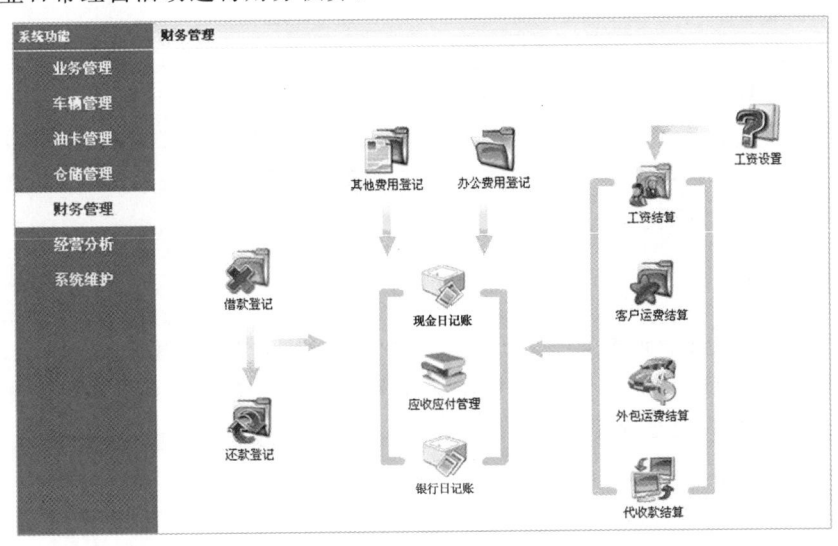

图 3-13 财务管理主界面

步骤 8 经营分析

本功能主要是对总体和按车辆的业务完成量、费用支出情况、经济效益等情况进行分析，单击系统主界面左侧的"经营分析"功能，即可进入经营分析主界面，如图 3-14 所示。系统自动对上述收支及业务成绩进行汇总，便于对员工业绩及企业效益进行评价。

图 3-14 经营分析主界面

任务二　多式联运管理

任务引入

随着江苏远航物流公司业务的不断拓展及全球化进程的加快,传统的物流运输方式已经很难适应市场的需要。物流运输系统的优化将带来较大幅度物流成本的节约,由海、陆、空等不同运输方式有机结合在一起的、综合的多式联运越来越受到公司的关注,江苏远航物流公司打算开展多式联运业务。

任务目标

运输管理部门主管告诉李明要认识多式联运的含义,熟悉多式联运的具体形式,掌握选择物流合作伙伴以及谈判与签订合同等知识,还要培养自己开拓市场和熟悉运输市场行情的能力,才能做好多式联运管理工作。

工作过程

步骤 1　理解多式联运

微课:多式联运管理
——你繁我简见真功

1. 认识多式联运的含义

在物流活动中,各种运输方式往往联合起来使用,实行"一票到底"的多式联运。所谓多式联运,是指按照多式联运合同,至少以两种不同的运输方式,由多式联运经营人将货物从接管地点运至指定交付地点的货物运输方式。其主要特点是在不同运输方式间自由变换运输工具。从技术上看,所有的基本运输方式都可以安排协调运输或多式联运,但并不是所有的运输方式组合都是可行的,且有些可行的组合也未必会被用户采用。

小资料

大交通 大物流 大发展——"铁公水"多式联运的探索

2018年6月12日,黄石市多式联运地方铁路正式开通运营,铁路、公路、水路无缝衔接的港口物流模式已然开启。以港区为中心,大棋路、沿江大道、315省道等一批疏港"毛细血管"正在被打通。一个立体交通网络逐渐形成。"打造'铁公水'多式联运模式,黄石从梦想走进现实。"在黄石市政府相关负责人看来,这是城市发展的战略定位,是建设现代港口城市的必由之路,更是发挥黄石交通优势的迫切需求。

黄石市交运局相关负责人介绍,黄石是全省老工业基地,铜、铁、建材等传统支柱产业"大进大出",物流运输支出占据生产成本的半壁江山。

2015年9月29日,黄石新港投入运营,定位"亿吨大港、百万标箱"。2016年12月18日,新港口岸开关运营,建成湖北省地级市首家保税物流中心。2017年9月29日,黄石新港进港铁路正式贯通,成功获批国家第二批多式联运示范项目。2018年6月12日,黄石多式联运地方铁路正式开通运营,标志着大交通、大港口、大物流格局成型。

2. 理解多式联运的分类

根据不同的原则,多式联运可以有多种分类形式。就其组织方式和体制来说,多式联运基本上可分为协作式多式联运和衔接式多式联运两大类。

(1) 协作式多式联运

协作式多式联运是指两种或两种以上运输方式的运输企业,按照统一的规章或商定的协议,共同将货物从接管货物的地点运至指定交付货物地点的运输。

协作式多式联运是目前国内货物联运的基本形式。在协作式多式联运下,参与联运的承运人均可受理托运人的托运申请,接收货物,签署全程运输单据,并负责自己区段的运输生产;后续承运人除负责自己区段的运输生产外,还需要承担运输衔接工作;而最后承运人则需要承担货物交付以及受理收货人的货损货差的索赔。在这种体制下,参与联运的每个承运人均具有双重身份。对外而言,他们是共同承运人,其中一个承运人(或代表所有承运人的联运机构)与发货人订立的运输合同,对其他承运人均有约束力,即视为每个承运人均与货方存在运输合同关系;对内而言,每个承运人不但有义务完成自己区段的实际运输和有关的货运组织工作,还应根据规章或约定协议,承担风险,分配利益。

目前,根据开展联运依据的不同,协作式多式联运可进一步细分为法定(多式)联运和协议(多式)联运两种。

① 法定(多式)联运:运输企业之间根据国家交通运输主管部门颁布的规章制度开展的多式联运。目前,铁路、水路运输企业之间根据原铁道部、原交通部共同颁布的《铁路和水路货物联运规则》开展的水陆联运即属此种联运。在这种联运形式下,有关运输票据、联运范围、联运受理的条件与程序、运输衔接、货物交付、货物索赔程序以及承运人之间的费用清算等,均应符合国家颁布的有关规章的规定,并实行计划运输。无疑这种联运形式有利于保护货方的权利和保证联运生产的顺利进行,但缺点是灵活性较差,适用范围较窄,它不仅在联运方式上仅适用于铁路与水路两种运输方式之间的联运,而且对联运路线、货物种类、数量及受理地、换装地也做出了限制。此外,由于货方托运前需要报批运输计划,因此给货方带来了一定的不便。法定(多式)联运通常适用于保证指令性计划物资、重点物资和国防、抢险、救灾等急需物资的调拨。

② 协议(多式)联运:运输企业之间根据商定的协议开展的多式联运。例如,不同运输方式的干线运输企业与支线运输或短途运输企业,根据所签署的联运协议开展的多式联运,即属此种联运。与法定(多式)联运不同,在协议(多式)联运形式下,运输方式、运输票据、联运范围、联运受理的条件与程序、运输衔接、货物交付、货物索赔程序以及承运人之间的利益分配与风险承担等,均按联运协议的规定办理。与法定(多式)联运相比,该联运形式的最大缺点是联运执行缺乏权威性,而且联运协议的条款也可能会损害货主或弱化承运人的责任。

(2) 衔接式多式联运

衔接式多式联运是指由一个多式联运企业(以下称多式联运经营人)综合组织两种或两种以上运输方式的运输企业,将货物从接管货物地点运到指定交付货物地点的运输。在实践中,多式联运经营人既可能由不拥有任何运输工具的国际货运代理、场站经营人、仓储经营人担任,也可能由从事某一区段运输的实际承运人担任。但无论如何,都必须持有国家有关主管部门核准的许可证书,能独立承担责任。

在衔接式多式联运下,运输组织工作与实际运输生产实现了分离,多式联运经营人负责全程运输组织工作,各区段的实际承运人负责实际运输生产。在这种体制下,多式联运经营人也具有双重身份。对于货方而言,他是全程承运人,与货方订立全程运输合同,向货方收取全程运费及其他费用,并承担承运人的义务;对于各区段实际承运人而言,他是托运人,与各区段实际承运人订立分运合同,向实际承运人支付运费及其他必要的费用。很明显,这种运输组织与运输生产相互分离的形式,符合分工专业化的原则,由多式联运经营人"一手托两家",不但方便了货主和实际承运人,也有利于运输的衔接工作,因此,它是联运的主要形式。在国内联运中,衔接式多式联运通常称为联合运输,多式联运经营人则称为联运公司。

3. 熟悉多式联运的具体形式

(1)驼背式联运

这是一种著名的和使用广泛的多式联运系统,是指将卡车拖车或集装箱装在铁路平板车上进行运输,也称为公铁联运。集装箱是被多式联运用来储存产品的"箱子",并在汽车货运、铁路或水路运输之间进行转移。卡车拖车或集装箱被放在铁路平板车上在城市间进行长途运输,余下的行程则由卡车托运完成。

(2)卡车渡运、火车渡船和集装箱船运

这些都是老式的多式联运方式。它们使用水路进行长途运输,也是最便宜的运输方式之一,是将卡车拖车、铁路车皮或集装箱装在驳船上或船舶上做长途运输。这类多式联运的另一种形式是"陆桥",它是通过海运与铁路相结合来运输集装箱,常用于从环太平洋到欧洲的货物运输。"陆桥"运费是在远洋运输与铁路运输相结合的基础上利用单一费率计算出来的,它比个别费率计算的总成本要低。

(3)航空卡车联运

航空卡车联运是利用航空提供远途运输,而余下的用公路来完成的运输方式。这种运输方式也适用于货物从大城市运往没有航空运输能力的小城市的情况,但由于运输费用比较高,因此一般只适用于较昂贵货物的运输。

4. 掌握多式联运合同的签订

《中华人民共和国海商法》(以下简称《海商法》)所称的多式联运合同是指多式联运经营人以两种以上的不同运输方式,其中一种是海上运输方式,负责将货物从接收地运至目的地交付收货人,并收取全程运费的合同。多式联运是在集装箱运输的基础上发展起来的,这种运输方式并没有新的通道和工具,而是利用现代化的组织手段,将各种单一运输方式有机地结合起来,打破了各个运输区域的界限,是现代管理在运输业中运用的结果。多式联运合同具有以下特点:

(1)它必须包括两种以上的运输方式,而且其中必须有海上运输方式。在我国,由于国际海上运输与国内沿海运输、内河运输分别适用不同的法律,因此国际海上运输与国内沿海运输、内河运输可以视为不同的运输方式。

(2)多式联运虽涉及两种以上不同的运输方式,但托运人只和多式联运经营人订立一份合同,只从多式联运经营人处取得一种多式联运单证,只向多式联运经营人按一种费率交纳运费即可。这就避免了各种运输方式独立经营成手续多、易出错的缺点,为货主确定运输成本和货物在途时间提供了方便。

小资料

多式联运合同样本

甲方：(托运人)＿＿＿＿	乙方：(承运人)＿＿＿＿
法定代表人：＿＿＿＿	法定代表人：＿＿＿＿
法定地址：＿＿＿＿	法定地址：＿＿＿＿
邮编：＿＿＿＿	邮编：＿＿＿＿
经办人：＿＿＿＿	经办人：＿＿＿＿
联系电话：＿＿＿＿	联系电话：＿＿＿＿
传真：＿＿＿＿	传真：＿＿＿＿
银行账户：＿＿＿＿	银行账户：＿＿＿＿

甲、乙双方经过友好协商，就办理甲方货物多式联运事宜达成如下合同：

1. 甲方应保证如实提供货物名称、种类、包装、件数、重量、尺码等货物状况，由于甲方虚报给乙方或者第三方造成损失的，甲方应承担损失。

2. 甲方应按双方商定的费率在交付货物＿＿＿＿天之内将运费和相关费用付至乙方账户。甲方若未按约定支付费用，乙方有权滞留提单或者留置货物，进而依法处理货物以补偿损失。

3. 托运货物为特种货物或者危险货物时，甲方有义务向乙方做详细说明。未做说明或者说明不清的，由此造成乙方的损失由甲方承担。

4. 乙方应按约定将甲方委托的货物承运到指定地点，并应甲方的要求，签发联运提单。

5. 乙方自接货开始至交货为止，负责全程运输，对全程运输中乙方及其代理或者区段承运人的故意或者过失行为而给甲方造成的损失负赔偿责任。

6. 乙方对下列原因所造成的货物灭失和损坏不负责任：

(1) 货物由甲方或者代理人装箱、计数或者封箱的，或者装于甲方的自备箱中；

(2) 货物的自然特性和固有缺陷；

(3) 海关、承运人行使检查权所引起的货物损耗；

(4) 天灾，包括自然灾害，例如但不限于雷电、台风、地震、洪水等，以及意外事故，例如但不限于火灾、爆炸、由于偶然因素造成的运输工具的碰撞等；

(5) 战争或者武装冲突；

(6) 抢劫、盗窃等人为因素造成的货物灭失或者损坏；

(7) 甲方的过失造成的货物灭失或者损坏；

(8) 罢工、停工或者乙方雇佣的工人劳动受到限制；

(9) 检疫限制或者司法扣押；

(10) 不是由于乙方或者乙方的受雇人、代理人的过失造成的其他原因导致的货物灭失或者损坏，对于第(7)项免除责任以外的原因，乙方不负举证责任。

7. 货物的灭失或者损坏发生于多式联运的某一区段，乙方的责任和赔偿限额，应该适用该区段的法律规定。如果不能确定损坏发生区段的，应当使用调整海运区段的法律规定，不论是根据国际公约还是根据国内法。

8.对于逾期支付的款项,甲方应按每日万分之五的比例向乙方支付违约金。

9.由于甲方的原因(如未及时付清运费及其他费用而被乙方留置货物或滞留单据或提供单据迟延而造成货物运输延迟)所产生的损失由甲方自行承担。

10.合同双方可以依据《中华人民共和国民法典》的有关规定解除合同。

11.乙方在运输甲方货物的过程中应尽心尽责,对于因乙方的过失而导致甲方遭受的损失和发生的费用承担责任,以上损失不包括货物因延迟等原因造成的经济损失。在任何情况下,乙方的赔偿责任都不应超出每件_____元人民币或每公斤_____元人民币的责任限额,两者以较低的限额为准。

12.本合同项下发生的任何纠纷或者争议,应提交中国海事仲裁委员会,根据该会的仲裁规则进行仲裁。仲裁裁决是终局的,对双方都有约束力。本合同的订立、效力、解释、履行、争议的解决均适用中华人民共和国法律。

13.本合同从甲、乙双方签字盖章之日起生效,合同有效期为_____天,合同期满之日前,甲、乙双方可以协商将合同延长_____天。合同期满前,如果双方中任何一方欲终止合同,应提前_____天,以书面的形式通知另一方。

14.本合同经双方协商一致可以进行修改和补充,修改及补充的内容经双方签字盖章后,视为本合同的一部分。本合同正本一式_____份。

甲方(盖章):_____　　　　乙方(盖章):_____

法定代表人(签字):_____　　　　　法定代表人(签字):_____

____年____月____日　　　　　　　____年____月____日

签订地点:_____　　　　　　　签订地点:_____

步骤 2　选择物流合作伙伴

1.决定选择合作伙伴的类型

物流合作伙伴有不同的类型,首先要考虑的是需要什么类型的物流合作伙伴。是要求合作伙伴提供场站、仓储服务,还是要求合作伙伴提供信息服务,或者要求合作伙伴提供运输生产?也就是要求合作伙伴进行运输组织还是运输生产。在此基础上我们来决定合作伙伴是货运代理人、货运经纪人、场站经营人或者仓储经营人。当然,一般情况下,是选择货运代理人,通过运输合作来完成运输任务,并扩大市场范围。

2.合作伙伴的筛选

对于有合作意向的企业,必须要进行实际考察,并进行综合评价,从中选优,然后再决定最终的合作伙伴。对于合作伙伴的筛选一般考虑以下几个方面:

(1)待选企业所在的地理位置。待选企业应当位于企业的业务范围所不能到达的区域,这样可以借助合作伙伴的力量,将货物送达用户手中。

(2)待选企业的规模。现在有很多小型的物流企业,与之合作的风险相对较大,容易出现倒闭等情况。大型的物流企业拥有大量的固定资产和流动资金,往往注重企业的长期利益,重视企业形象,运营中会尽量避免客户货物出现风险,同时也拥有较强的赔偿能力。评价待选企业的规模可以从其网点数量、固定资产规模、运输工具数量、员工数量、业务覆盖范围、知名度等方面来考虑。

(3)待选企业的设施。一般而言,管理规范的物流企业拥有完善的物流设施和设备。可以了解待选企业货场、库房的规模,使用的装卸搬运设备等。

(4)待选企业的信誉。可以通过曾经与多家物流企业打过交道的客户,也可以通过行业协会及类似机构来了解待选企业在当地行业中的实力、地位、诚信度、美誉度等。当然,也可以看它是否通过了较高级别的认证标准,如是否为国家 AAAA 级物流企业或中国物流诚信企业,这些评价更具说服力。

(5)待选企业的服务水平。这主要是要了解待选企业对于客户的承诺及其兑现程度,如是否提供上门服务以及货物送达时间、货物完整率、理赔是否积极、处理客户的投诉情况等。

(6)待选企业的管理水平。这主要了解待选企业各项管理制度和作业标准的制定是否完善,执行是否严格。可以从其店面、车辆、员工等细节处看出端倪。例如,员工着装是否整齐清洁?库房管理是否规范?各项作业手续是否齐全?

(7)待选企业的信息化水平。物流信息系统是物流作业系统的神经中枢,对于运输计划与决策、运输效率的提升、客户服务水平的保证以及同合作伙伴和客户的交流沟通都具有重要的意义。信息化水平主要看待选企业是否建立并利用网站以及利用的程度,使用的运输管理系统、仓储管理系统及其他管理软件。

当然,对于待选企业的评价可以事先制定相应的评价指标体系,为每个指标赋权,然后根据实际情况打分,从而进行定量分析。在此基础上,决定最终合作伙伴。

步骤 3　谈判与签订合同

多式联运合作企业之间是"一荣俱荣,一损俱损"的关系。在实际运作中,是由一个承运人来承接运输业务,然后由合作伙伴协调运作,各自完成自己区段的运输任务,由最后的承运人将货物送交收货人。因此,彼此之间需要协调配合,本着"利益共享,风险共担"的原则来开展合作,以求得共同发展。特别是在协议(多式)联运和衔接式多式联运的情况下,主要由协作企业事先通过协商谈判并签订物流合作协议来规定有关事项,以明确各方权利和义务,保证合作的顺利开展。一般情况下,物流合作协议中主要涉及以下事项的规定:

(1)联运各方采用的运输方式。一般,各方的运输方式事先都是确定的,在选择合作伙伴的时候就要考虑配合问题,这涉及货物交付时间的确定。

(2)联合运输票据。这主要涉及票据类型、票据的样式及包含的内容。例如,统一多式联运合同的格式和内容,运单的格式和内容等。

(3)联运范围。这主要指联运各方在承接运输业务时货物所能送达的区域范围,为以后各方在实际运作时决定是否接受客户订单提供决策依据。

(4)联运业务受理的条件及程序。受理条件主要关系到联运各方可以承接什么样的货物种类、数量、运输要求、交付时间等,必须保证联运各方能够保质保量地完成运输任务。受理程序主要由承运人完成,包括运费的收取、单据的出具,并与托运人签订相应的合同,以及货物的实际装运、货物投保手续办理等,这关系到各方的协调配合和运输业务的计划。

(5)运输的衔接。这主要规定协作各方的运输区段、装卸搬运活动的开展、相关手续的办理等。

(6)货物的交付。货物交付主要由最后区段的承运人来完成,规定货物交付方应承担的责任和义务。

(7)货物的索赔。因为有可能出现货损、货差而导致托运人索赔的情况,所以要事先规定货物索赔程序,以明确出现客户索赔时由谁来受理,赔偿如何支付,赔偿责任如何划分等。

（8）收入分配及风险承担。运费是由合作伙伴中的一方收取的，而运输业务是由各方共同合作完成的，因此，对收入分配方式、风险承担方式也必须加以规定，主要是确定运费收入分成的比例、运费结算的时间、运费支付方式及时间等。对于可能出现的风险要事先预计，并规定各方承担的比例。

（9）其他经过各方协商达成的条款。

步骤 4　监督与评价合作伙伴

因为联运各方"一荣俱荣，一损俱损"的关系，合作伙伴中任何一方出现失误对其他合作伙伴都会带来不良的影响，所以必须对合作伙伴进行监督与评价，以取得良好的发展和共同的进步。一般来说，可以从以下方面来评价合作伙伴的作业质量和服务水平：

（1）运输作业方面：可以通过订单处理时间、正点运输率、准时送货率、运输作业柔性、信息沟通水平、订单完成稳定性等指标来进行考察。

（2）服务质量方面：可以通过送货出错率、运输准确率、平均交货期、顾客满意度、运输在途时间、商品损坏率等指标来进行评价。

对于合作伙伴出现的问题，要仔细分析原因，判断是由于其过错还是由于不可抗力原因造成的。如果是由于合作伙伴的失误引起的问题，要督促合作伙伴进行改正，并引以为戒，共同采取措施进行补救。只有这样，联运各方才能共同进步，最终取得双赢的结果。

任务总结

李明在运输管理部门的实习过程中学会了很多知识，在岗位上通过软件操作实现了企业的运输管理，主要包括对运输的业务管理、车辆管理、油卡管理、财务管理、运输业务经营分析等；理解了多式联运是物流运输企业通过与其他物流企业开展物流协作来拓展市场并发展壮大的重要途径；明白了多式联运的管理主要涉及合作伙伴的选择、日常运作管理和对合作伙伴的监督与评价等工作，为今后工作打下了坚实的基础。

案例分析

美国联合包裹运送服务公司

一、美国联合包裹运送服务公司简介

1907年，美国人吉米·凯西创立了美国联合包裹运送服务公司。公司创立初期仅有一辆卡车及几部摩托车，主要为西雅图百货服务公司运送货物。现在，美国联合包裹运送服务公司已经发展成拥有15.7万辆地面车辆和600多架自有或包租飞机，全球员工30多万名，年营业额达500多亿美元的巨型公司。它每个工作日处理包裹180万件，每年运送40多亿件各种包裹和文件。美国联合包裹运送服务公司提供的服务已经成为美国人日常生活中必不可少的东西，称为美国经济运行中一只几乎无处不在的"手"。1998年美国联合包裹运送服务公司在华尔街上市，上市时金额高达55亿美元，同时涉足电子商务领域，大踏步地向以知识为基础的全球性物流公司迈进。

二、美国联合包裹运送服务公司的一些运作方案

美国联合包裹运送服务公司过去是一家拥有技术的卡车运输公司,现在,它是一家拥有卡车的技术性公司。

(1)它使用电子跟踪系统,跟踪每日包裹的运送情况,公司的卡车司机人手一台如手提电脑大小的信息获取器,内置无线装置,能同时接收和发送送货信息。它还使用卫星定位,随时通知司机更新行车路线。

(2)它成立了联合包裹金融公司(美国联合包裹运送服务公司拥有流通现金30亿美元),服务扩展到提供信用担保和库存融资服务,美国联合包裹运送服务公司在电子商务活动中同时充当中介人、承运人、担保人、收款人四者合一的关键角色。它的担保业务恰好解决了电子商务中的现金支付和信用问题。例如,它提供到运输提供方收取货物并支付现金,运到运输需求方后收取费用的服务,这提高了运送货物的可靠性。通过物流业务进入电子商务领域,美国人在网上订购的书籍、袜子和水果、蛋糕绝大多数是由这家公司运送的。

(3)它很重视企业形象,有一套完整的员工工作形象手册,对员工工作的每一个细节都制定了高要求。这些原则都将保证公司的高效率运营,在客户面前树立值得信赖的良好形象,从而形成了一支高素质的员工队伍,提高了公司的信誉。

【案例分析与讨论】

1. 美国联合包裹运送服务公司是如何开展运输服务的?
2. 美国联合包裹运送服务公司成功的关键点有哪些?

课外拓展

一、单选题

1.( )可以及时地提供"门到门"的运输服务。
   A. 公路运输　　　B. 铁路运输　　　C. 水路运输　　　D. 航空运输
2. 公路运输的适用范围是( )。
   A. 远距离、大批量　B. 近距离、小批量　C. 远距离、小批量　D. 近距离、大批量
3. 运输就是使用运输工具对物品进行运送的活动,实现物流的( )效用。
   A. 时间　　　　　B. 空间　　　　　C. 经济　　　　　D. 直接
4. 使用不同运输工具共同完成货物全程运输的提单是( )。
   A. 联运提单　　　B. 海运提单　　　C. 指示提单　　　D. 多式联运提单
5. 选择供货单位时,不就近获取物资、舍近求远或者从远处运来同种物资,这种不合理的运输现象属于( )。
   A. 迂回运输　　　B. 对流运输　　　C. 重复运输　　　D. 过远运输
6. 应选择整车未选择,反而采取零担托运,应当直达而选择了中转运输,应当中转运输而选择了直达运输等都属于( )。
   A. 迂回运输　　　B. 过远运输　　　C. 托运方式选择不当　D. 对流运输

二、多选题

1. 铁路运输的优点包括（　　）。
   A. 运量大、速度快、可靠性高　　　B. 准确性和连续性强
   C. 运距远、规模运输费用低　　　　D. 一般不受气候因素影响
   E. 灵活性好，能够实现"门到门"运输

2. 在国际贸易中，开展集装箱运输基础上的国际多式联运，有利于（　　）。
   A. 简化货运手续　　　　　　　　　B. 加快货运速度
   C. 降低运输成本　　　　　　　　　D. 节省运杂费用
   E. 提高运输费用

3. 关于多式联运的描述，下列正确的是（　　）。
   A. 位于不同城市的两家运输企业合作完成的运输活动属于多式联运
   B. 对于使用多式联运的货主来说，只需签订一份运输合同即可完成运输
   C. 多式联运将多种运输工具有机联结，实现了运输合理化
   D. 多式联运由两种或两种以上的运输工具协作完成
   E. 多式联运可以发挥各种运输工具的优势，提高运输服务效率

4. 降低运输成本的途径有（　　）。
   A. 选择合理的运输工具　　　　　　B. 降低装卸搬运成本
   C. 优化运输方式　　　　　　　　　D. 优化运输路线
   E. 优化仓库布局

三、判断题

1. 运输规模经济之所以存在，是因为有关的变动费用包括燃料的消耗、货物的装卸费用等，可以按整批货物的质量分摊，降低了单位货物运输成本。（　　）
2. 运输是在不改变劳动对象原有属性或形态的要求下，实现劳动对象的空间位移。（　　）
3. 国际多式联运是采用两种或两种以上不同运输方式进行联运的运输组织形式。（　　）
4. 运输距离、环节、工具、时间和费用是运输合理化与否的决定性因素。（　　）
5. 运输速度的快慢与企业的库存量没有直接关系。（　　）
6. 一张运单托运的货物可以不是同一托运人、收货人。（　　）

四、操作题

假定你是一家物流公司的运输管理人员，公司的客户向你咨询以下问题，请你针对以下每种情形，从客户利益出发，考虑不同运输方式的优缺点和适用范围，为客户选择合理的运输（联运）方式，并简要说明理由。

(1) 从北京到德国法兰克福，50千克展览会急需展品。
(2) 从深圳到美国旧金山，5 000台电视机。
(3) 连云港某食用油工厂到乌鲁木齐，500箱食用油。
(4) 某牛奶工厂在方圆50公里内收购牛奶，然后将生产好的包装牛奶运送到本市的超市。
(5) 从武汉到美国纽约，20 TEU（标准集装箱）服务。

项目四
电子商务环境下的仓储管理

项目引入

仓储是公司提供物流服务的重要环节,商品储存会增加仓库建设、仓库管理及人工成本。同时,储存的商品占用一定资金,又使企业产生一定的机会损失。仓储费用的增加,必然会冲减利润,从而导致企业经济效益的降低。因此,合理地安排仓储,提高作业效率,最大限度地发挥仓储设施的效用,是降低仓储成本的有效途径,也是仓储管理人员的重点管理内容,李明决定在江苏远航物流公司仓储部门认真学习。

项目分析

仓储管理部门主管告诉李明,仓储部门主要从事物品出入库以及在库作业,进行商品日常的养护及仓库安全管理,合理利用仓库空间对库存物品进行分类管理,有效地组织装卸搬运作业和合理控制库存成本。

任务分解

李明听后,决定深入仓储管理部门各岗位了解学习,重点了解仓储管理的原理,掌握仓储管理的作业流程;掌握商品分区分类储存作业技术、货位规划和统一编号作业,实现仓储合理化,掌握降低仓储成本的方法,学会仓储软件的使用等技能。

相关知识

一、仓储管理概述

(一)仓储管理的含义

"仓"也称为仓库,是存放物品的建筑物和场地,可以为房屋建筑、大型容器、洞穴或者特定的场地等,具有存放和保护物品的功能;"储"表示收存以备使用,具有收存、保管、交付使用的意思,当适用有形物品时也称为储存。仓储就是在特定的场所储存物品的行为。

仓储管理就是对仓库及仓库内的物资所进行的管理,是仓储机构为了充分利用所具有的仓储资源提供高效的仓储服务所进行的计划、组织、控制和协调过程。具体来说,仓储管理包括仓储资源的获得、仓储商务管理、仓储流程管理、仓储作业管理、保管管理、安全管理等多种管理工作及相关的操作。

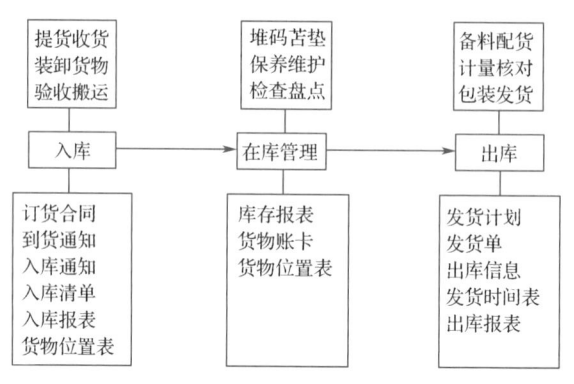

(二)仓储管理的作业流程

仓储管理的作业流程比较简单,主要分为入库、在库管理、出库三个环节,如图 4-1 所示。

图 4-1 仓储管理的作业流程

下面我们来详细了解每一个环节的具体业务流程。

1. 入库

入库是仓储作业的开始,主要内容包括核验单据、装卸、搬运、分类、验收,是确认商品后,将商品按预定的货位储存入库的整个过程。商品入库作业是后续作业的基础和前提,入库工作的质量直接影响到后续作业的质量。其作业流程主要包括:

(1)入库前的准备。主要工作包括:货位的准备、清扫、垫垛;接货现场准备;装卸搬运设备的准备;工作人员的安排;等等。

(2)接货与卸货。接收货物,卸货。

(3)货物验收。根据实际情况对货物进行计量、检验检测,有时可能还要进行挑选整理工作,对验收合格的货物进行标示。

(4)货物堆垛。使用人工或机械设备将货物搬运至指定货位进行堆垛存放,有的货物可能还要使用货架或特殊的存放器具。

(5)核对单据。根据货物验收情况,填写入库单据,并与货物运单进行核对,确认验收入库商品的品种、规格、数量、质量、包装等与运单保持一致。若有出入,必须记录并反馈,便于及时进行处理,如发错货物、数量不对、包装破损等。

(6)入库信息处理。登记台账,并将有关单据反馈至其他有关部门,如财务部门、采购部门等。当然,信息化程度比较高的企业入库信息的获取和传递可以依靠计算机系统和网络来进行。

2. 在库管理

商品入库以后,在库管理非常重要,这是仓储管理工作的核心。最基本的要求就是保证在库商品的数量和质量。在库管理作业流程如图4-2所示。

(1)苫垫。"苫"指在货垛上加上遮盖物(图4-3),"垫"指在商品垛底加衬垫物。苫垫是防止各种自然因素对库存物品质量产生不良影响的必要措施。如露天存放的物品在苫垫后就可以减轻雨、露和潮气的侵蚀以及受日光暴晒的危害。

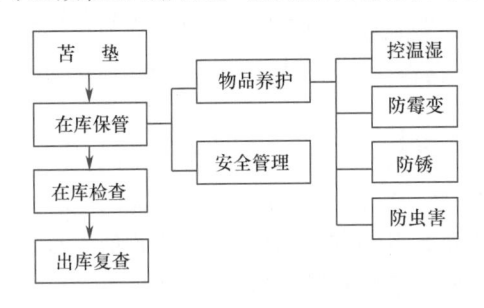

图 4-2　在库管理作业流程

图 4-3　货物苫盖

（2）在库保管。在库保管中，物品养护是防止其质量发生变化的重要措施，是一项经常性的工作。

（3）在库检查。检查在库物品可以掌握商品保管过程中的质量变化情况，便于及时发现问题并采取相应措施。

（4）出库复查。货物出库时，应认真仔细复查。

3.出库

商品出库作业是依据客户服务部门或业务部门开出的发货单、提单、领料单等商品出库凭证，按其所列的商品编号、名称、规格、数量或生产日期等项目组织商品出库的一系列活动。商品出库作业的完成标志着商品保管工作的结束。商品出库作业包括两方面内容，即出库前的准备工作和商品出库工作。

（1）出库前的准备工作

①合理安排装车空间。

②检查车辆装载条件是否满足卫生要求。

③准备装车工具，如推车、渡板、叉车、托盘等。

④安排装车所需工作人员。

（2）商品出库工作

①检查装车单据。确认出库单据是否真实，项目是否齐备，手续是否完善等。

②按照装车图配货装车。将要装车的货物从相应货位取出并装车，装车时应当按照装车图进行配载，以充分利用运输工具的容积和载重能力。在装车过程中应遵循装卸作业标准，规范操作。

③核实装车商品数量、质量。装车时或装车结束后要核实装车商品的品种、规格、数量、质量等，以确保与出库单据一致，避免差错。

④与送货人员或接货人员确认出库事宜。双方确认出库商品，签字盖章以明确责任。

⑤登记台账。登记商品库存台账，并向财务、销售或者生产等部门反馈相关信息。

（三）仓储管理的作业原则

仓储管理作业是一项组织严密、技术性强的工作，需要精心组织、科学安排，从而达到以下的管理目标：仓储空间利用率最大化；劳动力和设备有效使用；货物方便存取；货物有效移动；货物良好保养。

因此，在进行仓储管理时需要遵循以下作业原则：

(1)及时。及时办理货物的入库、出库手续,及时进行货物的维护保养,及时处理超储、缺货现象,及时处理货物的损益,及时处理货物错误与损耗,及时进行信息沟通与反馈等。

(2)准确。货物的收发不出差错,与入、出库单据保持一致,库存商品品种、规格、数量要做到账实相符。

(3)严格。货物的收发手续齐全,严格实行门禁管理,货物的装卸、堆垛、苫垫符合作业规程和作业标准,严格按照要求进行货物的维护保养,实施相应的温湿度控制、防虫防鼠及其他仓储保管措施,以保证存放货物的质量,严格执行各项安全制度,保证货物的安全。

(4)经济。货物的仓储保管符合经济效益原则,对货物存储的数量、存放地点、存储的期限、品种结构等进行科学规划和决策,以最低的成本达到管理目标。

根据仓储管理作业的原则,在进行仓储管理作业时应当注意以下几方面的问题:

(1)库存商品要进行定位管理,即按不同的商品分类分区管理的原则来存放,按照保管要求进行堆垛或者采用货架放置。仓库内至少要分为三个区域:第一,大量存储区,即以整箱方式储存;第二,小量存储区,即将拆零商品放置在陈列架上;第三,退货区,即将准备退换的商品放置在专门的货架上。

(2)储存商品不可直接与地面接触,以避免潮湿引起商品变质、生锈等,必须进行苫垫。

(3)商品储存货架或货垛应设置存货卡,商品进出要注意先进先出的原则。实际工作中很多企业采取色彩管理法,如每周或每月用不同颜色的标签,以明显识别进货的日期。

(4)要注意仓储区的温湿度,保持通风良好,干燥。

(5)仓库内要设有防水、防火、防盗等设施,以保证商品安全。

(6)仓库管理人员要与订货人员及时进行沟通,以便到货的存放。此外,还要适时发出存货不足的预警通知,以防缺货。

(7)存取货原则上应随到随存、随需随取,但考虑到效率与安全,有必要对作业时间做出规定。

(8)商品进出库要做好登记工作,以便明确保管责任,但有些商品(如冷冻、冷藏商品)为讲求时效,也采取卖场存货与库房存货合一的做法。

二、仓储管理作业技术

(一)商品分区分类储存作业技术

1. 商品分区分类储存的概念

商品分区分类储存是根据"四一致"(性能一致、养护措施一致、作业手段一致、消防方法一致)的原则,把仓库划分为若干保管区域,把储存商品划分为若干类别,以便统一规划储存和保管。

2. 商品分区分类储存的作用

(1)可缩短商品拣选及收、发作业的时间。

(2)能合理利用仓容,提高仓容利用率。

(3)有利于保管员熟悉商品的性能,提高保管养护的技术水平。

(4)可合理配制和使用机械设备,有效提高机械化、自动化操作程度。

(5)有利于仓储商品的安全,减少损耗。

3. 商品分区分类储存的方法

由于仓库的类型、规模、经营范围、用途各不相同,各种仓储商品的性质、养护方法也迥然不同,因而分区分类储存的方法也有多种,需统筹兼顾,科学规划。一般而言,可以按照以下标准进行分区分类储存:

(1)按商品的种类和性质分区分类储存。
(2)按商品的危险性质分区分类储存。
(3)按商品的发运地分区分类储存。
(4)按仓储作业的特点分区分类储存。
(5)按仓库的条件及商品的特性分区分类储存。

(二)货位规划和统一编号作业技术

货位编号的要求:标志设置要适宜;标志制作要规范;编号顺序要一致;段位间隔要恰当。货位编号的方法:仓库内储存场所的编号、库房编号、货位编号。例如,某个企业在A、B、C三个地区都有仓库,如果采用122码制,那么A0205就表示A地区第2号仓库第5号货位。

三、仓储合理化

仓储合理化是指用最经济的办法充分实现仓储的功能。合理仓储的实质是用最低的投入保证仓储功能的实现。

(一)仓储合理化的标志

(1)质量标志。保证仓储物的质量是仓储功能的根本要求。只有这样,商品的使用价值才能最终得以实现。现代物流系统已经拥有十分有效的维护货物质量及保证货物价值的技术手段和管理手段。

(2)数量标志。在保证仓储功能实现的前提下,要有合理的数量范围。现代科学管理的方法可以在各种约束条件下计算出合理的仓储数量范围。

(3)时间标志。在保证仓储功能实现的前提下,必须寻求合理的仓储时间,这与仓储量有关。仓储量越大,仓储时间越长。时间过长意味着商品积压,成本增加。实践中常用周转速度指标反映时间标志,如周转天数、周转次数等。

(4)结构标志。不同商品间往往存在一定的相关性。同类商品内部也常存在着不同的品种、规格和花色。它们之间特别是相关性很强的商品必须保证一定的比例。所谓结构标志,是指通过上述相关商品的仓储量的比例关系来判断仓储的合理性。

(5)分布标志。不同地区对同种商品的需求是不同的。只有符合本地区实际需求的仓储商品,才能真正实现仓储的合理化。所谓分布标志,是指通过不同地区仓储的数量与当地需求比例来判断仓储对需求的保障程度。

(6)费用标志。通过对仓租费、维护费、保管费、损失费以及资金占用利息支出等财务指标的考察,可以从实际费用上判断仓储是否合理。

(二)仓储合理化的实施

一般来说,仓储合理化的实施要点可以归纳为:进行仓储物的ABC分类;在ABC分类的基础上实施重点管理;在形成了一定规模的前提下,追求经济规模,适度集中库存。所谓适度集中库存,是指利用仓储规模优势,以适度集中仓储代替分散的小规模仓储来实现合理化。

1. 进行科学的库存控制,保持合理库存

所谓库存控制,是指在保障仓储物品供应的前提下,为维持合理库存量所采取的经济技术措施。库存控制的重点是库存量的控制。库存量过大将导致许多问题出现,如占用过多的流动资金,增加利息成本,增加仓储费、保险费等费用支出。库存量过小又会增加缺货的风险。因此,进行科学的库存控制对于实现仓储合理化是非常必要的。这里简单介绍几种主要的库存控制方法。

(1) ABC 分类管理法

一般在仓库中,仓储的物资品种繁多,每个品种的价格不同,各自的库存量也不尽相等,对所有库存品种采取同等程度的重视和管理是不经济的。为了使有限的资源得到充分利用,必须对仓储物资进行分类以实现管理和控制,这就是 ABC 分类管理法的基本思想。

ABC 分类管理法就是将库存物品按品种和占用资金的多少分为特别重要的库存(A类)、一般重要的库存(B类)和不重要的库存(C类)三个等级,然后针对不同等级分别进行管理与控制。分类可以根据物资价值、销售难易程度、缺货产生的后果或者综合几种因素进行。

例如,把某企业的物资按其金额大小分为 A、B、C 三类,然后根据重要性分别对待:

A 类物资:品种少、实物量小而价值高的物资,其成本金额约占 70%,而实物量不超过 20%。

C 类物资:品种多、实物量大而价值低的物资,其成本金额约占 10%,而实物量不低于 50%。

B 类物资:介于 A 类和 C 类之间,成本金额约占 20%,实物量不超过 30%。

在库存管理中,A 类物资应在不缺货的前提下,尽可能减少库存,实行小批量订货,每月盘点;C 类物资进行一般管理,大批量订货,年终盘点;B 类物资介于两者之间,半年盘点一次。

(2) 定期订货法

定期订货法是按预先确定的订货间隔订货补充库存的方法。它是基于时间的订货控制方法,根据库存控制目标和往年的库存管理经验,预先确定一个订货间隔周期,每经过一个订货周期进行一次订货。每次订货的数量可以不同,视情况而定。定期订货法模型如图 4-4 所示。在定期订货法下,多种商品同时采购,可以降低订单处理成本和运输成本。这种订货法需要经常检查库存和进行盘点,适用于品种数量小,平均占用资金额较大的 A 类库存物品。

(3) 定量订货法

定量订货法是指当库存量下降到预定的最低库存量(订货点)时,按规定数量(一般以经济订货批量为标准)进行订货补充库存的方法。定量订货法主要靠控制订货点和订货批量来控制订货。首先确定一个订货点,当库存下降到该点时,就发出一个订货批量,即经济订货批量。订货点的确定公式为

$$订货点 = 需求预测量 + 安全库存量$$

所谓经济订货批量,就是使库存总成本达到最低的订货数量,它是通过平衡订货成本和

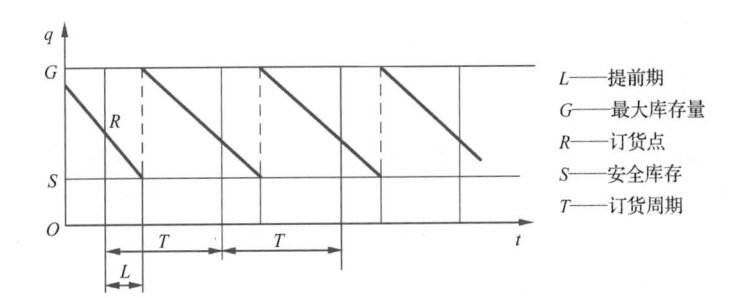

图 4-4 定期订货法模型

储存成本两方面得到的。其计算公式为

$$Q^* = \sqrt{\frac{2DS}{C_i}}$$

式中　Q^*——经济订货批量(EOQ)；
　　　D——商品年需求总量；
　　　S——每次订货成本；
　　　C_i——单位商品年保管费。

例 4-1

某仓库 A 商品年需求量为 16 000 箱,单位商品年保管费为 2 元,每次订货成本为 40 元,求经济订货批量 Q^*。

解　$Q^* = \sqrt{\dfrac{2 \times 16\,000 \times 40}{2}} = 800(箱)$

定量订货法适用于品种数量大、平均占用资金少、只需要一般管理的 B 类、C 类物品。

2. 加速物资周转,提高单位产出

如采用单元集装存储、建立快速分拣系统等做法都利于实现快进快出、大进大出。企业一般都采用有效的先进先出方式。先进先出指先入库的物资先发出,保证货物的仓储期不致过长。这对于感光材料、食品等保质期较短的商品来说尤其重要。先进先出已成为仓储管理的准则之一。有效的先进先出方法主要有：

(1) 使用贯通式货架系统。

(2) "双仓法"仓储,给每种被储物准备两个仓位或货位,轮换进行存取,再配以必须在一个货位中取光才可补充的规定,可以遵循信号实现先进先出。

(3) 利用计算机存取系统。采用计算机管理,在存储时向计算机输入时间记录,编入一个简单的按时间顺序输出的程序,取货时计算机就能按时间标志进行指示,以保证先进先出。

3. 提高仓储密度和仓库利用率

减少仓储设施的投资,提高单位仓储面积的利用率,以降低成本,减少土地占用。一般做法是增加储存高度,减少仓库内通道的数量和通道面积。

小资料

某生物制药企业仓库占地1 700多平方米,仓储区由六排货架组成,共有3 000多个货位,每个货位最大承重550 kg。这个仓库充分利用了垂直空间,虽然占地面积很小,但是垂直高度很大,并且温度、湿度、光照和通风系统全部由计算机控制,能够根据实际情况和设定值自动调节到合适的状态。货物的存取全部由计算机控制的堆垛机、叉车、小车等设备完成,全程不需要人工进行搬运,并且能够自动识别,快速方便。另外,仓库能够自动检测货物的状态,包括有效期、位置、编码等,可以随时通过计算机查询到具体每一件货物的相关情况。

4. 采用有效的仓储定位系统

仓储定位是指被储物位置的确定。仓储定位系统可采用计算机管理,也可采用一般人工管理。如果定位系统有效,能大大节约寻找、存放和取出货物的时间,节省人力,防止出现差错。行之有效的方式主要有以下两种:

(1)"四号定位"方式。"四号定位"方式是用一组四位数字来确定存取位置的固定货位方法,是我国手工管理中采用的科学方法。这四个号码分别是序号、架号、层号、位号。这就使每一个货位都有一个组号,在物品入库时,对其进行编号,记录在账卡上,提货时按四位数字的指示,可以很快地将物品拣选出来。

(2)计算机定位系统。计算机定位系统利用计算机储存容量大、检索迅速的优势,在入库时,将存放货位输入计算机,出库时向计算机发出指令,按计算机的指示可以准确找到仓储物品。

5. 采用有效的监测清点方式

这是确保账物相符,进行科学库存控制的需要。其主要做法有以下三种:

(1)"五五堆垛"。"五五堆垛"是我国手工管理中采用的一种科学方法。堆码后,有经验者可过目成数,大大加快了人工清点的速度,且少差错。所谓"五五堆垛",就是以"五"为基本计数单位,堆成总量为"五"的倍数的垛形,如梅花五、重叠五等。大的商品五五成方,小的商品五五成包,长的商品五五成长行,短的商品五五成堆,带眼的商品五五成串。这种堆垛方式过目成数,清点简便准确,适用于按件计量的商品。

(2)利用光电识别系统。在货位上设置光电识别装置,对被存物进行扫描,并将准确数目自动显示出来。这种方式不需人工清点就能准确掌握库存的实有数量。

(3)利用计算机监控系统。按计算机指示存取,可以防止人工存取容易出现的差错,如果在被存物上采用条形码技术,使识别记数和计算机连接,每存取一件物品时,识别装置将自动识别条形码并将其信息输入计算机,计算机自动做出存取记录。这样,通过计算机查询,就可以了解所存物品的准确情况。

6. 根据被储物的特性采用现代存储保养技术

利用现代存储保养技术是仓储合理化的重要方式。常用的现代存储保养技术主要有气幕隔潮、气调储存、塑料薄膜封闭等。

7. 采用集装箱、集装袋和托盘等运储一体化的方式

集装箱等集装设施的出现给储存带来了新的观念,集装箱本身就是一个仓库,不需要再有传统意义的库房,在物流过程中省去了入库、验收、清点、堆垛、出库等一系列储存作业,因而是仓储合理化的一种有效方式。

8. 借助现代先进的信息技术实现仓储管理最优化

如条形码技术的应用较好地解决了数据录入和数据采集的瓶颈,为供应链的管理和电子商务最基础对象——数字化提供了有利的技术保证。在产品入库管理中,识读商品上的条形码标签,同时录入商品的存放信息,将商品的特性信息及存放信息一同存入数据库。通过条形码传递信息,有效地避免了人工录入的失误,实现了数据的无损传递和快速录入。在产品出库管理中,产品出库时要扫描商品上的条形码,对出库商品的信息进行确认,同时也记录了库存动态变化。在库存管理中,条形码可用于存货盘点。通过手持无线终端扫描物品条形码,收集盘点商品信息,然后将收集到的信息由计算机进行集中处理,从而形成盘点报告。

小资料

条形码技术在仓库管理中的应用实例

以美国连锁商业企业 Walmart 为例,该公司在全美有 25 个规模很大的配送中心,一个配送中心要为 100 多家零售店服务,日处理量约为 20 多万个纸箱。每个配送中心分三个区域:收货区、拣货区和发货区。在收货区,一般用叉车卸货。先把货堆放到暂存区,工人用手持式扫描器分别识别运单上和货物上的条形码,确认匹配无误才能进一步处理,有的要入库,有的则要直接送到发货区,以节省时间和空间。在拣货区,计算机打印出隔天需要向零售店发运的纸箱的条形码标签。白天,拣货员拿一叠标签打开一只只空箱,在空箱上贴上条形码标签,然后用手持式扫描器识读。根据标签上的信息,计算机随即发出拣货指令。在货架的每个货位上都有指示灯,表示那里需要拣货以及显示拣货的数量。当拣货员完成该货位的拣货作业后,按一下"完成"按钮,计算机就可以更新其数据库。装满货品的纸箱经封箱后运到自动分拣机,在全方位扫描器识别纸箱上的条形码后,计算机指示拨叉机构把纸箱拨入相应的装车线,以便集中装车运往指定的零售店。

任务一 仓库规划与设计

任务引入

随着江苏远航物流公司业务的发展,现有的仓储系统已不能满足顾客的需求,公司打算新建一个仓库。公司经理告诉李明,新建仓库的规划设计主要考虑以下主要内容:仓库类型和仓库面积的确定;对仓库内所需的作业区以及各作业区的面积和作业区在仓库内的布置进行规划;仓库运作所需的人员和设备的确定等。

任务目标

公司经理为李明安排了一名指导老师,指导老师告诉李明,进行仓库规划设计要学会依据公司的发展策略确定仓库的规模和数量;对仓库模式的选择及影响因素分析;仓库平面设计及作业区域规划;对设备的选择及安装;仓库软件的安装及调试等。

工作过程

步骤 1　确定仓库规模

在进行库房的规划时,每个仓库都应该根据效率最大化和生产最大化的原则进行布置和设计。但是仓库的规模与数量往往是成逆向关系的,随着仓库数量的增加,仓库的规模将会下降。在实际工作中企业一般追求的是较少但规模较大的仓库。传统仓储管理系统中仓库的规模通常是用仓库面积来衡量的,而随着高层货架和现代化装卸搬运设备的运用,也有使用库房空间容量来表示仓库规模的,典型的例子就是自动化立体仓库。

影响仓库规模的主要因素包括:客户服务水平的高低、货物吞吐量的大小、仓储需求的稳定性、客户分布密度、产品的大小、使用的装卸搬运系统、库房布置、货架的类型等。一般根据存储所需的最小空间来确定基本的库房规模,再考虑通道、站台以及垂直和水平存储所需的场地面积等。

步骤 2　确定仓库数量

确定仓库数量一般要考虑四个因素:存货成本、仓库成本、缺货成本以及运输成本。

(1)存货成本主要包括持有成本和订货成本,这两者之间存在背反关系。持有成本由资本成本、仓储成本、服务成本、风险成本组成。库存商品实际上是一种投资,要占用企业资金,丧失投资于其他项目而获取利润的机会所带来的损失即为资本成本。仓储成本主要是商品进出及保管过程中花费的费用,通常使用商品售价或成本的百分比表示。服务成本主要是指存货的保险费用等支出。而风险成本主要是指商品在存储的过程中可能由于偷盗或保管不善等原因引起货物的灭失、毁损、变质等带来的损失。订货成本主要是指企业在订货过程中发生的相关费用。

(2)仓库成本主要指的是库房在运营过程中发生的费用。自营库房的仓库成本主要包括库房和相关设施设备的折旧、管理人员的工资等,如果是租赁的库房,仓库成本则包括租金、管理费用等。

(3)缺货成本主要指的是因为库存不足或者缺货而丧失销售机会带来的损失。这种成本实际上是一种机会成本。

(4)运输成本指的是从供应地到库房的运输过程中发生的相关费用。

确定仓库数量后,还必须确定各仓库在地理位置上的分布情况。

步骤 3　确定仓储性质

虽然仓储的本质都是物品的储藏和保管,但由于经营主体、仓储对象、仓储功能及仓储物的处理方式不同,使得不同的仓储活动具有不同的特性。

1. 按经营主体划分

(1)企业自营仓储。企业自营仓储包括生产企业和流通企业的自营仓储。生产企业自营仓储指生产企业使用自有的仓储设施对生产使用的原材料、生产的中间产品、最终产品实施仓储管理的行为,其储存的对象较为单一,以满足其生产需要为目的。流通企业自营仓储则是流通企业以其拥有的仓储设施对其经营的商品进行仓储保管的行为,仓储对象种类较多,其目的为支持销售。

(2)公共仓储。公共仓储是指仓储经营人以其拥有的仓储设施向社会提供商业性服务的仓储。仓储经营人与存货人通过订立仓储合同的方式建立仓储关系,并且依合同约定提供服务和收取仓储费。公共仓储的目的是在仓储活动中获得经济回报。

(3)战略储备仓储。战略储备仓储是指国家出于对国防安全和社会稳定的需要,对战略物资实行储备而产生的仓储。战略储备仓储特别重视储备品的安全性,且储备时间较长。战略储备物质主要有粮食、油料、能源、有色金属、淡水等。

2. 按仓储对象划分

(1)普通物品仓储。普通物品仓储是指不需要特殊保管条件的物品仓储。一般的生产物质、生活用品、普通工具等不需要针对货物设置特殊的保管条件,采取无特殊装备的通用仓库或货场存放货物。

(2)特殊物品仓储。特殊物品仓储是指在保管中需要满足特殊条件的物品的仓储,如危险物品仓储、冷库物品仓储、粮食仓储等。特殊物品仓储一般为专用仓储,按照物品的物理、化学、生物特性以及法规规定进行仓库建设和实施管理。

3. 按仓储功能划分

(1)储存仓储。储存仓储是指存放较长时期物资的仓储。由于物资存放时间较长,存储费用低廉,因而一般在较为偏远的地区,储存的物资较为单一,品种少,但存量较大。物资存期长,储存仓储要特别注重对物资的质量保管。

(2)物流中心仓储。物流中心仓储是为了实现有效的物流管理,对物流的过程、数量和方向进行控制,实现物流的时间效用。物流中心一般设立在经济区的中心,交通较为便利,储存成本较低处。物流中心仓储品种较少,但存量较大,整体上吞吐能力强。

(3)配送仓储。配送仓储也称配送中心仓储,是商品在配送交付消费者之前所进行的短期仓储,是商品在销售或者供生产使用前的最后储存。配送仓储一般在靠近终端消费者的聚集地进行,能迅速地送达客户。配送仓储物品品种繁多,批量小,一般需要进行拆包、分拣和组配等作业,主要目的是支持销售,注重对物品存量的控制。

(4)运输转换仓储。运输转换仓储在不同运输方式的衔接处进行,如港口、车站和货场等场所,为了保证不同运输方式的高效衔接,减少运输工具的装卸和停留时间。运输转换仓储具有大进大出的特点,货物存期短,注重货物的周转作业效率和周转率。

4. 按仓储物的处理方式划分

(1)保管式仓储。保管式仓储也称纯仓储,指以保持保管物原样不变的方式进行的仓储。存货人将特定的物品交由保管人进行保管,到期后保管人将原物交还存货人。保管物除了自然损耗外,数量、质量不发生变化。

(2)加工式仓储。加工式仓储是指保管人在仓储期间根据存货人的要求对保管物进行一定加工的仓储方式。例如,保管物在保管期内,保管人根据存货人的要求对保管物外观、形状、成分构成和尺寸进行加工。

(3)消费式仓储。消费式仓储是指保管人在接受储存物品时,同时接受存物的所有权,保管人在仓储期间有权对仓储物行使所有权,在仓储期满时,保管人将相同种类和数量的替代物交还给存货人所进行的仓储。消费式仓储特别适合于市场价格变化较大的商品的长期存放,具有一定的商品保值功能,已成为仓储经营的重要发展方向。

到底采用什么性质的仓储,一般要从以下几个方面来考虑:仓储量的大小,决定是采用自营还是租赁方式;仓储的目的,考虑仓储是为了供应、销售还是配送;商品性质,考虑存储的是普通货物还是需要特殊保管条件的货物;仓储活动内容,主要考虑是单纯的货物保管,还是需要进行流通加工作业。

小资料

自动化立体仓库

所谓自动化立体仓库,是指采用高层货架配以货箱或托盘储存货物,用巷道堆垛起重机及其他机械进行作业的仓库。自动化立体仓库由电子计算机进行管理和控制,不需人工搬运作业,即可实现收发作业,如图4-5所示。

1956年美国建立了第一座自动化立体仓库。自动化立体仓库可靠性高,节省劳动力,零件容易维修更换,操作简单方便,使得工业

图4-5 自动化立体仓库

生产中的生产物流成本下降,建设费用和土地资源都得到有效节约。于是在美国各个地区都掀起了建立自动化立体仓库的热潮。

自动化立体仓库不是单一设备堆积而成的仓库,而是一个仓库系统。自动化立体仓库中所有设备在控制软件的管理下统一高效地运行。这些设备包括搬运设备(如堆垛机、AGV小车)、输送设备(如输送带)、容器(如托盘)、货架(如高位货架)、扫描系统(如激光读码系统)、传感器等。

自动化立体仓库的功能特点包括:

(1) 储存量大。自动化立体仓库一般是采用几层、十几层乃至几十层高的货架来储存单元货物,并用相应的搬运设备进行货物入、出库作业的仓库。一个自动化立体仓库拥有货位数可以达到30万个,可储存30万个托盘,以平均每托盘储存货物1吨计算,则一个自动化立体仓库可同时储存30万吨货物。

(2) 自动存取。自动化立体仓库的出入库及库内搬运作业全部实现由计算机控制,是机电一体化作业。

(3) 智能信息处理。自动化立体仓库的计算机系统能随时查询仓库的有关信息和伴随各种作业所产生的信息报表单据。

步骤 4 仓储设备规划

仓储设备是进行仓储作业的工具和手段,是物流设备的重要组成部分。采用什么样的

仓储设备,关系到商品存储的质量,也关系到仓储作业效率。常见的仓储设备有以下几种类型:

1. 计量设备

仓储中使用的计量设备包括:重量计量设备,如案秤、台秤和汽车衡;流体容积计量设备,如流量计量仪及液面液位计量仪;长度计量设备,如直尺、卷尺、游标卡尺和千分尺;个数计量设备,如自动计数器和自动计数显示装置。

2. 货架

货架是指用支架、隔板或托架组成的立体储存货物的设施,如图4-6所示。它是仓储面积的扩大和延伸,可提高仓储能力。

图4-6 货架

3. 物料搬运设备

动力型搬运设备包括:自动化搬运设备,如无人搬运车、驱动式搬运车;机械搬运设备,如堆垛机、液压托板机、叉车、吊车、跨车、牵引车、输送带设备、分类输送设备、装卸托盘设备和垂直搬运设备等。非动力型搬运设备包括手推车、平板拖车、滚轮车、重力型传送带。

在进行仓储设备以及设备数量的决策时,应当考虑商品的物理特征(如体积、重量)、存储保管要求、货物吞吐量的大小、企业的投资能力等因素。

步骤 5 库房平面规划

库房平面规划主要包括以下内容:

(1) 库房分区与货位编码方案。
(2) 暂存区、存储区与作业区的划分方案。
(3) 商品分类及编码方案。
(4) 货物堆垛方案。

步骤 6 仓储管理信息系统方案规划

电子商务环境下仓储管理的特点是现代IT技术的应用,这有助于提高仓储管理的效率,并实现决策的科学化,也有利于信息的处理,便于同客户的沟通。企业首要要决定仓储管理信息系统的开发方式,是自行开发还是委托开发,或者这两种方式的结合。如果采用直接购买专用商业软件的方式,则必须进行认真比较,考虑软件的功能是否符合企业的要求,售后服务情况和软件价格等,最后综合评价后决定。同时,仓储管理信息系统配套的硬件设备也要进行事先决策。如果企业有多个经营网点及网站,还要对相应的信息网络进行规划。

任务二　仓储管理信息系统应用

任务引入

在公司物流经营中,包括取货、集货、包装、装卸搬运、分货配货、流通加工、送货等许多环节,因此对物流服务全过程进行控制离不开仓储管理信息系统。公司培训主管介绍说,仓库管理信息系统对于企业的决策者和管理者来说都是至关重要的。那么,典型的仓储管理信息系统在公司物流管理作业中是如何应用的?这是李明必须掌握的基本技能之一。

任务目标

仓储管理信息系统是第三方物流的中枢神经,它的任务是实时掌握物流供应链的动态。培训主管告诉李明通过学习需要掌握以下技能:入库计划单编制及入库作业单的确认;出库计划单编制及出库计划单的确认和打印;盘点单据打印和审核;盘点核销损益等。同时还要培养自己踏实细致、吃苦耐劳的工作作风。

工作过程

微课:仓储管理信息系统的应用

电子商务环境下的仓储管理作业同传统的仓储管理作业没有太大的区别,都包括入库作业、保管养护作业和出库作业等,目的是保证储存商品的数量与质量。不同之处主要体现在对仓储信息的处理方面,电子商务环境下的仓储管理作业主要采用仓储管理系统对信息进行处理。

下面以某公司的仓储管理系统软件为例,来了解电子商务环境下的仓储管理作业流程。

步骤1　入库作业

货物的入库管理是整个仓储业务的开始,这里输入的数据是后面业务操作的依据。在这里录入的数据要准确,才能避免后面数据的错误,特别是计算仓库利用率的时候。其中,理货工作中会对货物的基本资料进行录入。

入库作业操作流程为:入库计划单录入→入库计划单确认→入库理货单录入→入库单打印。

1. 入库计划单录入和确认

在系统主界面树状列表中双击【入库管理】→【入库计划单】,出现如图 4-7 所示的界面。在此界面可以制订入库计划,录入入库计划单,打印贮仓申请书。界面左侧显示的是已经录入的入库计划单(包括保存和已审核的入库计划单),可见字段有计划单号、存仓编号、客户名称、计划日期。界面右侧完整地显示一张入库计划单,刚进入该窗口时,窗口处于自增状态。单击【增加】按钮,录入新的入库计划单。

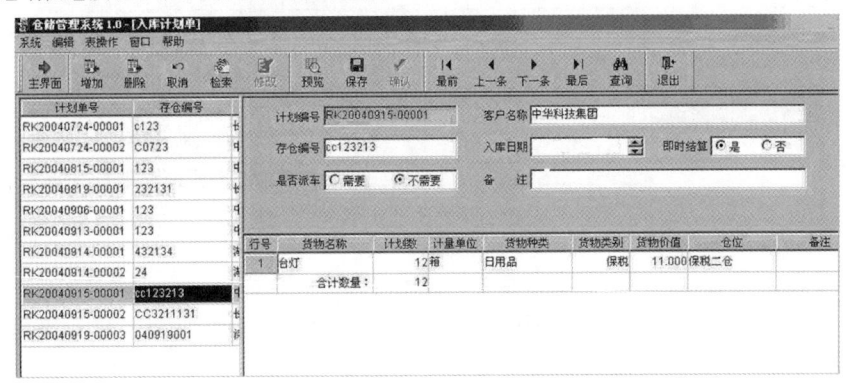

图 4-7 入库计划单

录入概要部分：

(1)计划编号：系统自动累加生成,不允许用户修改。

(2)客户名称：单击编辑框,在下拉列表中选择(此列表中的数据为系统正式运行前录入的基础资料)或者输入。

(3)存仓编号：输入存入仓库的编号。

(4)入库日期：系统默认当前日期,如果需要修改开单日期,则单击编辑框,在出现的日历表中选择实际开单日期;也可以在编辑框中直接输入日期。

(5)即时结算：如果选择了"是",那么数据会流入即时费用结算中。

(6)是否派车：如果选择了"需要",则在运输管理系统中要求公司派车接货。

录入明细部分(表格中录入)：主要内容包括货物名称、计划数、计量单位、货物种类、货物类别等,单击仓位编辑框,在下拉列表中选择(此列表中的数据为系统正式运行前录入的基础资料)或者输入。确认无误后,单击【保存】按钮。

对于入库计划单的确认,只要在选择了要确认的入库计划单后,单击上面的【确认】按钮即可。

2. 入库理货单录入

入库理货单的功能是在入库操作完成后,记录统计实际入库情况,在没有入库计划单的情况下也可进行入库理货操作。在主界面树状列表中双击【入库管理】→【入库理货单】,出现如图 4-8 所示的界面。在此界面中,左侧显示的是已经录入的入库理货单,可见字段有存仓编号、业务编号、客户名称、作业开始时间、作业结束时间。右侧完整地显示一张入库理货单,缺省显示已经审核的入库计划确认单但未经理货确认。

单击【增加】按钮,录入新的入库理货单。单据来源于入库计划确认单及新的入库理货单。

录入概要部分：

(1)业务编号：系统自增,用户不能修改。

(2)岗位类型、理货员、客户名称、仓库员、叉车司机、操作过程,采用下拉列表形式选择(基础资料表中已录入);只有操作过程为"人/车"时才能结算出对应人员的计件工资。

图 4-8 入库理货单

(3) 合同单号:选择客户合同管理中录入的合同单号。只有在选择了已经签订的合同单号后才能进行该客户的商务结算。

(4) 作业开始时间、作业结束时间:单击编辑框,在出现的日历表中选择实际开始时间和结束时间,也可以在编辑框中直接输入。

录入明细部分(表格中录入):

(1) 入库计划确认单里已经确定的及新增的货物名称、生产日期、仓位、计量单位、包装、货物种类、货物分类、附加操作信息。

(2) 货物名称、货物种类、货物类别、计量单位、仓位采用单击编辑框,在下拉列表中选择(此列表中的数据为系统正式运行前录入的基础资料)或者输入方式。

(3) 生产日期采用单击编辑框,在出现的日历表中选择实际生产日期,也可以在编辑框中直接输入日期的方式。

完成所有信息的录入后单击【保存】按钮保存。

3. 入库单打印

本功能主要包括打印仓单、仓库入库签收单、入仓确认回单、贮仓申请书、入仓通知书。在主界面树状列表中双击【入库管理】→【入库单据打印】,出现如图 4-9 所示的界面。

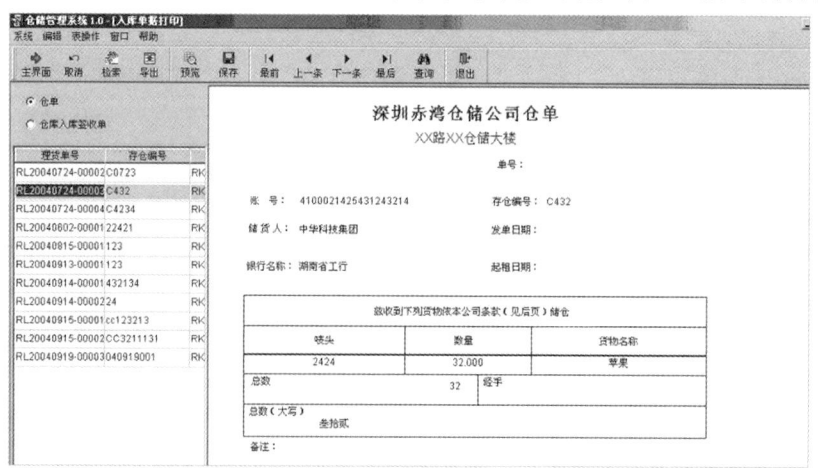

图 4-9 入库单据打印

首先在编辑框中选择或输入要打印的单据类型,然后在对应的编辑框中选择存仓编号,单据内容显示在右边对应窗口后,单击【预览】按钮即可转入打印选项窗口,设置好相应选项后即可打印。

项目四　电子商务环境下的仓储管理

步骤 ② 保管养护作业

在库商品的保管养护同平时一样。

步骤 ③ 出库作业

出库管理主要是对出库货物进行管理。要出库的货物,一般情况下客户会事先通知物流公司,让物流公司做好出库准备。当业务量大的时候,出库计划就显得尤为重要,可以为客户、物流公司减少因等待货物所造成的损失,大大提高了工作效率,减少了机器设备的磨损,也就为物流企业降低了成本。

出库作业操作流程为:出库计划单录入→出库计划单确认→出库理货单录入→出库单据打印。

1. 出库计划单录入和确认

在主界面树状列表中双击【出库管理】→【出库计划单】,出现如图 4-10 所示的界面。出库计划单的功能是制订并安排出库计划,打印提货单、装箱单。如果该计划单已经出库理货,则不能打印提货单、装柜清单、装箱单。

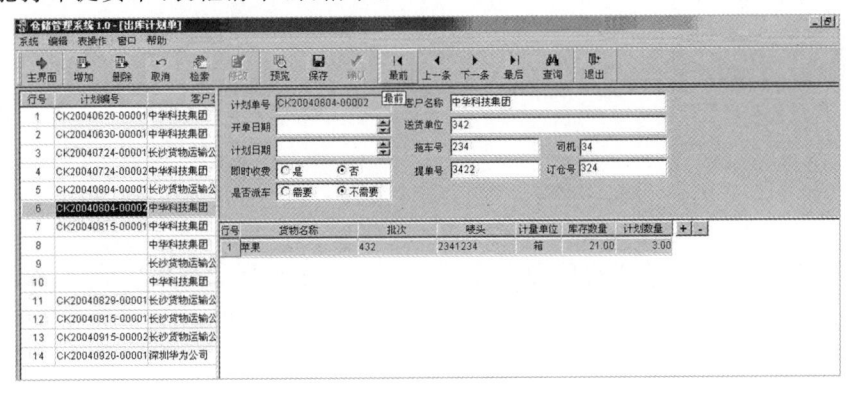

图 4-10　出库计划单

本界面左侧显示的是已经录入的出库计划单(保存和已经审核的单据),可见字段有计划编号、客户名称、提单号、订仓号、计划日期。右侧显示的是由左侧表格检索出的对应的出库计划单(保存和已经审核的单据)的详细信息,缺省显示新增单据状态。

单击【增加】按钮,录入新的出库计划单,单据来源于入库理货单。首先用户选择出库方式,然后程序根据用户选择的出库方式及客户名称制订出库计划。

录入概要部分:

(1)计划单号采用系统自增的形式,用户不能修改。

(2)客户名称采用下拉列表选择形式。

(3)计划日期、开单日期可以单击编辑框,在出现的日历表中选择实际日期,也可以在编辑框中直接输入日期。

录入明细部分(表格中录入):

选择客户名称以后,单击货物名称下拉编辑框弹出该客户的库存货物,单击选择预出库的物品后回到出库计划单窗口,输入计划数量(小于或等于库存数量)。如果出现同一物品的多条记录,在明细表上单击鼠标右键,在弹出的菜单中选择【增加】,在该物品记录上单击鼠标右键选择【行复制】,然后在新增的空记录里单击鼠标右键选择【行粘贴】即可,单击【保存】或【确定】按钮,即可完成对同一货物出多条记录的操作。

如果该计划单已经做出库理货则不能进行修改、删除操作。

填写完毕,单击【保存】按钮进行保存。选择相应的出库计划单后单击上面的【确认】按钮进行确认。

2. 出库理货单录入

出库理货单的主要功能是在出库理货操作完成后,记录统计实际出库情况,并进行打印。在主界面树状列表中双击【出库管理】→【出库理货单】,出现如图 4-11 所示的界面。

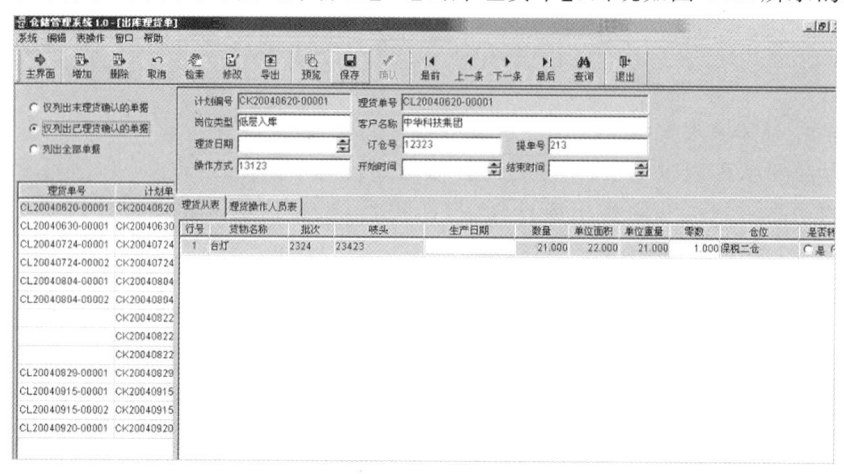

图 4-11　出库理货单

本界面左侧显示的是未做出库理货的出库计划单,可见字段有理货单号、计划单号、客户名称。右侧显示的是对应检索出来的已做出库理货(确认后)及未做出库理货(未确认)的单据信息。

单击【增加】按钮,新增一张出库理货单,单据来源于出库计划确认单。

录入概要部分:

(1)理货单号采用系统自增的形式,用户不能修改。其余的除客户名称不能修改外其他均能修改。

(2)岗位类型、操作方式采用下拉列表选择形式(在基础资料管理里录入)。

(3)开始时间、结束时间采用单击编辑框,在出现的日历表中选择实际日期,也可以在编辑框中直接输入日期的方式。

(4)提单号栏填写实际的提单号,必须输入。

录入明细部分(表格中录入):

选择货物名称、批次等信息,如果出现同一物品的多条记录,在明细表上单击鼠标右键,在弹出的菜单中选择【增加】,在该物品记录上单击鼠标右键,选择【行复制】,然后在新增的空记录里单击鼠标右键选择【行粘贴】即可,单击【保存】或【确定】按钮即可完成对同一货物出多条记录的操作。

3. 出库单据打印

出库单据打印的主要功能是打印出库装箱单、送签收单、装箱单总表等。

在主界面树状列表中双击【出库管理】→【出库单据打印】,出现如图 4-12 所示的界面。

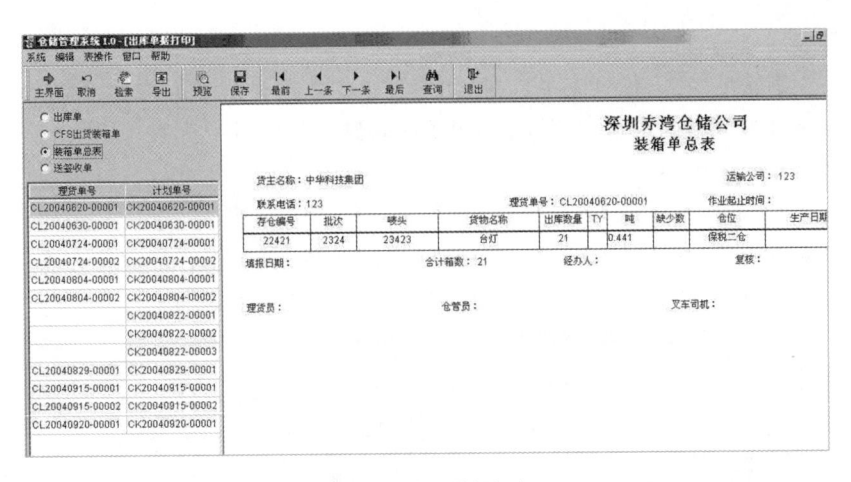

项目四　电子商务环境下的仓储管理

图 4-12　出库单据打印

首先选择要打印的单据类型,然后在对应的表格中选择理货单号,显示对应窗口后,单击【预览】按钮,即可转入打印选项窗口。

步骤 4　盘点作业

企业要定期或不定期对仓储货物进行盘点,减少因库存而给仓储物流企业带来的损失,同时这也是对客户的高度负责。通过盘点盈余可以及时调整物流企业库存的差异。

盘点作业的功能包括分仓库打印要盘点的货物,打印盘点表。在主界面树状列表中双击【盘点管理】→【盘点表】,出现如图 4-13 所示的界面。

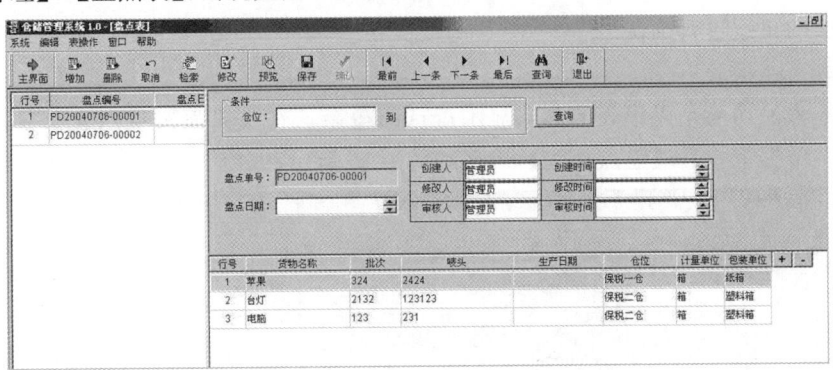

图 4-13　盘点表

本界面左侧显示的是已经录入的盘点表,可见盘点编号。右面完整地显示一张盘点表的内容。刚进入盘点表窗口时,窗口处于自增状态。

1. 录入盘点表

单击【增加】按钮,录入新的盘点表。

录入概要部分:

(1)盘点单号由系统自动累加生成,不允许用户修改。

(2)盘点日期系统默认当前日期,如果需要修改,则单击编辑框,在出现的日历表中选择实际日期,也可以在编辑框中直接输入日期。

录入明细部分(表格中录入):

单击仓位编辑框,在下拉列表中选择(此列表中的数据为系统正式运行前录入的基础资料)或者输入仓位范围,确定仓位范围后单击【查询】按钮,即可把库存中适合该仓位范围的货物信息显示在明细表中。

2. 盘点单据审核

盘点单据审核的功能是输入要盘点货物的实际数量,更新库存数据。在主界面树状列表中双击【盘点管理】→【盘点单据审核】,出现如图 4-14 所示的界面。

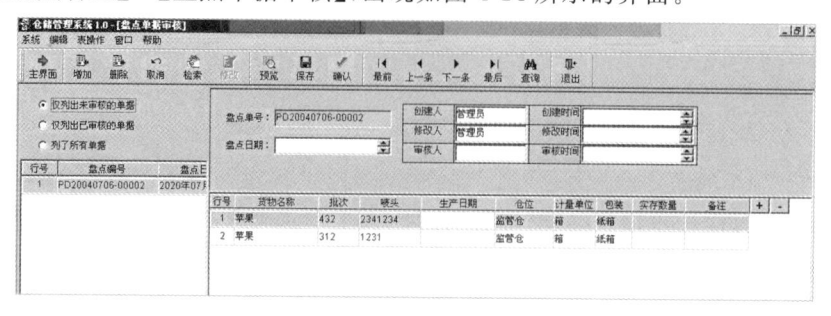

图 4-14 盘点单据审核

本界面左侧显示的是已经录入的点仓纸,可见盘点编号、盘点日期。右面完整地显示一张盘点审核单,刚进入该窗口时,窗口处于检索未审核的单据状态。

单击【增加】按钮录入新的盘点审核单,单据来源于点仓纸单据。

主要信息无须输入,用户只要根据实际盘点情况填入盘点数量即可。完成后注意保存,同时对无误的单据进行确认。

3. 生成盘点报表

盘点报表的功能是以报表的形式显示盘点的盈余。在主界面树状列表中双击【盘点管理】→【盘点单据审核】→【盘点报表】,出现如图 4-15 所示的界面。

图 4-15 盘点报表

本界面左侧显示的是已经录入的盘点审核单、盘点表,可见盘点编号。右面完整地显示一张盘点报表,刚进入该窗口时,窗口处于检索盘点报表状态。

4. 盘点核销损益

盘点核销损益的功能是处理盘点的盈余,调整库存数。在主界面树状列表中双击【盘点管理】→【盘点核销损益】,左侧显示的是已审核的盘点报表,选择要核销的盘点报表,右侧窗口中显示盘点报表内容。用户在核销损益栏目输入损益数,保存后进行确认。

任务三　仓储成本控制

任务引入

随着江苏远航物流公司管理意识的增强,对于物流成本的关心日渐加强,公司领导在物流管理的实践中,也把降低物流成本作为首要任务。仓储物流成本管理水平,对整个物流配送成本管理具有重要的意义,李明决定在仓储成本管理岗位进行实习。

任务目标

李明来到仓储成本管理部门,部门经理告诉李明,仓储型配送中心追求成本最小化。李明在工作之前需要认识仓储成本的构成,仓储成本管理过程中需要遵循的原则,常见的仓储成本管理方法,降低仓储成本的措施,还要培养精简节约、精打细算的工作作风。

工作过程

步骤 1　理解仓储成本的概念及仓储成本控制的重要性

1. 仓储成本的概念

仓储成本是企业仓储活动过程中所消耗的物化劳动与活劳动的货币表现,它是伴随着物流仓储活动而发生的各种费用。仓储成本包括:仓储相关设备设施的折旧、维修费及商品的自然损耗;仓储作业所消耗的人工费、动力费等;商品储存量增加所消耗的资金成本和风险成本;对仓储活动进行综合管理的费用。仓储成本控制是指运用以成本会计为主的各种方法,预定仓储成本限额,按限额分配储存成本和储存费用,对实际仓储成本与仓储成本限额进行比较,衡量仓储活动的成绩和效果,并以例外管理原则纠正不利差异,以提高工作效率,实现超过预期的仓储成本控制限额。

微课:仓储成本的控制——直击物流成本的冰山

2. 仓储成本控制的重要性

仓储成本控制的重要性主要体现在以下几个方面:

首先,仓储成本控制能增加企业利润水平,直接服务于企业最终经营目标。增加赢利是企业的目标之一,也是社会经济发展的原动力。无论在什么条件下,成本降低都会带来利润增加。在收入增加的情况下,降低成本可使利润更快增长;在收入下降的情况下,降低成本可抑制利润的下降。

其次,仓储成本控制是中小企业抵抗内外压力,求得生存和发展的保证。企业在生产经营活动中,内有职工改善待遇和股东要求分红的压力,外有同业竞争、经济环境逆转等不利因素。企业可采取降低各种成本、改善产品和服务质量、引进人才、加强管理、增加研发投入、开发新产品等措施,抵御内外压力。降低仓储成本能提高企业价格竞争能力,使企业在经济调整时继续生存下去。提高售价会引发经销商和供应商相应的提价要求和增加流转税负担,而降低仓储成本可避免这类压力。

再次,仓储成本控制是企业实现可持续发展的前提。只有把仓储成本控制在同行业先进水平,才能赢得发展的先机,也是企业赖以竞争的基础。仓储成本下降可削减售价以扩大销售,销售扩大后经营基础就稳固了,才有力量去提高产品质量,设计开发新产品,寻求新的发展。许多企业陷入困境的重要原因之一,就是在仓储成本失去控制的情况下,一味在扩大生产和开发新产品上冒险,一旦市场萎缩或决策失误,企业没有抵抗能力,很快就垮下去了。同时,仓储成本一旦失控,就会造成大量资金沉淀,严重影响企业的正常生产经营活动。

步骤 2 掌握仓储成本的构成

1. 根据仓储商品的服务范围和运作模式划分

(1)仓储储存成本

仓储储存成本是发生在仓储过程中,为保证商品合理储存,正常出、入库而产生的与存储商品运作有关的费用。仓储储存成本包括房屋和设备的折旧、库房租金、水电气费用、设备修理费、人工费用等一切发生在库房中的费用。仓储储存成本可以分为仓储固定成本和仓储变动成本两部分。

①仓储固定成本。仓储固定成本是在一定的仓储储存范围内,不随出、入库量变化的成本。其主要包括:库房折旧、设备折旧、库房租金、库房固定工人工资等。

仓储固定成本在每月的成本计算时相对固定,与日常发生的运作、消耗没有直接关系,在一定范围内与库存数量也没有直接关系。固定成本中的库房折旧、设备折旧、外租库房租金和固定人员工资从财务部可以直接领取。库房中的固定费用根据不同的作业模式而有不同的内容,包括固定取暖费、固定设备维修费、固定照明费等。

②仓储变动成本。仓储变动成本是仓储运作过程中与出入库量有关的成本。其主要包括:水电气费用、设备维修费、工人加班费、货物损坏成本等。

仓储变动成本的统计和计算是根据实际发生的运作费用进行的,包括按月统计的实际运作中发生的水电气消耗、设备维修费用、由于货量增加而发生的工人加班费和货品损坏成本等。

(2)仓储订购成本

仓储订购成本是由于存货而发生的除储存成本以外的各种成本,包括以下几个方面:

①订货成本。订货成本是指企业为了实现一次订货而进行的各种活动的费用,包括处理货物的差旅费、办公费等。订货成本中有一部分与订货次数无关,如常设机构的基本开支等,称为订货的固定成本;另一部分与订货次数有关,如差旅费、通信费等,称为订货的变动成本。具体来讲,订货成本包括:检查存货费用、编制并提出订货申请费用;对多个供货商进行调查比较、填写并发出订单的费用;填写并核对收货单、检验货物费用、筹集资金和付款过程发生的各种费用。

②资金占用成本。资金占用成本是为购买货品和保证存货而使用的资金成本。资金占用成本可以用公司投资的机会成本或投资期望值来衡量,也可以用资金实际来源的发生成本来计算。为了方便和简化,一般资金占用成本用银行贷款利息来计算。

③存货风险成本。存货风险成本是发生在货品持有期间的,由于市场变化、价格变化、货品质量变化所造成的企业无法控制的商品贬值、损坏变质等成本。

(3)缺货成本

缺货成本是指由于库存供应中断而造成的损失,包括原材料供应中断造成的停工损失、产成品库存缺货造成的延迟发货损失及丧失销售机会的损失(还应包括商誉损失)。不同物品的缺货成本随用户或组织内部策略的不同而不同。当一种产品缺货时,客户就会购买该企业竞争对手的产品,这就会对该企业造成直接利润损失,如果失去客户,还可能为企业造成间接或长期成本损失。另外,原材料、半成品或零配件的缺货,意味着机器的空闲,甚至停产。

(4)在途存货成本

在途存货成本与选择的运输方式有关。如果企业以目的地交货价销售商品,就意味着企业要负责将商品运达客户,当客户收到订货商品时,商品的所有权才转移。从财务角度来看,商品仍然是销售方的库存。因为这种在途商品在交付给客户之前仍然归企业所有,运货成本及所需的时间成本是储存成本的一部分,企业应该对运输成本与在途存货持有成本进行分析。

2. 根据货物在保管过程中的支出划分

(1)保管费

保管费是为存储货物所支出的货物养护、保管等费用,包括:用于货物保管的货架、货柜的费用开支,仓库场地的房地产税等。

(2)仓库管理人员的工资和福利费

仓库管理人员的工资一般包括固定工资、奖金和各种生活补贴。福利费可按标准提取,一般包括住房公积金、医疗以及退休养老支出等。

(3)折旧费或租赁费

仓储企业有的是以自己拥有所有权的仓库以及设备对外承接仓储业务,有的是以向社会承包租赁的仓库及设备对外承接业务。自营仓库的固定资产每年需要提取折旧费,对外承包租赁的固定资产每年需要支付租赁费。折旧费或租赁费是仓储企业一项重要的固定成本,构成仓储企业的成本之一。对仓库固定资产按折旧期分年提取折旧费,主要包括:库房、堆场等基础设施的折旧和机械设备的折旧等。

(4)修理费

修理费主要用于设备、设施和运输工具的定期大修理,每年可以按设备、设施和运输工具投资额的一定比率提取。

(5)装卸搬运费

装卸搬运费是指货物入库、堆码和出库等环节发生的装卸搬运费用,包括搬运设备的运行费用和搬运工人的工资。

(6)管理费用

管理费用指仓储企业或部门为管理仓储活动或开展仓储业务而发生的各种间接费用,主要包括仓库设备的保险费、办公费、人员培训费、差旅费、招待费、营销费、水电费等。

(7)仓储损失

仓储损失是指保管过程中货物损坏而需要仓储企业赔付的费用。造成仓储损失的原因一般包括仓库本身的保管条件,管理人员的人为因素,货物本身的物理、化学性能,搬运过程中的机械损坏等。实际中,应根据具体情况,按照企业的制度标准,分清责任合理计入成本。

步骤 3 掌握仓储成本管理的原则

1. 经济性原则

和销售、生产、财务活动一样,任何仓储管理工作都要讲求经济效益。为了建立某项严格的仓储成本控制制度,需要发生一定的人力或物力支出,但这种支出不应该太大,不能超出建立这项控制所能节约的成本。经济性原则主要强调仓储成本控制要起到降低成本、纠正偏差的作用,并控制发生的费用支出,使其不应该超过因缺少控制而丧失的收益。

2. 全面性原则

全面性原则要求企业在进行仓储成本管理时,不能只片面地强调仓储成本,而仓储的服务才是企业长远发展的根本。因此,企业要兼顾质量和成本的关系,在保证企业提供仓储服务的前提下,适当地控制仓储成本,从而使仓储企业低成本、高效率、高质量地运行。同时,仓储成本涉及企业管理的方方面面,仓储成本控制要进行全员控制、全过程控制、全方位控制。

3. 利益协调性原则

降低仓储成本从根本上说对国家、企业、消费者都是有利的,但是,如果在仓储成本控制过程中采用不适合的手段损害国家和消费者的利益,是极端错误的,应予避免。因此,控制仓储成本时要注意国家利益、企业利益和消费者利益三者的协调关系。

4. 例外管理原则

例外管理原则是成本效益原则在仓储成本控制中的体现。仓储成本控制所产生的经济效益必须大于因进行仓储成本控制而发生的成本耗费,如建立仓储成本控制系统的耗费,保证仓储成本控制系统正常运转的耗费。企业实际发生的费用,不可能每一项都和预算完全一致,如果不管成本差异大小,都予以详细记录、查明原因,将不胜其烦。因此,根据成本效益原则,仓储成本控制应将精力集中在非正常金额较大的例外事项上。解决了这些问题,仓储目标成本的实现就有了可靠的保证,仓储成本控制的目的也就得以实现了。

步骤 4 掌握降低仓储成本的措施

1. 充分利用现代仓储技术和设备,提高各工作环节的作业效率

在一个库场中,一定量的工作费用支出,由于实际工作效率不一,所耗费的劳动力、机械设备消耗、燃料费有所不同,若仓储管理经营得好,则整个仓储费用就会降低,经济效益就会增加。因此,在仓储作业中要利用现代仓储技术和设备,提高劳动生产率,如采用计算机定位系统、计算机存取系统、计算机监控系统等计算机管理技术以及仓储条码技术、现代化货架、专业作业设备、叉车、新型托盘等。

2. 加速企业原料、成品周转,充分发挥库场使用效能,提高仓容利用率

存货周转速度加快,能使企业的资金循环周转加快、资本增值加快、货损货差减小、仓库吞吐能力增强、成本下降。充分发挥库场使用效能是降低仓储成本的前提。仓库部门可以采取高垛的方法,增加储存的高度;缩小库内通道宽度以增加储存有效面积;采用侧叉车、推拉式叉车,以减少叉车转弯所需的宽度;减少库内通道数量以增加储存有效面积。仓储保管的货物成本(吨/天),与库场面积利用率、货物储存量密切相关。从某种意义上说,不研究库场利用率,要降低仓储费用则无从谈起。一个库场的各项费用支出在相对稳定的情况下,单位面积储存量的增加与每吨货物的储存费用成反比,即前者越大,后者越小;反之,则越大。

3. 加强材料、成品在库质量管理,减少保管中的非正常损耗

库场储存的物品质量完好,数量准确,一定程度上反映了仓储管理质量。为了避免或降低货物耗损,应严格验收入库物品,做到不合格的材料、成品不进库,手续不全时决不发料,质量有问题的产品决不出厂。对原料成品分类、分区存放,科学进行堆码苫垫,控制好仓库温、湿度,定期进行物品在库检查,确保账单相符、账账相符、账实相符。在实际工作中稍有差错,就会使账、物不符,所以,必须及时准确地掌握实际储存情况,经常与账卡核对。无论是计算机管理还是人工管理,这都是不可缺少的。

4. 采用有效的先进先出法,保证每个被储存物品的储存期不致过长

这是一种有效的方式,也是仓储管理的准则之一。有效的先进先出法主要有:一是采用计算机存取系统,根据物品入库的时间,依靠按时间排序的软件,自动排列出货的顺序,从而实现先进先出。这种计算机存取系统还能将先进先出和快进快出结合起来,加快周转,减少劳动消耗。二是在仓储中采用技术流程系统。最有效的方法是采用贯通式货架系统,既可提高仓库利用率,又能使仓库管理实现机械化、自动化,是现代仓库管理的重要技术措施。

5. 努力使物流、信息流、资金流保持一致,增强管理的有效性

充分利用电子商务下仓储管理信息化、网络化、智能化的优势,有效地控制进、销、存系统,使物流、资金流、信息流保持一致。运用物流、资金流、信息流的动态资料辅助决策,能有效降低库存的成本费用,提高仓储服务的效率。

6. 中小企业可根据企业经营实际,实施仓储业务外包,从而节省相关投资与成本

外包是通过合约把企业的非核心和非收益性的生产活动包给专业仓储公司,从而达到降低成本、提高生产效率和增强企业对环境的迅速应变能力的一种管理模式。外包是一种长期的、战略的、相互渗透的、互利互惠的业务委托和合约执行方式。中小企业充分利用现有市场上的物流公司,将其仓储业务外包出去,不仅能减少投资的压力,而且能大大降低仓储管理成本。

总之,降低物流成本可使中小企业取得第三利润源,而降低仓储成本又是取得第三利润源的重要源泉之一。在当前从紧货币政策下,面对物价上涨、成本上升的形势,中小企业更应眼睛向内,加强内部仓储成本核算与分析,采取仓储成本控制的有效措施,提高仓储管理水平。

任务总结

李明在仓储管理部门的实习过程中学会了仓库的规划和设计,掌握了电子商务环境下仓储管理作业及仓储管理信息系统的应用,理解了仓储成本管理的原理和方法,为今后工作打下了坚实的基础。

案例分析

联华物流有限公司生鲜物流仓储管理系统

一、应用企业概况

联华物流有限公司成立于2016年,由原联华桃浦仓库和生鲜仓库组成,包含常温和冷链两个运作仓库。冷链运作部主要承接世纪联华、标超、快客便利3个业态冷链线下配送业务和百联冷链线上仓作业平台,拥有常温、冷藏、冷冻温带的贮存、配送条件,一年365天,一天24小时运作不停歇。冷链运作部含单证、质检、仓储、运输4个职能中心,旨在追求资源综合效用更大化,探索联华物流冷链新领域,创混合型经济物流企业。

冷链运作部占地2万平方米,2个楼面各1万平方米,整个场地由不同温带冷链覆盖,由松下制冷体系自动监控和调整温带情况。1楼为卖场和标超组配场地,附建有5个各100平方米的小型冷库,用于存储;单独猪肉悬挂链系统可直接对接供应商来货车辆,即时称重分配门店,快速冷藏;周转箱自动清洗设备每日对周转箱进行清洗,保证食品卫生安全;配套1 000平方米库区存放基地直采水果。2楼6个独立库区冷库共计3 000平方米,可提供12万箱冷冻商品存储,另配备2个组配冷库,共计800平方米;高温库共计800平方米,可提供2万箱冷藏商品存储。便利作业区共计2 000平方米,采用半自动分拣流水线,配置DPS(数据处理系统),冷链线上仓和便利线下仓分时段共用。

冷链运作部作业系统由同振LCS(激光通信系统)、海鼎WMS(仓库管理系统)组成,负责冷冻冷藏以及蔬果、鸡蛋、肉禽等生鲜商品的组配。日吞吐量2万箱,峰值5万箱;日均配送额250万元,峰值600万元。自有冷冻冷藏配送车辆27辆,日均配送门店数800家,配送范围为上海及周边,冷链车辆全程采用全球定位系统和车辆温控。

二、信息化实施之前存在的问题

相较于对常温货品的管理,仓库对生鲜货品的管理更加严格、复杂,因为生鲜货品有较为独有的特征:保质期短、需要冷链存储环境、散装、无条码、称重进出货等。此外,生鲜货品的称重进出货管理、越库品项管理、食品安全与追溯管理、多温度带的独立作业和协同管理都是不容忽略的问题。

1. 生鲜货品计量单位管理复杂

大部分生鲜货品并不仅仅只是按重量进出货和结算。它们一方面按重量流通结算,一方面又要按数量流通来加快作业速度,例如在收货、盘点、分拣、运输、门店交接等环节整箱作业。因此,生鲜称重品既有纯粹称重的货品,又有同时使用了两种计量单位的货品。其中,在加工作业中,重量与数量之间还有互换业务,例如散装果蔬加工成规格包装型果蔬。

2. 拥有持续增长的越库品项与烦琐的操作流程

仓库为了降低生鲜货品的损耗管理,通常会减少存储型商品的类别,但是从而造成了大量的越库作业,仓库人员作业时间长、作业流程复杂。其中,越库品项主要包括:瓜果、猪肉、面包、鸡蛋、奶制品、熟食等。按照常规的越库收发模式,需要经过收货员RF(射频)收货、分拨员打印标签分拨、集货员RF集货等动作。对于这些越库品项,仓库人员每天处理大概20 000箱的收发量,往往需要12小时以上来完成。

3. 实行食品安全与追溯管理

随着新《食品安全法》的实施,各级政府加强了对食品安全追溯管理,要求生鲜经营者对肉类、蔬菜等货品加强追溯管理,对肉类货品同时管理动物检疫证和追溯码,对蔬菜类货品管理追溯码。生鲜经营者的生鲜追溯信息与上海市追溯平台对接,对生鲜流通过程进行监管和实现追溯。

4. 电商业务的增长,增加了仓库管理的难度

随着百联集团对电商业务的战略拓展,联华物流中心承担起了上海全市电商业务的存储与配送业务。基于此,联华物流中心面临电商仓库与电商仓储管理系统再建设的难题。

5. 直分越库作业效率低下

相对于直流作业（一步越库）而言，直分作业（二步越库）多了分拨环节，仅仅快客便利店的直分业务，每天就有近 30 000 件需要分拨。由于其全部为拆零品项，且每家门店的要货量不一，仓库运用纸质单据分拨和贴标签分拨，现场员工工作时间长、效率低，从而影响仓库的排车装车、送货准点率以及门店满足率等。此外，仓库每天要面临大笔的办公耗材开支。

三、项目关键要素与解决方案

1. 双重计量单位管理

生鲜商品的品类多样，相应的管理规格不同。目前，海鼎生鲜系统推出"双计量单位管理"模式，主要从数量和重量两个方面实现对生鲜商品的管理。可以将生鲜商品划分为三大类，即标准箱、类标准箱和称重品项，实现生鲜出入库的灵活管理。

标准箱：固定包装规格的箱采用 RF 收货，主要以数量作为计量单位。收货完成后平移到待分拨区，分拨人员可以通过 RF 或者标签两种模式分拨。

类标准箱：完全采用 RF 收货，采用数量和重量两种计量方式来管理，即 RF 收取箱数和重量，结合 RF、PC 和电子秤来收货，通过 RF 首先收取箱数，再由 PC 连接电子秤来对每件称取重量，并打印出分拨标签。

称重品项：采用 RF 和 PC 都可以进行称重收货，分拨时采用 PC 称重打印出分拨标签或者使用 RF 直接称重分拨。

2. 高效的"以发代收"业务和"组配"管理

海鼎公司派出专业的咨询团队对传统越库模式进行流程的梳理和简化，最终结合海鼎研发人员的经验，提出"以发代收"的业务模式：收货人员对货物称重，WMS 与寺冈/托利多电子秤对接，自动读取重量，并打印出分拨标签，包含门店信息、重量和分拨位，然后分拨人员根据分拨标签将货品分拨到门店分拨位。该"以发代收"业务缩减了分拨员过多的系统操作，显著地提高了越库品项的分拨作业效率。

针对一些量少且拆零品类，联华物流中心采取由供应商提前组装，即供应商按照门店以周转箱为载具来送货，并配送到门店。为了提高收货和分拨效率，海鼎团队与客户探讨出了一种组配收货/分拨模式，即预检时先根据送货清单来确认供应商在组装时是否有门店缺货，如有缺少则调整门店数据。RF 收货时则根据订单扫描门店和周转箱条码确认收货，这样可以确认是否所有门店都已经收货，同时可以管理容器数量。收货完成后使用 RF 组配分拨将周转箱分拨到门店分拨位。

3. 动物检疫证号和肉类/蔬菜追溯码管理

为保证食品质量安全，联华物流中心对生鲜流通全过程进行监管和追溯：进行动物检疫证号和肉类/蔬菜追溯码管理。HDWMS 为联华物流中心提供精准有效的溯源体系：为了高效采集追溯信息，由物流系统记录追溯码，在后续流转中自动跟踪记录每批货品的追溯码和批次码、动物检疫证号等，并自动回馈信息平台和下游平台，以支持后续的追溯管理。对于动物检疫证管理，海鼎生鲜物流管理系统支持入库时管理检疫证号，出库时门店匹配到对应入库的检疫证号。按照单品维度管理，可以保证检疫证号的入和出一致。对于肉类和蔬菜，均有进/出追溯管理，其中蔬菜会有部分商品是自己去种植地或者市场上直接采购，这种情况直接管理到产地。对于蔬菜商品，系统会产生相应的收货批次，与追溯码一起上传到市商委追溯管理平台。

4. 全流程容器管理

为了保证生鲜货品的品质，在物流中会用到各种容器，如普通周转箱、水果筐、白条猪包装袋、笼车等，不仅容器品类多，而且要管理上游链条和下游链条的容器，与上下游容器共享的场景很多。于是，联华物流中心在生鲜的收货入库和配送给门店的全程中，物流自动计算容器的收进和发出，同时管理容器的回收情况，这样可以统计在供应商、仓库和门店各处的容器数量。通过这个环节的有效控制和跟进，极大地降低了容器的丢失情况，帮助仓库实现了成本的节省。

5. 线上、线下库存共享，线上有较高优先级

针对联华物流中心涵盖联华线下实体门店以及线上电商业务，海鼎结合现有项目经验，提出 HDWMS 系统管理线上、线下两种库存，并提供针对线上订单管理接口。此外，结合联华现有实体店的分布情况，提供线上订单结合线下门店配送系统一同配送，可供客户至门店自提或者门店配送至客户。HDWMS 生鲜解决方案提供的共享库存模式，可以有效地加快仓库库存周转，提高生鲜业务作业效率。

6. "电子标签＋流水线"助力仓库提高拆零分拨效率

海鼎结合拆零作业特点和其行业业态，提出利用海鼎自主研发的 DPS 系统结合电子标签、输送线、自动弹出设备等助力联华生鲜品的分拨，可以实现生鲜品项的边收边拨、边拣边拨，显著地缩短了仓库配货、排车、装车时间，提高了配送准确率和门店满足率。投料员只需将周转箱推送到输送线上，输送线结合自动弹出装置判断周转箱的路径，实现"货到人"的作业路径；分拨员只需通过扫描枪扫描周转箱上的条码来点亮电子标签，并根据电子标签显示的数字完成分拨、拍灭等动作，来完成分拨作业，并且 DPS 系统提供周转箱的换箱、补箱等作业；分拨满箱的周转箱根据输送线和自动弹出设备，自动分配到各个复核台，极大地提高了复核人员的复核效率。

【案例分析与讨论】

1. 公司生鲜物流仓储存在哪些问题？
2. 对公司改进措施及效果进行评价。

课外拓展

一、单选题

1. 物资验收的内容包括（　　）。
   A. 物资数量验收　　　　　　　B. 内在质量验收
   C. 外观质量和规格尺寸验收　　D. 以上全是
2. 在库存管理中，体现"抓住关键少数""突出重点"原则的库存成本控制方法是（　　）。
   A. ABC 分类管理法　　　　　　B. MRP 法
   C. JIT 法　　　　　　　　　　D. ERP 法

3. 仓储管理的作业流程包括（　　）。
A. 入库管理　　　B. 在库管理　　　C. 出库管理　　　D. 以上都是
4. 物资存放一般采取（　　）的储存方法。
A. 分区　　　B. 分类　　　C. 分性质　　　D. 分区分类
5. 下列不属于仓库选址成本因素的是（　　）。
A. 运输成本　　　B. 原材料供应　　　C. 安全储备　　　D. 缓冲库存

二、多选题
1. 不合理储存主要表现在（　　）。
A. 储存时间过长　　　　　　　　B. 储存数量过大
C. 储存数量过低　　　　　　　　D. 储存条件不足或过剩
E. 储存结构失衡
2. 堆码的基本要求包括（　　）。
A. 合理　　　B. 牢固　　　C. 定量　　　D. 整齐
E. 方便
3. 商品验收工作的基本要求是（　　）。
A. 不紧不慢　　　B. 及时　　　C. 准确　　　D. 认真

三、判断题
1. 在采用货架的仓库内，一般采用四组数字表示，如5-8-4-08表示"第5号仓库、第8号货架、第4层的第8个货位"。（　　）
2. "双仓法"的储存原理是给每种被储存物都准备两个仓位或货位，轮换进行存取，再配以必须在一个货位中取光后才可以补充的规定，则可以保证实现"先进先出"。（　　）
3. 安全库存是指除保证在正常状态下的库存计划量之外，为了防止由不确定因素引起的缺货，而备用的缓冲库存。所以安全库存越大越好。（　　）
4. 定期订货法的原理是预先确定一个订货周期和一个最高库存量，周期性地检查库存并发出订货。（　　）
5. 仓库中相对湿度越大，表明空气中的水汽量越接近饱和状态，空气越潮湿。（　　）

四、计算题
1. 已知年需求量 $D=10\ 000$ 件；日平均需求量 $d=10\ 000/365$ 件，订购成本 $s=100$ 元/次，储存成本 $H=2.5$ 元/年；订货提前期 $L=10$ 天，产品单价 $C=25$ 元/件，求经济订货批量、订货点和年总成本。
2. 某企业每年需要某种商品15 000 kg，该商品的单价为15元，平均每次订货的费用为100元，年保管费率为20%，求经济订购批量及最低年总库存成本、平均订货间隔周期。

项目五
电子商务环境下的装卸搬运、流通加工与包装

项目引入

江苏远航物流公司拟让李明在企业物流各岗位得到系统的培训。仓储部张主管介绍说,电子商务环境下的物流系统各个环节或同一环节不同活动之间,都必须进行装卸搬运。如运输、储存、包装等都要有装卸搬运配合才能进行;待运出的物品要装上车才能运走,到达目的地后,要卸下车才能入库。流通加工可以成为具有高附加值的活动,它与生产加工有较大的区别。商品包装处于生产过程的末尾和物流过程的开端。

项目分析

仓储部张主管告诉李明,装卸搬运的基本功能是改变物品的存放状态和空间位置。无论是在生产领域还是在流通领域,装卸搬运都是影响物流速度和物流费用的重要因素,影响着物流过程的正常进行,决定着物流系统的整体功能和效益。流通加工是在物品从生产领域向消费领域流动的过程中,为促进销售、维护产品质量和提高物流效率,对物品进行一定程度的辅助性加工。在由运输、仓储、包装、装卸搬运、配送等环节组成的物流系统中,包装是重要组成部分,需要同装卸搬运、运输和仓储等环节一起综合考虑,全面协调。

任务分解

李明听后,决定重点完成三个任务:一是对装卸搬运系统进行设计,二是在电子商务环境下进行装卸搬运作业,三是在电子商务环境下实施流通加工与包装。

相关知识

一、装卸搬运概述

(一)装卸搬运的含义

在同一地域或地点(如工厂、车站、机场、码头、货场、仓库等)范围内,以改变"物"的存放状态、地点或支撑状态为目的所进行的活动称为装卸。国家标准《物流术语》关于装卸的定

义是,物品在指定地点以人力或机械装入运输设备或卸下。在同一地域或地点范围内,以改变"物"的空间位置(通常指短距离的空间位移)为目的的活动称为搬运。国家标准《物流术语》关于搬运的定义是,在同一场所内,对物品进行水平移动为主的物流作业。有时候在特定场合,单称"装卸"或单称"搬运"也包含了"装卸搬运"的完整含义。物流领域(如铁路运输)习惯将装卸搬运这一整体活动称为"货物装卸";生产领域习惯将这一活动称为"物料搬运"。

(二)装卸搬运的作用

装卸搬运作业有六个方面的功能:

(1)装卸,将物品装上运输机具或由运输机具卸下。

(2)搬运,使物品在较短的距离内移动。

(3)堆码,对物品或包装货物进行码放、堆垛等相关作业。

(4)取出,从保管场所将物品取出。

(5)分类,将物品按品种、发货方向、顾客需求等进行分类。

(6)理货,将物品备齐,以便随时装货。

(三)装卸搬运的管理

装卸搬运必然要消耗劳动,包括活劳动和物化劳动。这些劳动消耗要以价值形态追加到装卸搬运的对象中,从而增加产品的物流成本。因此,应科学合理地组织装卸搬运工作,尽量减少用于装卸搬运的劳动消耗。在实践中,最基本的装卸搬运合理化措施包括以下五个方面:

1. 防止无效的装卸搬运

无效的装卸搬运是指用于货物必要的装卸搬运劳动之外的多余劳动。防止无效的装卸搬运可从以下几方面入手:

(1)减少装卸搬运的次数

装卸搬运次数的减少意味着物流作业量的减少,从而也就意味着劳动消耗的节约和物流费用的节省。同时,物流过程中的货损主要发生在装卸搬运环节中,所以减少装卸搬运的次数还能减少货物的损耗,加快物流的速度,减少场地的占用和装卸事故的发生。实际中影响装卸搬运次数的因素主要有:

①物流设施和设备。厂房或库房等建筑物的结构类型、特点及建筑参数,都对装卸搬运次数有直接的影响。因此,厂房或库房等建筑物尺寸应当与装卸搬运机械相适应,以便于装卸搬运与运输设备自由进出或者直接在厂房或库房内进行作业,以减少二次作业。

物流设备的类型与配套对装卸搬运的次数也会产生影响。如叉车配以托盘出入厂房或仓库的作业过程,就是将装卸和搬运两类作业合并完成,减少了作业次数。又如,将电子秤安装在起重机上,可以在装卸作业的同时完成检斤作业,省去了单独的检斤作业环节,也可以达到减少装卸搬运次数的目的。

②装卸搬运作业的组织调度工作。在物流设施、设备一定的情况下,装卸搬运作业的组织调度水平是影响作业次数的最主要因素。如在联运过程中,组织货物不落地完成运输方式和运输工具的转换,就是一种较理想的作业方式。对物流据点而言,要尽量组织一次性作业,使货物不落地、作业无间歇。

（2）消除多余包装

包装本身的重量或体积会消耗装卸搬运的劳动量。如果包装过大或过重，就会过多地、反复地消耗额外劳动。因此，消除多余的包装可以减少无效劳动的消耗，降低物流总成本。

（3）去除无效物质

进入物流过程的货物，有时混杂着没有使用价值或对用户来讲使用价值不符的各种物质，如煤炭中的岩石、矿石中的表面水分、石灰中的未烧熟石灰及过烧石灰等。反复装卸搬运的过程实际上是这些无效物质反复消耗劳动的过程。因而要尽量减少物流过程中的无效物质，减少无效装卸搬运。

2. 充分利用货物自重进行少消耗的装卸搬运

在装卸搬运时应适当地利用货物本身的重量，将其重力转变为促使货物移动的动力。例如，从卡车、铁路车厢卸货时，可利用车厢与地面或小搬运车之间的高度差，通过溜槽、溜板之类的简单工具，依靠货物本身的重量，从高处滑到低处，完成货物的装卸搬运作业。

在装卸搬运作业时尽量削弱或消除重力的不利影响，也可以减轻体力劳动及其他劳动消耗。例如，在甲、乙两种运输工具之间进行换装作业时，可将两种运输工具进行对接，通过货物的平移，将其从甲工具转移到乙工具，这也能有效地消除重力的不利影响，实现作业的合理化。人力装卸搬运时如果能配合简单的机具，做到"持物不步行"，也可以大大减少劳动量，做到装卸搬运的合理化。

3. 充分利用机械设备的作业能力，实现"规模装卸搬运"

规模效益是众所周知的。装卸搬运作业过程中也存在明显的规模效益，当一次装卸搬运量或连续装卸搬运量达到能充分发挥机械设备最优效率的水准时，可以使平均成本达到最低。追求规模效益的方法，主要是通过各种集装化手段来提高一次操作的最合理作业量，从而达到降低单位作业成本的目的。另外，散装作业则经常采用连续作业的方式来实现其规模效益。

4. 提高货物的装卸搬运活性指数

被装卸搬运货物的放置状态关系到装卸搬运的作业效率。为了便于装卸搬运，人们总是期望货物处于最容易被移动的状态。活性指数越高，货物越容易被移动。活性指数能够真实地反映货物被装卸搬运的难易程度。需要指出的是，活性指数在不同的领域出现的频率是很不均衡的。例如，活性指数为4，表示货物放置在移动的输送设备上；活性指数为3，表示货物放置在搬运车上。这两种情形在工厂的生产物流系统中经常出现，但在各类仓库中则比较少见，而置于托盘上活性指数为2的货物，在仓库系统中就比较常见。

小 资 料

1. 装卸搬运活性及装卸搬运活性指数

装卸搬运活性是指从物的静止状态转变为装卸搬运状态的难易程度。如果很容易转变为下一步的装卸搬运而不需要过多做装卸搬运的准备工作，则活性就高；如果很难转变为下一步的装卸搬运，则活性就低。

为了使装卸搬运活性有所区别，并能有计划地提出活性要求，使装卸搬运都能按一定活性要求进行操作，对于不同放置状态的货物做出不同的活性规定，即活性指数。活性指数分为 0~4 共 5 个等级,见表 5-1。

表 5-1　　　　　　　　　　活性指数等级

放置状态	需要进行的作业				活性指数
	整理	架起	提起	拖运	
散放在地上	√	√	√	√	0
置于一般容器中	0	√	√	√	1
集装化	0	0	√	√	2
置于无动力车上	0	0	0	√	3
置于动力车辆或传送带上	0	0	0	0	4

2. 物流搬运机器人

物流搬运机器人是近代自动控制领域出现的一项高新技术,涉及力学、电器液压气压技术、自动控制技术、传感器技术、单片机技术和计算机技术等科学领域,已成为现代机械制造生产体系中一项重要组成部分。

物流搬运机器人是智能物流的基础。物流搬运机器人不仅可以充分利用工作环境的空间,而且提高了物料的搬运能力,大大节约了装卸搬运过程中的作业时间,提高了装卸效率。目前很多企业所引进的机器人多数为无人搬运机器人,和其他机器人一样,它还处于发展初期,尚未能具备高度智能化,但无人搬运所代表的自动化技术是智能化的基础。自动化机器人的大量引进对于智能化以及行业的发展起到了推动性和示范性的作用,大大促进了我国机器人产业的发展。

物流搬运机器人方便灵活的使用方法,大大提高了企业的效率,减轻了人类繁重的体力劳动。可以说机器人的出现顺应了时代的发展,必将对未来的生产和社会发展起着重要的作用,相信随着经济的发展,会有更多的机器人被应用到生产线中。

5. 缩短搬运距离

在工厂,由于生产工艺的要求,原材料、半成品和产成品总要发生一定距离的水平位移。在物流据点,由于收发保管作业的要求,货物也要发生一定距离的水平位移。这种位移通过搬运实现。从合理搬运的角度看,其搬运距离越短越好。影响搬运距离的因素主要包括工厂和物流据点的平面布局与作业组织工作水平等。

(1)工厂和物流据点的平面布局对搬运距离的影响。如果车间、库房、堆场、铁路专用线、主要通道的位置和相互关系处理得好,物流顺畅、便捷,就会缩短总的搬运距离,否则就会增加搬运距离。

(2)作业组织工作水平对搬运距离的影响。在平面布局一定的情况下,作业组织工作水平是决定搬运距离的主要因素。如对库房、堆场的合理分配,对货物在库房内、堆场内的合理布置,对收货、发货时专用线轨道及货位的合理确定,都能缩短搬运距离。

二、流通加工概述

(一)流通加工的含义

流通加工是物品在从生产地到使用地的过程中根据需要施加包装、分割、计量、分拣、组装、价格贴附、商品检验等简单作业的总称。流通加工是商品在流通中的一种特殊加工形式,是为了提高物流速度和物品的利用率,在商品进入流通领域后,按客户的要求进行的加工活动。

流通加工是在流通领域中进行的简单生产活动,具有生产制造活动的一般性质。但生产加工与流通加工之间在加工对象、加工程度、加工目的和加工组织者方面差别很大,主要表现为:

(1)流通加工的对象是进入流通过程的商品,而生产加工的对象不是最终产品,而是原材料、零配件、半成品。

(2)流通加工程度大多是简单加工,而不是复杂加工。流通加工是对生产加工的一种辅助和补充,它绝不能取消或代替生产加工。

(3)生产加工的目的在于创造产品的价值及使用价值,流通加工的目的则在于完善产品的使用价值。

(4)流通加工的组织者是商业物资流通企业,它们能够密切结合流通的需要进行加工活动,而生产加工则由生产企业来完成。

(二)流通加工的作用

1. 弥补生产加工的不足

生产环节的加工往往不能完全满足消费者的需求。这是因为:虽然生产资料的品种众多、规格多样、型号复杂,但仍然不可能完全满足生产需求的多样性;商品生产企业数量众多、分布面广,技术水平不一,形成供给与消费之间的差距;社会需求日趋复杂多样,生产企业不可能完全满足消费者对品种、花色、单位包装量和规格型号的需要。合理有效的流通加工可以有效地弥补上述不足,满足消费者的多样化需求。

2. 方便客户的使用

在流通加工未产生之前,满足客户生产或消费需求的活动,如混凝土加工、钢板预处理等,一般由使用者或销售者承担。这不仅会增加下一个生产环节的用时,还会因为设备投资大、利用率低和加工质量低而影响企业的经济效益,造成资源的浪费。这样的加工由流通环节来完成,可以根据使用部门的具体要求,将物品加工成消费者可直接使用的形式。

3. 增加流通企业的效益

在通常情况下,物流环节不能直接创造价值。物流企业的利润一般只能通过向货主企业提供物流服务而从生产企业的利润中转移过来。对于物流企业来说,发展流通加工就成为创造价值、增加收益的一种理想选择。如此一来,物流企业不仅可以通过运输、保管、配送等物流功能获得一部分从生产企业转移过来的价值,还能通过流通加工创造新的价值,从而获得更大的利润,这正是流通加工产生和发展的根本动力。

4. 创造更加方便的配送条件

配送是指流通加工、整理、拣选、分类、配货、末端运输等一系列活动的总和。配送中心的服务能力,在很大程度上受其所拥有的流通加工设备的种类、数量、技术先进程度等形成的加工能力的制约。因此,流通加工就成为配送的一个前提,对配送中心业务的开展具有重要的影响。设备完善、技术先进的流通加工,可以为配送创造更加方便的条件,提升配送企业的经济效益。

(三)流通加工的管理

流通加工合理化的含义是实现流通加工的最优配置,这不仅要做到避免各种不合理的加工,使流通加工有存在的价值,而且要做到最优的选择。为避免各种不合理的现象,对是否设置流通加工环节,在什么地点设置,选择什么类型的加工,采用什么样的技术装备等,需要做出正确选择。实现流通加工合理化主要考虑以下几个方面:

1. 加工与配送结合

加工与配送结合是指将流通加工设置在配送点中,一方面按配送的需要进行加工,另一方面加工又是配送业务流程中分货、拣货、配货中的一环,加工后的产品可直接投入配货作业,无须单独设置一个加工的中间环节,使流通加工有别于独立的生产,从而将流通加工与中转流通巧妙结合在一起。同时,由于配送之前有加工,可使配送服务水平大大提高。这是当前对流通加工做合理选择的重要形式,在煤炭、水泥等产品的流通中已表现出较大的优势。

2. 加工与配套结合

在对配套要求较高的流通中,配套的主体来自各个生产单位。但是,完全配套有时无法全部依靠现有的生产单位。进行适当流通加工,可以有效促成配套,大大提高流通的桥梁与纽带作用。

3. 加工与合理运输结合

流通加工能有效衔接干线运输与支线运输,促进两种运输形式的合理化。利用流通加工,在支线运输转干线运输或干线运输转支线运输时,必须有停顿的环节。在停顿的环节,按干线或支线运输的要求进行适当加工,可以大大提高运输及运输转载水平。

4. 加工与合理商流结合

通过加工有效促进销售,使商流合理化,也是流通加工合理化的考虑方向之一。通过加工,提高了配送水平,强化了销售,是加工与合理商流相结合的一个成功例证。此外,通过简单地改变包装加工,形成方便的购买量,通过组装加工解除用户使用前进行组装、调试的难处,都是有效促进商流的例子。

5. 加工与节约结合

节约能源、设备、人力、耗费是流通加工合理化需考虑的重要因素。对于流通加工合理化的最终判断,要看其是否能实现社会和企业本身的效益,而且是否取得了最优效益。对流通加工企业而言,与一般生产企业一个重要的不同之处是,流通加工企业更应树立社会效益第一的观念,如果只是追求企业的微观效益,就有违于流通加工的初衷,或者其本身已不属于流通加工范畴。

流通加工受技术革新的影响,今后将越来越趋向多样化。随着由消费的多样化和激烈的市场竞争而引起的特色化战略的展开,流通加工的意义日益增强。

三、包装概述

(一)包装的含义

包装是指在物流过程中保护产品、方便储运、促进销售,按一定技术方法而采用的容器、材料及辅助物等的总体名称;也指为了达到上述目的而在采用容器、材料和辅助物的过程中施加一定技术方法等的操作活动。因此,包装具有双重含义:一是静态的含义,指能合理容纳商品,抵抗外力,保护和宣传商品,促进商品销售的包装物,如包装材料和包装容器等;二是动态的含义,指包裹、捆扎商品的工艺操作过程。简言之,包装是包装物及包装操作的总称。

(二)包装的作用

包装的材料、容器、技法以及外形设计都会对物流其他环节起到重要的作用。具体来讲,包装主要具有保护、便利和促销等功能。

1. 保护功能

保护功能是包装的主要目的,主要表现在以下四个方面:

(1)商品从生产领域进入消费领域,要经过装卸搬运、储存保管和运输配送等各种作业流程,科学合理的包装可以防止商品在上述过程中发生破损变形。

(2)外界温度、湿度、光线等条件的变化会使商品发生受潮、发霉、变质、生锈等化学变化。科学的包装可以在一定程度上起到阻隔水分、潮气、光线及空气中各种有害气体的作用,防止商品发生上述化学变化。

(3)商品包装采取一定的措施封闭严密,可以防止有害生物对商品的侵害,这对食品具有重要意义。

(4)包装可以防止异物流入,减少污染,避免商品丢失、散失。

2. 便利功能

便利功能是指包装便于运输、装卸搬运和仓储,同时也便于消费者使用。

(1)包装的规格、形状和重量与物品运输关系密切。包装尺寸与运输车辆、船舶和飞机等运输工具的箱、仓容积是否吻合,直接影响运输效率。

(2)科学合理的商品包装便于各种装卸搬运机械的使用,可以提高装卸搬运机械的工作效率。

(3)在物品进、出库时,适合仓库内作业的规格尺寸、重量、形态的商品包装,为仓库提供了装卸搬运的方便。在物品储存保管时,包装便于维护物品的使用价值;包装物的各种标志便于仓库管理者识别、存取和盘点货物。在物品验收时,科学合理的包装易于工作人员开包和重新打包。

(4)人性化的包装设计极大地方便了消费者的使用。例如,在某食品加工厂,装金针菇的塑料袋上下分为两种颜色,上面为透明的,下面是蓝色的,吃的时候就从两色分界的地方切开,因为蓝色包装那部分是根,不能食用。

3. 促销功能

包装设计在促进商品销售的手段中占有重要地位。适度合理的包装具有广告的效力,可以美化商品的形象,唤起消费者的购买欲望,达到促进商品销售的目的。

(三)包装的种类

需要包装的产品种类繁多,性能和用途千差万别,因而对包装的要求各有不同。包装可以按以下几种标准分类:

(1)按包装目的可分为销售包装和运输包装。

销售包装又称内包装,是直接接触商品并随商品进入零售网点,和消费者或用户直接见面的包装。销售包装一般要与商品直接接触,包装与商品在生产中结成一体,如化妆品盒、饮料瓶等。销售包装除了能保护商品、方便运输外,还具有美化商品、宣传商品的作用。

运输包装是指以满足运输储存要求为主要目的的包装。它具有保障产品的安全,方便储运装卸,加速交接、点验等作用。通常,运输包装不随商品卖给顾客。它一般不与商品直接接触,而是由许多小包装(销售包装)集装而成,如烟、酒、化妆品等。商品先装进小包装,然后集装于包装容器内。运输包装要在达到保护商品目的的基础上使包装费用降到最低。

(2)按包装形态可分为个包装、内包装、外包装三大类。

(3)按包装使用次数可分为一次性包装、复用性包装两大类。一次性包装如纸盒、塑料袋等;复用性包装如能直接消毒、灭菌再使用的玻璃瓶,或回收再利用的金属、玻璃容器等。

(4)按包装的保护技术可分为防潮包装、防锈包装、防虫包装、防腐包装、防震包装、危险品包装等。

(四)包装的技法

商品包装技法是指进行包装操作时所采用的技术和方法。

1. 一般包装技法

一般包装技法是指多数产品包装都需要考虑采用的技术和方法。一般包装技法主要有:为了达到缩小体积、节省材料、减少损失的目的,对内装物合理置放、固定和加固,对松泡产品进行体积压缩;合理选择外包装形状和尺寸,要注意避免过高、过扁、过大、过重包装;合理选择内包装形状和尺寸,要与外包装形状和尺寸相配合,要有利于商品的销售;根据包装形态、运输方式、容器强度、内装物重量等不同情况,分别采用井字、十字、双十字和平行捆等不同外包装捆扎方法。

2. 特殊包装技法

特殊包装技法是针对产品的特殊需要而采用的包装技术和方法。由于产品特性不同,在流通过程中受到内、外各种因素的影响不同,有的易发生变质,有的易受震动冲击而损坏,因此需要采用一些特殊的技术和方法来保护产品免受流通过程中不利因素的影响,包括防震、防潮、防锈、防霉、防虫和危险品包装技法等。

(1)防震包装技法

防震包装技法又称缓冲包装技法,是指将缓冲材料适当地放置在内装物和包装容器之间,用以减轻冲击和震动,保护内装物免受损坏。常用的防震包装材料有泡沫、塑料、木丝、弹簧等。

(2)防潮包装技法

防潮包装技法是指为了防止潮气侵入包装件,影响内装物质量而采取一定防护措施的包装技法。一定厚度和密度的包装材料可以阻隔水蒸气的透入,其中金属和玻璃的阻隔性最佳,防潮性能较好。

(3)防锈包装技法

防锈包装技法是指为防止金属制品锈蚀而采取一定防护措施的包装。防锈主要使用防锈剂。防锈包装的主要技术有:对金属制品表面进行防锈处理,如用电镀、化学处理形成保护膜;在密封包装内采用气相防锈剂,利用防锈剂的挥发性产生能与水作用的缓蚀成分,在金属表面形成保护层;阻断有害介质与金属接触的机会,如塑料封袋、收缩包装以及充氮包装等。

(4)防霉包装技法

防霉包装技法是指防止包装和内装物霉变而采取一定防护措施的包装技法。防霉包装通常采用冷冻包装、真空包装或高温灭菌的方法。此外,还可以使用适当的防霉剂。

(5)防虫包装技法

防虫包装技法是指防止包装和内装物被害虫损害而采取一定防护措施的包装技法。常用的是驱虫剂,利用药物杀灭或驱除害虫;也可以采用真空包装、充气包装和脱氧包装等技术,使害虫失去生存环境,从而达到防虫目的。

(6)危险品包装技法

危险品种类繁多,如爆炸性物品、自燃物品、遇水燃烧物品、易燃液体、易燃固体、毒害品和腐蚀性物品等,有些物品同时具有两种以上的危险性。不同危险性质的危险品应采取有针对性的包装技法。

对有毒商品的包装要严密不透气,同时要标明有毒标志。对有腐蚀性的商品,要注意商品和包装容器的材质可能发生的化学变化,金属类的包装容器,要在容器壁涂上涂料,防止腐蚀性商品对容器的腐蚀。对黄磷等易自燃商品,宜将其装入壁厚不小于1毫米的铁桶中,桶内壁需涂耐酸保护层,桶内盛水,并使水面浸没商品,桶口严密封闭,每桶净重不超过50千克。对碳化钙等遇水分解并产生易燃气体的商品,应用坚固的铁桶包装,桶内充入氮气。如果桶内不充氮气,则应装置放气活塞。对于易爆商品,采用塑料桶包装,然后将塑料桶装入铁桶或木箱中。

小资料

网购背后,快递包装污染惊人

近些年,伴随着电子商务的发展,人们对快递的需求量呈现出逐年递增的势头。与此同时,因为快递所衍生出的垃圾,如聚乙烯塑料袋、空气囊、泡沫垫等污染现象也愈演愈烈。

网购达人"MOMO"称,现在人们对网络购物的标准和要求越来越高,有些商家为了使自己的"宝贝"到卖家手里能够完好无损,通常要在快递箱内加泡沫、空气囊,然后在快递箱外缠上透明胶带。每次拆完一个快递,都感觉特别浪费,留着没用,丢掉的话,污染又很大。

"邮寄物品时,为了不让箱子里的东西露出来,我总会尽可能多缠几圈胶带,有时也觉得挺浪费,但为了物品运输安全,也没有办法。"一位快递员说出了他的烦恼和无奈,他还称,包装主要是保护快递件在分拣、运输中的安全,为了避免出现商品损坏和退换货问题,只能加大包装以确保万无一失。

与此同时,大量廉价的快递袋,也为环境污染埋下了隐患。在某购物网站,仅仅9元钱就可以买到100个快递袋,如果买的多,还可以批量打折。该商铺仅仅一个月一款"快递袋"就售出了45万个!

据了解,快递包装常用的透明胶带,主要材料是PVC(聚氯乙烯)。废弃的PVC埋在土里经过一百年都不会降解,大量地使用一次性PVC产品将对自然环境造成严重破坏。胶水含甲醛和苯,会伤害人的皮肤和呼吸道。而快递包装袋分为再生料和新料两种。再生料是以聚乙烯为原料的废弃物回收炼制而成,再生料快递袋的颜色"外灰内黑",有刺鼻气味,化学性质不稳定,对人和环境危害更大。"聚乙烯塑料袋"一旦生产出来很难自然降解。大量的塑料废弃物填埋在地下,会破坏土壤的通透性,使土壤板结,影响植物的生长。如果家畜误食了混入饲料或残留在野外的塑料,也会造成因消化道梗阻而死亡。

专家建议使用可循环利用或可降解的包装材料。国家邮政局的相关负责人表示,要推广环保技术材料,鼓励企业采用清洁生产技术,使用可循环利用的包装材料以及可降解的物料、辅料,大力降低原材料和能源消耗,并积极开展物料、辅料回收使用。

任务一 装卸搬运系统设计

任务引入

李明通过深入学习领会到,装卸搬运系统同样符合系统的基本模式要求:由输入、转换、输出三大要素构成,同时受外界环境制约并向外界反馈信息。作为一种物流活动,人、财、物、信息等构成了装卸搬运的输入端。人既包括直接从事装卸搬运活动的操作人员,也包括各类管理人员。财是指为进行装卸搬运活动而投入的各项资金,包括购买装卸搬运设备、租用场地等费用,也包括人工费用和其他费用。物是指进行装卸搬运活动所使用的厂房、车辆、工具等。信息贯穿于整个装卸搬运过程中,它是企业与客户之间沟通的桥梁和纽带,能有效保障各项活动的顺利进行。

任务目标

仓储部张主管告诉李明,需要理解装卸搬运系统的含义,理解设计装卸搬运系统的作用,学会设计装卸搬运系统,还要培养自己不怕吃苦的精神。

工作过程

装卸搬运是对货物进行装载、卸载、移动的作业活动,是介于储存与运输两个状态之间的过程,其功能是为货物的存储和运输作业服务,并实现二者之间的转换。装卸搬运作业质量直接影响物流作业的生产效率和物流系统的绩效水平。

在开始设计装卸搬运系统之前,需要了解装卸搬运系统的五个要素,这些要素也是装卸搬运系统设计的主要内容,具体见表5-2。

表 5-2   装卸搬运系统的设计要素

设计要素	影响特征
货物(P)	货物的可运性取决于其特征和所用容器的特征
数量(Q)	单位时间的数量,单独一次的数量;搬运的数量越大,搬运所需的单位费用就越低
路线(R)	每次搬运都包括一项固定的终端(取、放点)费用和一项可变的行程费用。注意路线的具体条件,并注意条件变化(室内或室外搬运)及方向变化所引起的费用变化
辅助服务或周围环境(S)	传送、维修人员的工作、发货、文书管理等均属辅助服务,搬运系统和设备有赖于这些服务。仓库布局、建筑物特性、储存设施等属于周围环境,搬运系统和设备都在此环境中运行
时间(T)	时间性,要求货物的搬运必须按其执行规律进行;时间的持续长短,即这项工作需要持续多长时间;紧迫性和步调的一致性也会影响搬运费用

在装卸搬运系统设计方面,常用的是系统化搬运分析法,它是一种条理化的系统性分析方法,其程序如图5-1所示。

```
输入设计因素:P,Q,R,S,T
        ↓
     货物分类         ⎫ 货物分析
        ↓
   各项移动的分析      ⎫
        ↓              ⎬ 移动分析
   各项移动图表化      ⎭
        ↓
    选择搬运设备
        ↓
   形成初步的搬运方案   ⎫
        ↓              ⎪
    计算各项需求       ⎬ 搬运方法分析
        ↓              ⎪
   结合限制条件修改    ⎭
    ↓     ↓     ↓
  方案A 方案B 方案C
        ↓
     评价方案 ——→ 选定
```

图 5-1　系统化搬运分析法的程序

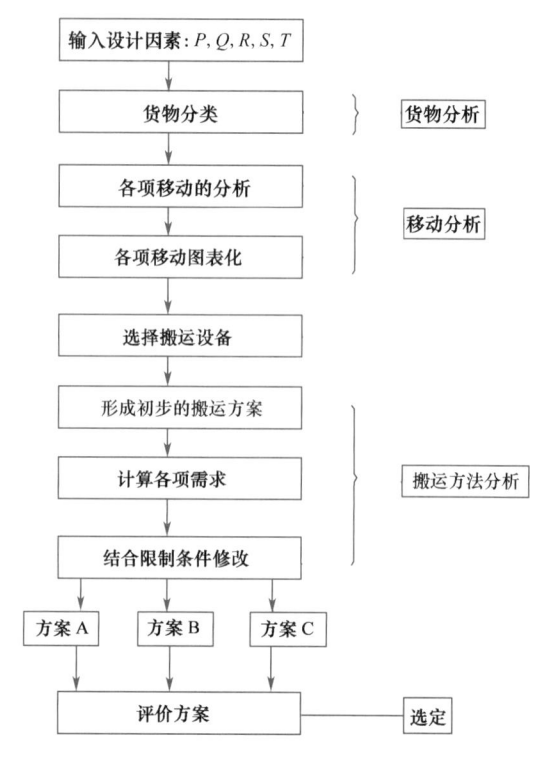

微课:装卸搬运系统
　　——科学合理地去设计

步骤 1　货物分析

在设计装卸搬运系统的过程中,首要工作就是货物分析,即按货物的物理性质、数量、时间要求或特殊控制要求进行分类。

1. 货物特征分析

(1) 先将物流中心内所有的货物列成表,标明货物的名称,见表5-3。

表 5-3　　　　　　　　　　货物特征分析

货物名称	货物实际最小单元	单元货物的物流特征						其他特征			货物类别
		单元货物尺寸			重量	形状	状态	损伤可能性	批量	时间要求	特殊控制	
		长	宽	高								

(2)按货物名称逐项记录货物的物流特征或其他特征,并填入表5-3中。

(3)逐项分析货物的各项特征,确定起决定作用的主导特征,并在该特征下面画直线,而在对确定货物类别有特别重大影响的特征下面画波浪线。

2. 货物归类

(1)确定货物类别,即把那些具有相似主导特征或特殊影响特征的货物归为一类。在大多数关于装卸搬运的问题中,都可以把所有货物归纳为8~10类,一般应避免超过15类。

(2)对每类货物写出分类说明。例如,在按货物的实际最小单元(如瓶、罐、盒等)或最便于搬运的运输单元(瓶子装在纸箱内,衣服包扎成捆,板料叠放成堆等)进行分类时,应对起主要作用的容器加以说明。

步骤 2 移动分析

1. 分析仓库平面布置图

设施布置决定了货物装卸搬运起点和终点的距离,因此,移动分析必须建立在相似货物装卸搬运作业与具体布置相结合的基础上。在进行仓库内装卸搬运活动的移动分析之前,应该先取得或先准备好仓库的布置草图、蓝图或规划图,从中了解以下四点信息:

(1)每项移动的起点和终点(提取和放下的地点)及其具体位置在哪里?

(2)共有哪些路线及这些路线上有哪些货物装卸搬运方法?是否已对这些方法做出规定?

(3)货物运进、运出穿过的每个作业区所涉及建筑的特点(包括地面负荷、房屋高度、柱子间距、屋架支撑强度、室内或室外、有无采暖、有无灰尘等)是什么?

(4)货物运进、运出的每个作业区内的主要作业内容和现有布置情况如何?

2. 分析货物移动路线

(1)考虑物流量和搬运距离。

①物流量大或有特殊要求的货物,采用直线型路线,即货物从起点到终点经过的路线最短。

②物流量小且搬运距离长的货物,采用中心型路线,即货物从起点先移动到中心分拣处,然后再运到终点。

③放置不规则或搬运距离较长的货物,采用渠道型路线,即货物在预定路线上移动,与来自不同地点的其他货物一起运到同一终点。

(2)计算搬运量。搬运量计算公式为

$$搬运量=物流量\times 搬运距离$$

(3)考察路线的移动距离及其他具体情况,包括弯曲程度、路面情况、气候与环境、拥挤程度、起止点组织情况等。

(4)编制搬运路线一览表。在分析货物移动路线时,常用的方法是通过观察每项移动的起止点,编制搬运路线一览表,收集这条路线上的各类货物(货物类别)、路线(起点和终点或搬运路径)和物流(搬运活动)等资料。

每次只分析一条路线,每条路线编制一张搬运路线一览表,见表5-4。

表 5-4　　　　　　　　　　　搬运路线一览表

日期：　　　　　　　　第　页

货物类别		路线状况			物流或搬运活动				标定等级
名称	类别代号	起点	路程	终点	物流量	物流需求			
						数量需求	管理需求	时间需求	

3. 制作搬运路线图

在取得具体的区域布置图后，经过对各项移动的分析，即可把这两部分综合起来，用图表来表示实际作业的情况。

(1)在区域布置图上绘制物流图，即在实际区域布置图上标出准确位置，标明每条路线的距离、物流量和物流方向。标记后的图纸可作为选择搬运方法的主要依据。

(2)绘制坐标指示图。坐标指示图是指距离与物流量的指示图，图中横坐标表示距离，纵坐标表示物流量。

步骤 3 选择搬运设备

1. 明确选择搬运设备的依据

选择搬运设备时，通常要从以下几个方面考虑：

(1)考虑长远发展的需要。搬运设备的选择要考虑长远发展的需要，随意布置一台运输机械或增添一排货架可能会暂时解决目前的问题，但在将来也许会造成更大的麻烦。

(2)遵循系统化原则。装卸搬运设备要在整个系统的总目标下发挥作用，不要仅局限于仓库作业的某一环节。

(3)遵循简化原则，选用合适的规格型号。

(4)要进行多方案的比较，尽量避免只依靠一家设备商供应某项搬运设备的情况。

(5)其他因素，包括货物特征和搬运方式、物流量和搬运距离、设备的技术性能、设备的成本和性价比、设备能耗是否符合电力供应情况以及设备备件、维修、存放方式和搬运频率等。

2. 确定搬运设备的类型

(1)了解设备的技术指标，见表 5-5。在综合分析各项指标的基础上，选择设备的类型、规格和型号等。

表 5-5　　　　　　　　　　搬运设备技术指标一览表

技术指标	具体说明
设备的技术性能	能否胜任工作及设备的灵活性要求等
设备的可靠性	在规定的时间内能够正常工作而不出现故障，或出现一般性故障可立即修复且安全可靠
工作环境适应性	工作场合是露天还是室内，是否有震动、化学污染及其他特定环境要求等
经济因素	包括投资水平、投资回收期及性能价格比等
可操作性	操作方法是否易于掌握，培训的复杂程度等
能耗情况	设备的能耗是否符合燃烧与电力供应情况
备件及维修因素	设备备件的可更换性和可获得性，以及是否方便维修

(2)根据主要功能来区分,搬运设备可分为货物载体和运送设备两类,见表5-6。

表5-6　　　　　　　　　　　搬运设备按照功能分类

设备种类	设备分类	特征说明
货物载体	容器	用于移动和储存松散的货物。在选定容器前,应考虑其对移动、储存和控制技术等后续作业的影响
	负载单元化设备	用来建立单元负载(如弹性伸缩缠绕、收缩包装、包扎和捆绑等)的设备
运送设备	输送带	在特定工作点间、固定路径上用来输送货物的设备,常用于频繁搬运、货物量特别大的货物传输。常见的有滚轴式、皮带式、托盘式和高架式
	工业车辆	轮式无轨运输装备,可独立运行,进行流动作业,包含托板车、手推车、坐立式车辆和步行式车辆
	单轨列车	可分为轨道上方和轨道下方、动力式和非动力式的
	吊车	可分为手动、电动和气动的
	起重机	可分为桥式、旋臂式、塔式和推置式的

(3)根据设备费用,一般把搬运设备分成四类:简单的搬运设备、简单的运输设备、复杂的搬运设备、复杂的运输设备,具体见表5-7。

表5-7　　　　　　　　　　　搬运设备按照费用分类

设备	实例	应用条件
简单的搬运设备	如二轮手推车	适合于距离短、物流量小的搬运需要
简单的运输设备	如窄通道带夹具的叉车、自动制导车、激光制导车、智能搬运车	适合于距离短、物流量大的搬运需要
复杂的搬运设备	如机动货车	适合于距离长、物流量小的运输需要
复杂的运输设备	如电子控制的无人驾驶车辆	适合于距离长、物流量大的运输需要

3. 确定搬运设备的数量

在设备配置系数一定的情况下,装卸搬运设备的配置数量主要根据仓库的作业量来确定。配置系数的计算公式为

$$K = Q_c / Q_t$$

式中　K——装卸搬运设备的配置系数,一般为0.5～0.8;

Q_c——装卸搬运设备的能力,即设备能完成的物流量;

Q_t——装卸搬运过程的总物流量。

步骤 4　搬运方法分析

1. 拟订初步的搬运方案

把搜集到的全部资料数据进行汇总,提出有关搬运路线系统、搬运设备、容器及负载单元的初步搬运方案。

2. 计算各项需求

对上述几个初步搬运方案进行修改以后,提出3～5个方案进行比较,进而对最有现实意义的几个方案逐一说明和计算。

(1)说明每条路线上每种货物的搬运方法。

(2)说明与搬运方法有关的其他必要变动,如更改区域布置、作业计划、作业流程等。

(3)计算作业人员的数量、投资数以及预期的经营费用。

3. 结合限制条件修改初定方案

在仓库内进行装卸搬运作业时,有许多因素会影响搬运方法的正确选择,规划人员需要结合下列限制条件对初定的方案进行修改:

(1)区域布置方案,各区域的面积及空间产生的限制(如数量、种类和外廓形状)等。
(2)建筑物及其结构的特征。
(3)利用现有公用设施和辅助设施保证搬运计划实现的可能性。
(4)与作业流程的一致性,原有搬运设备和容器的数量、适用程度及其价值。
(5)搬运方法影响作业人员的安全程度。
(6)库存制度、存放货物的方法和设备。
(7)投资的限制、设计进度及时间的限制。

步骤 5 搬运方案评价

1. 明确搬运方案的评价标准

在评价搬运方案时,一般会依据下列标准:装卸搬运设备是否标准化?装卸搬运系统是否是最大的、连续的货物流通系统?设备是否最大限度地被使用?设备的总重与净载量之比是否最小?是否符合重力流?搬运通道是否顺畅无交叉?

2. 搬运方案分析

在分析搬运方案时,一般采用优缺点比较法和因素加权法两种方法。

(1)优缺点比较法,即将待评价的各个方案的优点和缺点列在一张表内,对每个方案的优缺点进行分析和比较,进而得出最优方案的办法。优缺点分析考虑因素见表 5-8。

表 5-8 优缺点分析考虑因素

序号	优缺点	方案 A	B	C
1	成本费用(包括投资成本、经营费用等)			
2	与作业流程的关系及为作业流程服务的能力			
3	货物、货物数量和交货时间每天都不一样时,搬运方法的通用性和适应性			
4	灵活性(已确定的搬运方法是否利于变动或重新安排)			
5	搬运方法是否利于物流中心今后的发展			
6	布置和建筑物扩充的灵活性是否受搬运方法的限制			
7	仓库面积和空间是否被有效利用			
8	是否符合安全管理和建筑物管理的要求,与仓库现有设施是否协调			
9	设备是否便于维护,故障能否很快地予以修复			
10	可能发生故障的概率及其严重程度			
11	施工期间对仓库作业造成的中断、破坏和混乱程度,对货物质量造成损伤的可能性			
12	同搬运计划、库存管理和文书报表工作是否联系密切			
13	是否受自然条件(包括土地、气候、日照、气温)影响			
14	是否会由于仓库作业同步要求或高峰负荷而产生停顿			
15	施工、培训和调试所需的时间			
16	资金或投资是否落实			

(2)因素加权法,常用于多方案的比较和各种无形因素的评价,其程序如下:

①列出搬运方案需要考虑或包含的因素(或目的)。

②把最重要的一个因素的加权值定为10,再按相对重要性规定其余各因素的加权值。

③标出各比较方案的名称,每一方案占一栏。

④对所有方案的各个因素进行打分。

⑤计算各方案的加权值,并比较各方案的总得分。

3. 搬运方案的详细设计

在初步确定搬运方案的基础上,解决取货、卸货、移动等一些具体环节上的操作问题,从而形成详细规划的搬运方案。

任务二　电子商务环境下的装卸搬运作业管理

任务引入

李明通过现场实践了解到,在物流过程中,装卸搬运活动频繁发生,是产品损坏的重要原因之一。装卸搬运的作业管理主要是对装卸搬运方式、装卸搬运设备的选择和合理配置、使用,以及装卸搬运合理化,尽可能减少装卸搬运的次数。

任务目标

仓储部张主管告诉李明,在装卸搬运作业中需要认识现代装卸搬运的作业方式,认识现代装卸搬运的机械设备,学会装卸搬运的作业组织,并培养自己吃苦耐劳的品质。

工作过程

步骤 1　认识现代装卸搬运的作业方式

1. 决定装卸方法的条件

决定装卸方法的条件可以分为两大类:一类是由运输(配送)、保管、装卸三者之间的相互关系决定的外部条件;一类是由装卸本身决定的内在条件。此外,在装卸作业组织工作中,还要考虑货车装卸的一般条件。

(1)决定装卸方法的外部条件

决定装卸方法的外部条件主要有:

①货物特征。货物经由包装、集装等形成的形态、质量、尺寸(如件装、集装、散装货物)等,对装卸方法的选择有至关重要的影响。

②作业内容。装卸作业中的重点是堆码、装车、拆垛、分拣、配载、搬运等作业,其中以哪一种作业为主或由哪几种作业组合,也影响到装卸方法的选择。

③运输设备。不同的运输设备,如汽车、轮船、火车、飞机等的装载与运输能力、装运设备尺寸都影响到装卸方法的选择。

④运输、仓储设施。运输、仓储设施的配置情况、规模、尺寸大小也影响作业场地、作业设备以及作业方法的选择。

(2)决定装卸方法的内在条件

由装卸作业本身所决定的影响装卸方法的内在条件主要有：

①货物状态。货物状态主要指货物在装卸前后的状态。

②装卸动作。装卸动作是指在货物装卸各项具体作业中的单个动作及组合。

③装卸机械。装卸机械的动作方式、能力大小、状态尺寸、使用条件、配套工具，以及与其他机械的组合等也是影响装卸方法选择的因素。

④作业组织。参加装卸作业的人员素质、工作负荷、时间要求、技能要求等对装卸作业方法的选择有重要的影响。

以上所述的决定装卸方法的外部条件，同时也是决定其内在条件的因素，而内在条件受外部条件的影响，所采取的装卸动作、装卸机械、作业组织以及货物状态成为直接决定装卸方法的因素。

(3)货车装卸的一般条件

①零担货物装卸。零担货物装卸较多地使用人力和手推车、台车和输送机等作业工具，也可使用笼式托盘（托盘笼）、箱式托盘（托盘箱），以提高货车装卸、分拣及配货等作业的效率。

②整车货物装卸。整车货物装卸较多采用托盘系列及叉车进行装卸作业。

③专用货车装卸。专用货车装卸往往需要适合不同货物的固定设施和装卸设备，以满足装卸时的特殊技术要求。

2. 单件作业法

装卸一般单件货物通常是逐件由人力作业完成的，对于一些零散货物，如搬家货物等，也常采用这种作业方法；长大笨重货物、不宜集装的危险货物以及行包等仍然采用单件作业法，如图 5-2 所示。

3. 集装作业法

集装作业法是将货物集装化后再进行装卸作业的方法，如图 5-3 所示。

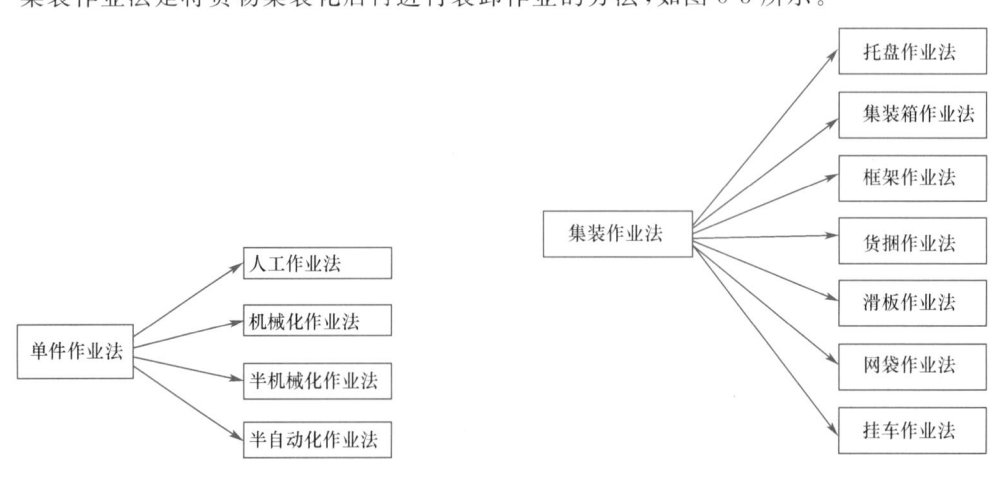

图 5-2　单件作业法

图 5-3　集装作业法

(1)托盘作业法

①托盘作业法的定义。托盘作业法是用托盘系列集装工具将货物形成成组货物单元，以便于采用叉车等设备实现装卸作业机械化的装卸作业方法。

②托盘作业法的常用设备。一些不宜采用平托盘的散件货物可采用笼式托盘形成成组货物单元。一些批量不是很大的散装货物(如粮食、食糖等)可采用专用箱式托盘形成成组货物单元,再辅之以相应的装载机械、泵压设备等配套设备,实现托盘作业。

(2)集装箱作业法

集装箱的装卸作业通常采用垂直装卸法和水平装卸法进行,有的集装箱在货物堆场也可采用能力很大的集装箱叉车装卸。

①垂直装卸法。垂直装卸法在港口可采用集装箱起重机,目前跨运车的应用较广,但龙门起重机方式也很有发展前途。在车站以轨行式龙门起重机方式为主,配以叉车,较为经济合理,轮胎式龙门起重机方式、跨运车方式、动臂起重机方式、侧面装卸机方式也常被采用。

②水平装卸法。水平装卸法在港口以挂车和叉车为主要装卸设备,在车站主要采用叉车或平移装卸机的方式,在车辆与挂车间或车辆与平移装卸机间进行换装。

集装箱装卸作业的配套设施有维修、清洗、动力、照明、监控、计量、信息和管理设施等。在工业发达国家,集装箱堆场作业全自动化已付诸实施。

(3)框架作业法

①框架作业法的定义。框架通常采用木制或金属材料制作,要求有一定的刚度、韧性,质量较轻,以保护商品、方便装卸及有利于运输作业。

②框架作业法的适用范围。管件以及各种易碎建材,如玻璃产品等,一般适用于各种不同集装框架实现装卸机械化。

(4)货捆作业法

①货捆作业法的定义。货捆作业法是用捆装工具将散件货物组成一个货物单元,使其在物流过程中保持不变,从而能与其他机械设备配合,实现装卸作业机械化。

②货捆作业法的适用范围。木材、建材、金属之类货物最适于采用货捆作业法。

③货捆作业法的常见机械。带有与各种货捆配套的专用吊具的门式起重机和悬臂式起重机是货捆作业法的主要装卸机械,叉车、侧叉车、跨车等是配套的搬运机械。

(5)滑板作业法

①滑板作业法的定义。滑板作业法是指货物通过滑板(用纸板、纤维板、塑料板或金属板制成,与托盘尺寸一致的、带有翼板的平板)实现集装化的装卸作业方法。

②匹配的装卸作业机械。与滑板作业法相匹配的装卸作业机械是带推拉器的叉车。叉货时推拉器的钳口夹住滑板的翼板,将货物支上货叉;卸货时先对好位,然后叉车后退,推拉器前推,货物放置就位。

③滑板作业法的特点。滑板作业法虽具有托盘作业法的优点且占用作业场地少,但带推拉器的叉车较重,机动性较差,对货物包装与规格化的要求很高,否则不易作业。

(6)网袋作业法

①网袋作业法的定义。将粉粒状货物装入多种合成纤维和人造纤维编织成的集装袋,将各种袋装货物装入多种合成纤维或人造纤维编织成的网,将各种块状货物装入用钢丝绳编成的网,这种先集装再进行装卸作业的方法称为网袋作业法。

②网袋作业法的适用范围。网袋作业法适于粉粒状货物、各种袋装货物、块状货物、粗杂物品的装卸作业。

③网袋作业法的特点。网袋集装工具体积小、自重轻,回送方便,可一次或多次使用。

(7) 挂车作业法

挂车作业法是先将货物装到挂车里，然后将空车拖上或吊到铁路平板车上的装卸作业方法。通常将此作业完成后形成的运输组织方式称为背负式运输，是公铁联运的常用组织方式。

4. 散装作业法

散装作业法如图 5-4 所示。

(1) 重力法

① 重力法的定义。重力法是利用货物的势能来完成装卸作业的方法。

② 重力法的适用范围。重力法主要适用于铁路运输，汽车运输有时也可利用这种装卸作业法。

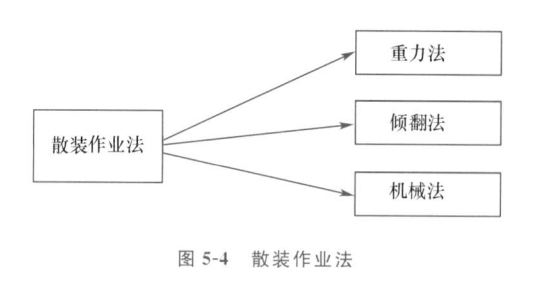

图 5-4　散装作业法

③ 重力法的常用设备。常用的重力法装卸设备有筒仓、溜槽、隧洞等几类。

重力法卸车主要指底门开车或漏斗车在高架线或卸车坑道上自动开启车门，煤或矿石依靠重力自行流出的卸车方法。

(2) 倾翻法

① 倾翻法的定义。倾翻法是将运载工具的载货部分倾翻而将货物卸出的方法。

② 倾翻法的适用范围。倾翻法是主要用于铁路敞车和自卸汽车的卸载方法，汽车一般是靠液压机械装置顶起货厢实现卸载的。

(3) 机械法

① 机械法的定义。机械法是采用各种机械，使其工作机构直接作用于货物，如通过舀、抓、铲等作业方式达到装卸目的的方法。

② 机械法的常用设备。机械法常用的设备有带式输送机、堆取料机、装船机、装载机、挖掘机及各种抓斗等。

在以上三种装卸作业法中，集装作业法和散装作业法都是随物流量增大而发展起来的，并与现代运输组织方式（如集装箱运输）、储存方式（如高层货架仓库）等相互联系、互为条件、互相促进、相互配合，加速了物流现代化的进程。

步骤 2　认识现代装卸搬运的作业组织

1. 制订科学合理的装卸工艺方案

装卸作业是货物、设备设施、劳动力、作业方法和信息等因素组成的整体。装卸工艺方案应该从物流系统角度分析制定相关的装卸作业定额，按组织装卸工作的要求分析工艺方案的优缺点，并加以完善。

2. 加强装卸作业调度指挥工作

装卸调度员应根据货物信息、装卸设备的性质和数量、车辆到达时间、装卸点的装卸能力、装卸工人的技术专长和体力情况等合理调配组织。在装卸量大，装卸劳动力充沛及货物条件许可的情况下可采用集中出车和一次接送装卸工人的方法。作业点分散的地区，可以划分装卸作业区，通过加强装卸调度工作，减少装卸工人的运送调遣。

3. 加强和改善装卸劳动管理

制定各种装卸作业时间定额是加强和改善装卸劳动管理，提高装卸效率的重要手段。

装卸作业时间定额要建立在先进合理的水平上,并要根据相关条件的变化,定期加以修订完善。

(1)装卸作业时间定额。所谓装卸作业时间定额,是指在一定装卸技术组织条件下,装卸不同品种单位质量货物所需要的作业时间。

(2)一定装卸技术组织条件。一定装卸技术组织条件是指装卸车辆、装卸设备、装卸方法、装卸工人及技术水平、作业环境等因素。

4. 加强现代通信系统应用水平

移动通信或固定通信系统应用水平对装卸作业组织工作有重要的影响。及时掌握车辆到达时间等有关信息,是减少车辆等待装卸作业时间的有效措施。应当根据有关技术条件的应用情况,建立车辆到达预报系统,根据车辆到达时间、车号、货物名称、收发单位等的报告,事先安排装卸机具和作业人员,做好装卸前的准备工作,保证车到即可及时装卸。

5. 提高装卸机械化水平

提高装卸机械化水平是做好装卸工作组织和物流工作的重要技术组织基础。要从物流系统的组织设计做起,使车辆、装卸机具、仓库等移动设备和固定设备的设计更为合理,从而提高装卸质量和装卸效率,减少装卸成本。

6. 应用数学方法改善装卸劳动力的组织工作

采用数学方法改善装卸劳动力的组织工作也是一种有效的途径。

步骤 3 了解装卸搬运设备的分类、选择与运用

微课:装卸搬运设备的选择与运用

1. 装卸搬运设备的分类

(1)按作业的性质分类

按装卸及搬运两种作业性质的不同,可分为装卸机械、搬运机械及装卸搬运机械三类。

①装卸机械。单一装卸功能的机械种类不多,手动葫芦最为典型,固定式吊车(如卡车吊、悬臂吊等)虽然也有一定移动半径,也有一些搬运效果,但基本上还是看成单一功能的装卸机械。

②搬运机械。单一搬运功能的机械种类较多,如各种搬运车、手推车及斗式、刮板式的各种输送机等。

③装卸搬运机械。物流科学很注重装卸、搬运两种功能兼具的机具,这种机具可将两种作业操作合二为一,因而有较好的系统效果。主要的机具是叉车、港口中用的跨运车、车站用的龙门吊以及气力装卸输送设备等。

(2)按机具工作原理分类

按机具工作原理分类,可分为叉车类、吊车类、输送机类、作业车类和管道输送设备类。

①叉车类。叉车类包括各种通用和专用叉车。

②吊车类。吊车类包括门式、桥式、履带式、汽车式、岸壁式、巷道式等各种吊车。

③输送机类。输送机类包括辊式、皮带式、链式、悬挂式等各种输送机。

④作业车类。作业车类包括手推车、搬运车、无人搬运车、台车等各种作业车辆。

⑤管道输送设备类。这是指输送液体、粉体的装卸搬运一体化的以泵、管道为主体的一类设备。

（3）按有无动力分类

按有无动力可分为以下三类：

①重力式装卸输送机。辊式、滚轮式等各类输送机属于此类。

②动式装卸搬运机具。动式装卸搬运机具有内燃式及电动式两种，大多数装卸搬运机具都属于此类。

③人力式装卸搬运机具。这是指用人力操作作业，主要有小型机具和手动叉车、手推车、手动升降平台等。

2. 装卸搬运设备的选择

（1）以满足现场作业为前提

①装卸机械首先要符合现场作业的性质和物资特点、特性要求。如在有铁路专用线的车站、仓库等，可选择门式起重机；在库房内可选择桥式起重机；在使用托盘和集装箱作业的生产条件下，可尽量选择叉车或跨载起重机。

②机械的作业能力（吨位）与现场作业量之间要形成最佳的配合状态。装卸机械吨位的具体确定，应根据现场要求进行周密的计算、分析。在能完成同样作业效能的前提下，应选择性能好、节省能源、便于维修、利于配套、成本较低的装卸机械。

③其他影响条件。影响物流现场装卸作业量的基本因素是吞吐量，此外，还要考虑堆码作业量、拆垛作业量、装卸作业高峰期等因素的影响。

（2）控制作业费用

装卸机械作业发生的费用主要有设备投资额、装卸机械的运营费用和装卸作业成本等。

①设备投资额。设备投资额是平均每年机械设备投资的总和（包括购置费用、安装费用和直接相关的附属设备费用）与相应的每台机械在一年内完成装卸作业量的比值。

②装卸机械的运营费用。装卸机械的运营费用是指某种机械一年运营总支出（包括维修费用、劳动工资、动力消耗、照明等费用）和机械完成装卸量的比值。

③装卸作业成本。装卸作业成本是指在某一物流作业现场，机械每装卸一吨货物所支出的费用，即每年平均设备投资支出和运营支出的总和与每年装卸机械作业现场完成的装卸总吨数之比。

（3）装卸搬运机械的配套

①装卸搬运机械的配套的含义。装卸搬运机械的配套是指根据现场作业性质、运送形式、速度、搬运距离等要求，合理选择不同类型的相关设备。

②装卸搬运机械的配套方法。可以按装卸作业量和被装卸物资的种类进行机械配套，在确定各种机械生产能力的基础上，按每年装卸1万吨货物需要的机械台数和每台机械所承担的装卸物资的种类和每年完成装卸货物的吨数进行配套。此外，还可以采用线性规划方法来设计装卸搬运机械的配套方案，即根据装卸作业现场的要求，列出数个线性不等式，并确定目标函数，然后求出各种设备的最优台数。

3. 装卸搬运设备的运用

（1）选择装卸搬运设备的要求

选取的作业设备应尽可能合乎标准；尽可能把资金投在移动的设备上，而不是投在固定的设备上；设备性能必须能满足系统要求，以保证设备的使用率，不让设备闲置；选取搬运设备时,应选净载重量与总重量之比尽可能大的设备;系统设计时应该考虑重力流;建成的系统应能提供尽可能大的连续的货物流。

(2)常见的装卸搬运设备

①叉车。叉车具有一副水平伸出的叉臂,叉臂可上下移动,因此叉车具有装卸货物的功能,并能携带货物做水平和垂直方向的移动。由于叉车在堆码、卸货作业和搬运、移动作业两方面都十分灵活便利,因此叉车是目前使用最广泛的装卸机械之一。叉车的类型很多,应根据货物的特征、货架的高度、库区的通道宽度合理选取。

②电瓶车。这类运输工具以蓄电池为动力源,装载重量很小,只有1吨左右。它启动快而稳,无废气,无噪声,操作简单,驾驶灵活,很适宜在库区内做短途运输,在我国使用比较广泛。其缺点是运量小,在港口码头、货车月台等货物运输量大的场合不太适宜使用。

③牵引车。这种设备只有动力,没有装载能力,主要用于拖带货车或挂车,可做较长距离的运输,一台牵引车可拖很长一列挂车。

④挂车。这种设备自身没有动力,有一个载物平台,仅用于装载货物。载满货物的挂车连成一列后,由牵引车拖到目标库区。车列可长可短,可任意组合,十分灵活。其缺点是需要大量人员参与,而且经常闲置,使用率低,不经济。它比较适合于运输量大而稳定的场合,如码头、铁路的中心货站及大型企业的原料仓库等。挂车必须和牵引车配套使用。

⑤输送机。这种设备有多种分类和多种形式,可用于不同的场合。一般可按重力式、滚轴式、皮带式分类。动力都采用电力,经济方便。输送机被广泛用于短距离的出入库运输,它也是分拣系统的基本组成部分。这种运输设备可实现连续运输,效率非常高,只是在输送机两端有时需要人员看管,但人力成本很低。

⑥回转货架。这种设备既是货架,可存储货物,又能做回转运动,起到运输的作用。回转货架主要是为了方便货物分拣作业。它由一系列储物箱组成,可以在一个封闭的轨道上移动,通过移动把储物箱传送给分拣操作人员。因此,该系统可以减少人员走动的时间。回转货架有水平回转和垂直回转两种。

(3)装卸搬运的设备系统

①半自动化系统

装卸搬运的半自动化系统是指在机械化的基础上,在局部关键的作业面上采用自动化设备,以提高作业效率,一般在分拣、运输环节实现自动化。比较常用的自动化设备有:

A. 自动引导搬运车

自动引导搬运车的用途是库内运输,它由控制机构和行驶机构组成一个自动化系统。它具有无人操作的特点,能自动定位和行走,所以需要在库内安装一套引导系统。典型的引导方式有光导和磁导两种。在光导系统中,库区地面的行车路径上装有发光装置,其发出的光束可引导搬运车行驶到指定的位置。在磁导系统中,路径地面上安装有磁性物体,靠磁场来引导搬运车行驶。自动引导搬运车由于省去了驾驶员,人力成本可以减少。

B. 自动分拣设备

自动分拣设备指的是受到自动控制的一套机械分拣装置。它由接受分拣指令的控制装置、把到达分拣位置的货物取出的搬送装置、在分拣位置把货物分送出去的分支装置和在分拣位置存放货物的暂存装置等组成。分拣作业只需通过键盘向控制装置输入分拣指令,其余的全部由机械装置执行完成。目前比较常用的分拣控制技术是扫描识别技术,在货物的固定位置上贴有某种标识,货物到达分拣位置,扫描仪对标识扫描识别,然后按事先设定的程序操作,使货物按指定路线运到指定的位置。采用自动分拣装置可以提高分拣处理能力,增加分类数量,准确率也大大提高。

C. 机器人

机器人是安装有微型计算机,能按编程指令自动完成一系列动作的机械。仓库中的作业具有多样性,要求机器人具有识别和判断功能,还需要具备一些简单的决策功能。在装卸搬运系统中,机器人主要用于货物分类、成组载荷。在分类作业中,机器人能够记忆位置,识别垛形,把指定位置的货物取出后放到输送机上;在成组作业中,机器人能够按成组要求,把有关的货物集中到一起,甚至装箱打包。使用机器人的另外一个理由是,在恶劣环境中,如高温、冷藏、有毒气体等会危害人身体健康的场合,可由机器人替代人工作业。机器人的最大优点是操作准确率高和速度快,在自动化分拣作业中起着重要作用。

D. 活动货架

活动货架用于存放货物,而设计活动货架的目的是让存有货物的货架移动到分拣位置,将存储功能与运输功能结合在一起,可以减少人力消耗。活动货架的工作原理是尽可能地利用物料重力产生一个滑动力,使物料自动向前移动。所以活动货架都设计成后部高于前部,货物从后部装入,逐步向前移动,这对于先进先出的库存管理是非常有利的。也有将滚轴输送机设计成活动货架的,工作时将后部抬高。

② 自动化系统

随着仓库规模、库存品种与库存量的不断扩大,为了减轻劳动强度,降低误差率,近几十年来,库区作业的自动化程度越来越高。库区物料处理的全部功能都实现自动作业,并且各作业环节相互连成一体,从入库到出库在整体上实现自动控制的物料处理系统称为自动化系统。自动化的优势来自大量自动化设备的应用。大量使用电子计算机,需要大量的投资和配备专门的技术人才。所以它的缺点也是十分明显的,主要是投资额大,开发和应用技术比较复杂,维护工作难度高。

A. 分拣作业自动化

在自动化系统中,使分拣作业实现自动化是关键步骤。现代自动化分拣系统与半自动化分拣系统不同的是,它需要把分拣作业前后的作业连接起来,并实现自动作业,从收到货物、接受处理,到出库装车,整个过程实现自动化。

控制的目的是把货物按要求分拣出来,并送到指定地点。通常需要把分拣的指示信息记忆在货物或分拣机械上,当货物到达时,将其识别并挑出,再开动分支装置,让其分流。控制方式分为外部记忆和内部记忆两种:外部记忆是把分拣指示标记贴在分拣对象上,工作时用识别装置将其区分,然后进行相应的操作;内部记忆是在自动分拣装置的搬送设备入口处设置控制盘,利用控制盘,操作者在货物上输入分拣指示信息,货物到达分拣位置时,分拣设备接收信息,开启分支装置。

控制方式的选择在决定全部分拣系统时是一个需要考虑的重要因素,对分拣系统的能力和成本有很大的影响。

自动分拣装置的分支装置是将挑选出的货物移出主输送带,转入分支输送带,是自动分拣系统的一个重要装置,主要有推出式、浮出式和倾斜式。

a. 推出式。推出式是在输送机的侧面安装推出设备,分拣出的货物到达此位置后,设备将货物推离主输送带,并推入分支输送带。它不受货物包装形式的限制,瓦楞纸箱、袋装货物、木箱等均适宜采用这种方式。不过,太薄、容易转动、易碎的货物不宜采用这种方式。分拣能力越强,分支机械的冲击力就越大,此时必须注意货物的损伤情况。

b. 浮出式。浮出式是一种在主输送机的下方安装浮出式机构,工作时把货物托起并送入分支输送机的装置。在分送时,对货物的冲击力较小,适合分拣底部平坦的纸箱和用托盘装的轻、重货物,不能分拣很长的货物和底部不平的货物。

c. 倾斜式。倾斜式是在主输送机上装有分送装置,货物到达规定的分拣位置,分送装置发生动作,如分送装置转动一个角度或开放通路对货物分拣。

自动分拣装置的分支方式很多,具体选择哪种形式,需要考虑以下几个因素:分拣对象的形状、体积、重量和数量;搬运的路线及变动性;单位时间内的处理能力;分拣的种类数;设备费用、占地面积、周围环境等条件。

B. 高架仓库

高架仓库又称立体仓库或机械化仓库,由于货架很高,可以达20多米,所以在高架仓库中,从收货入库到出库装运全部实现自动化。此类仓库由货架、存取设备、输入输出系统和控制系统四个基本部分组成。

a. 货架。货架为钢结构,成排地放置在货架区,排与排之间由一条通道隔开,通道是专供装卸机械通行之用。主要的存取作业几乎都在通道中完成。

b. 存取设备。存取设备是高架仓库的专用装卸机械,它有两个功能:第一,它能在通道里做水平方向的来回移动,它的作业臂能做垂直方向的上下移动,所以能把货物搬运到立体空间的某一指定位置。第二,它能在货架上存取货物。存取机很高,既要在水平方向做快速移动,又要在垂直方向快速升降货物,需要有一定的稳定性,所以多数的存取机需要在地面上铺设引导装置。仓库一般配备多台存取机供使用。如果需要将货物在不同的通道之间运送,存取机是无法执行的,这时要靠转运车完成,专用的转运车总是配备在通道的一端。但并不是每个高架仓库都做通道之间的转运,这要视系统需要而定。

c. 输入输出系统。输入输出系统承担高架仓库与外部联系的职能,执行接收和发运货物的操作,所以与仓库理货场地的设计有关。理货场地用于货物整理,如分拣、配货、货物的出入库作业等,它介于高架存储区与系统外部的中间地带,与存储区域相接。接收货物后,卸在理货场上,需要以最快的速度处理完毕,存入库位。为了充分利用存取设备,要求卸货区和分拣操作能够为每个通道提供足够的货物。反之,由通道运出的货物要立即分散到理货场所。为此需要设计一个灵活高效的搬运系统,承担存储区和理货场地之间的运输任务。

d. 控制系统。控制系统其实就是一个信息管理系统,由计算机实现控制。除了信息接收、处理、存储以外,还需要执行决策和产生作业指令,以控制设备的运行状态。在仓库输入输出工作进行的同时,所有的工作文件也正在完成。高架仓库是一个完全意义上的全自动物料处理系统。

任务三　电子商务环境下的流通加工与包装作业管理

任务引入

李明通过现场实践了解到,流通加工是为了更好地满足用户多样化的需求,提高物流的速度和物品的利用率,对物品进行初级和简单的再加工。而商品包装技法包括包装操作中置放、排列、加固、捆扎等一般技法,以及包装操作中所采用的各种技术,如缓冲、保鲜、防潮、防霉、防锈等特殊技法。推行包装标准化,包装设计要经济实用,广泛采用先进的包装技术。包装绿色化、机械化、智能化等是实现包装合理化的主要途径。

任务目标

仓储部张主管要求李明在流通加工与包装岗位的实习中,理解流通加工和包装的含义和作用,掌握实现流通加工合理化的途径,能对几种典型的产品实施流通加工作业管理,能够选择正确的包装材料,对商品科学包装,同时要培养自己爱岗敬业的精神。

工作过程

步骤 1　掌握几种典型的流通加工作业

1. 钢材的流通加工

各种钢材(钢板、型钢、线材等)的长度、规格有时不完全适用于客户,如热轧厚钢板等板材最大交货长度可达 7～12 米,有的是成卷交货。对于使用钢板的用户来说,如果采用单独剪板、下料的方式,设备闲置时间长,人员浪费大,采用集中剪板、下料的方式,则可以避免单独剪板、下料的一些弊病,提高材料的利用率。

剪板加工是在固定地点设置剪板机进行下料加工或设置各种切割设备将大规格钢板裁小,或切裁成毛坯,降低销售起点,便利用户。

钢板、剪板及下料进行流通加工后,钢材的晶体组织很少发生变化,可保证原来的交货状态,有利于进行高质量加工;加工精度高,可以减少废料、边角料,既提高了再加工效率,又有利于减少消耗;集中加工可保证批量及生产的连续性,可以专门研究此项技术并采用先进设备,从而大幅度提高效率和降低成本;用户能简化生产环节,提高生产水平。

和钢板流通加工类似的还有薄板的切断、型钢的熔断、厚钢板的切割、线材切断等集中下料、线材冷拉加工等。

2. 木材的流通加工

木材的流通加工可依据木材的种类、地点等,决定加工方式。在木材产区可对原木进行流通加工,使之成为易于装载、运输的形状。

(1)磨制木屑,压缩输送

木材是容重轻的物资,在运输时占有相当大的容积,往往使车船满装但不满载,同时,装车、捆扎也比较困难。从林区外送的原木中有相当一部分是造纸材,木屑可以制成便于运输的形状,以供进一步加工,这样可以提高原木利用率、出材率,也可以提高运输效率,具有相当可观的经济效益。例如,在林木生产地将原木磨成木屑,然后压缩使之成为容重较大、容易装运的形状,运至靠近消费地的造纸厂,取得了较好的效果。根据经验,采取这种办法比直接运送原木节约一半的运费。

(2)集中开木下料

过去用户直接使用原木,不但加工复杂,加工场地大,加工设备多,而且资源浪费严重,木材平均利用率不到50%,平均出材率不到40%。实行集中下料,按用户要求供应规格料,可以使原木利用率提高到95%,出材率提高到72%左右,有相当好的经济效益。

3. 煤炭的流通加工

煤炭的流通加工有多种形式,如除矸加工、煤浆加工、配煤加工等。

(1)除矸加工

除矸加工是以提高煤炭纯度为目的的加工形式。一般煤炭中混入的矸石有一定的发热量。混入一些矸石是允许的,也是较经济的,但是,有时则不允许煤炭中混入矸石。在运力十分紧张的地区要求充分利用运力、降低成本,多运"纯物质",少运矸石,在这种情况下,可以采用除矸的流通加工方法排除矸石。除矸加工可提高煤炭运输效益和经济效益,减少运输能力浪费。

(2)煤浆加工

用运输工具载运煤炭,运输中损失浪费比较大,又容易发生火灾。采用管道运输是近代兴起的一种先进技术。采用管道方式运输煤浆,能够减少煤炭消耗,提高煤炭利用率。目前,有些企业内部已经采用这一方法进行燃料输送。

在流通的起始环节将煤炭磨成细粉,使其本身有了一定的流动性,再用水调和成浆状,则具备了流动性,可以像其他液体一样进行管道输送。这种方式不和现有运输系统争夺运力,输送连续、稳定、快速,是一种经济的运输方法。

(3)配煤加工

在使用地区设置集中加工点,将各种煤及其他一些发热物质,按不同配方进行掺配加工,生产出各种不同发热量的燃料,称为配煤加工。配煤加工可以按需要发热量生产和供应燃料,防止热能浪费和"大材小用",也防止发热量过小,不能满足使用要求。工业用煤经过配煤加工还可以起到便于计量控制和稳定生产过程的作用,具有很好的经济和技术价值。

煤炭消耗量非常大,进行煤炭流通加工潜力也很大,可以大大节约运输能源,降低运输费用,具有很好的技术和经济价值。

4. 水泥的流通加工

(1)水泥熟料的流通加工

在需要长途运入水泥的地区,变运入成品水泥为运进熟料,即在该地区的流通加工厂(磨细工厂)磨细,并根据当地资源和需要的情况掺入混合材料及外加剂,制成不同品种及标号的水泥供给当地用户,这是水泥流通加工的一种重要形式。在需要经过长距离输送供应的情况下,以熟料形态代替传统的粉状水泥有很多优点:

①可以大大降低运费,节省运力。运输普通水泥和矿渣水泥平均约有30%的运力消耗在矿渣及其他各种加入物上。如果在使用地区对熟料进行粉碎,可以根据当地的资源条件选择混合材料的种类,这样就节约了消耗在混合材料上的运力,节省了运费。同时,水泥输送的吨位也大大减小,有利于缓和铁路运输的紧张状态。

②容易以较低的成本实现大批量、高效率的输送。从国家的整体利益来看,在铁路输送中运力利用率比较低的输送方式显然不是发展方向。如果采用输送熟料的流通加工形式,既可以充分利用站、场、仓库等地现有的装卸设备,又可以利用普通车皮装运,比散装水泥方式具有更好的技术和经济效果,更适合我国的国情。

③可以大大降低水泥的输送损失。水泥的水硬性是在充分磨细之后才表现出来的,而未磨细的熟料抗潮湿性很强。所以,输送熟料也基本可以防止由于受潮而造成的损失。此外,颗粒状的熟料也不像粉状水泥那样易于散失。

④能更好地衔接产需,方便用户。采用长途输送熟料的方式,水泥厂可以和有限的熟料粉碎工厂之间形成固定的直达渠道,使水泥的物流更加合理,从而实现经济效果较优的物流。水泥的用户也可以不出本地区而直接向当地的熟料粉碎工厂订货,因而更容易沟通产需关系,大大方便了用户。

(2)集中搅拌混凝土

改变以粉状水泥供给用户,由用户在建筑工地现场拌制混凝土的习惯方法,而将粉状水泥输送到使用地区的流通加工点,搅拌成混凝土后再供给用户,这是水泥流通加工的另一种重要方法。这种水泥流通加工方法可以将水泥的使用从小规模的分散形态转变为大规模的集中加工形态,因此可以利用现代化的科技手段,组织现代化大生产;可以集中搅拌,采取准确的计量手段,选择最佳的工艺,提高混凝土的质量和生产效率,节约水泥;可以集中搅拌设备,有利于提高搅拌设备的利用率,减少环境污染;可以在相同的生产条件下,大幅度降低设备、设施、电力、人力等费用;可以减少加工据点,形成固定的供应渠道,实现大批量运输,使水泥的物流更加合理;有利于新技术的采用,简化工地的材料管理,节约施工用地等。

5.食品的流通加工

食品流通加工的种类有很多。只要留意超市里的货柜就可以看出,那里摆放的各类蔬菜、水果、肉末、鸡翅、香肠、咸菜等都是流通加工的结果。这些商品的分类、清洗、贴商标和条形码、包装等在摆进货柜之前就已进行了。食品流通加工的具体项目主要有如下几种:

(1)冷冻加工

冷冻加工是为了保鲜而进行的流通加工,如为了解决鲜肉、鲜鱼在流通中保鲜及装卸搬运的问题,采取低温冻结方式进行加工。这种加工方式也适用于某些液体商品、药品等。

(2)分选加工

分选加工是为了提高物流效率而进行的对蔬菜和水果的加工,如去除多余的根、叶等。农副产品规格、质量离散情况较大,为了获得一定规格的产品,采取人工或机械分选的方式进行的加工称为分选加工。这种方式广泛用于果类、瓜类、谷物、棉毛原料等。

（3）精制加工

农、牧、副、渔等类产品的精制加工是在产地或销售地设置加工点，去除无用部分，甚至可以进行切分、洗净、分装等加工，从而进行分类销售。这种加工不但大大方便了购买者，而且可以对加工过程中的淘汰物进行综合利用。比如，鱼类的精制加工所剔除的内脏可以制成某些药物或用作饲料，鱼鳞可以制成高级黏合剂，头、尾可以制成鱼粉等；蔬菜的加工剩余物可以制成饲料、肥料等。

（4）分装加工

许多生鲜食品零售起点较小，而为了保证高效输送出厂，包装一般比较大，也有一些是采用集装运输方式运达销售地区。为了便于销售，可以在销售地区按所要求的零售起点进行新的包装，即大包装改小包装，散装改小包装，运输包装改销售包装，以满足消费者对不同包装规格的需求，从而达到促销的目的。

此外，半成品加工、快餐食品加工也是流通加工的组成部分。这种加工形式，节约了运输等物流成本，保护了商品质量，增加了商品的附加价值。如葡萄酒是液体，从产地批量地将原液运至消费地配制、装瓶、贴商标、包装后出售，既可以节约运费，又安全保险，以较低的成本，卖出较高的价格，附加值大幅度增加。

6. 机电产品的流通加工

多年以来，机电产品的储运困难较大，主要原因是不易进行包装，如进行防护包装，包装成本过大，并且运输装载困难，装载效率低，流通损失严重。但是这些货物有一个共同的特点，即装配比较简单，装配技术要求不高，主要功能已在生产中形成，装配后不需要进行复杂的检测及调试。所以，为了解决储运问题，降低储运费用，可以采用半成品大容量包装出厂，在消费地拆箱组装的方式。组装一般由流通部门在所设置的流通加工点进行，组装之后随即进行销售，这种流通加工的方式近年来已在我国广泛采用。

步骤 2 进行货物包装

货物包装就是对配送货物进行重新包装、打捆、印刷标识等作业，是货物流通加工作业的一种。这种包装可起到保护货物，降低货损，提高运输效率，指导装卸搬运作业，便于收货人识别等作用。

1. 接受包装任务

包装人员接受包装任务时，必须明确了解包装的具体要求，详细了解该批货物是否需要进行防腐、防湿、防虫害、防震或多功能包装。

（1）明确包装的材料要求

包装材料的要求包括对包装材料的类别、规格及型号等各个方面的规定。在物流配送作业过程中，常用到的包装材料见表5-9。

表5-9 常用包装材料一览表

材料名称	具体内容
纸质包装	包括牛皮纸、玻璃纸、植物羊皮纸、沥青纸、板纸和瓦楞纸板等
木材包装	包括各种箱、桶、托盘等
塑料包装	主要用于包装的塑料种类有聚乙烯、聚丙烯、聚苯乙烯、聚氯乙烯、钙塑材料等
金属材料包装	应用较多的包括镀锡薄板、涂料铁、铝合金等金属材料

(2)明确包装的技术要求

在物流配送作业中,常用到的包装技术要求见表5-10。

表5-10　　　　　　　　　　　包装技术要求一览表

名　　称	技术要求	作　　用
防震包装技术	全面防震、部分防震、悬浮式防震	减缓内装物受到的冲击和震动,保护货物免受震动的损坏
防破损包装技术	缓冲包装	有较强的防破损能力,是一种有效的防破损包装技术
	捆扎及裹紧	使杂货、散货形成一个牢固整体,增加其整体性,以便于处理
	集装	利用集装方式减少货体与外界的接触,防止破损
	选用高强度保护材料	利用高强度的外包装材料防止内装物受外力作用而破损
防锈包装技术	防锈油防锈蚀包装	用防锈油封装金属制品,要求油层有一定的厚度、连续性好、涂层完整
	气相防锈包装	在密封包装容器中,利用气相缓蚀剂(挥发性缓蚀剂)在很短的时间内挥发出的缓蚀气体,充满整个包装容器的每个角落和缝隙,同时吸附在金属制品的表面上,从而抑制大气对金属的锈蚀作用
防霉腐包装技术	冷冻包装	减慢细菌活动和化学变化的过程,以延长货物的储存期,但不能完全消除货物的变质过程
	高温杀菌法	在包装过程中用高温处理可消灭引起食品腐烂的微生物
	真空包装(减压包装或排气包装)	可阻挡外界的水汽进入包装容器内,也可防止在密闭的防潮包装内部存有的潮湿空气在气温下降时结露
	使用防霉剂	食品必须选用无毒防霉剂;机电产品的大型封闭箱,可酌情采用开设通风孔或通风窗等相应的防霉措施
防虫包装技术	使用有毒性的驱虫剂	利用药物在包装中挥发的气体杀灭和驱除各种害虫,常用驱虫剂有萘、对位二氯化苯、樟脑精等
	采用真空、充气、脱氧包装等技术	使害虫无生存环境,从而防止虫害
危险品包装技术	防毒技术:包装严密不漏、不透气	(1)有机农药类的货物应装入沥青麻袋,缝口严密不漏; (2)用作杀鼠剂的磷化锌有剧毒,应用塑料袋严封后再装入木箱中,箱内用两层牛皮纸、防潮纸或塑料薄膜衬垫,使其与外界隔绝
	使用铁质容器	对黄磷等易自燃货物的包装,宜将其装入壁厚不小于1毫米的铁桶中,桶内壁须涂耐酸保护层,桶内盛水,并使水面浸没货物,桶口严密封闭
	采用塑料桶包装	对于易燃、易爆货物,例如有强氧化性的、遇有微量不纯物或受热即急剧分解引起爆炸的货物,宜采用塑料桶包装,然后将塑料桶装入铁箱或木箱中,每件净重不超过50千克,并应有自动放气的安全阀,当桶内达到一定气体压力时,能自动放气

2.领取包装材料

包装人员在接受包装任务并明确包装的材料要求和技术要求后,需要到相关部门领取包装材料及用品,包括包装纸、包装袋以及包装机等。领取包装材料需要完成以下两项工作:

(1)填写领料单或材料请购单

领取包装材料时,应按事先制定的材料消耗定额如实填写领料单,按公司规定的权限报相关人员审批后,将领料单提交给包装材料仓库管理员。若所需的材料库存不足,则需及时填写材料请购单,按公司规定权限报相关人员审批后,提交给采购部门进行采购。

(2)到指定仓库领料

包装材料仓库管理员接到领料单后,快速核实该材料的库存是否满足需求,检查领料单的审批手续是否齐全后,按规定发料。包装人员在接到仓库管理员的领料通知后,按时到仓库领料,并把材料按类别完整运回包装作业区。

3. 开展包装作业

(1)实施包装

包装人员在领取包装材料和包装用具后,即可开展具体的包装作业。将货物装进包装容器,按照统一规定的标准完成拼装、分装、换装、包扎、打捆、加固等作业。

(2)填写包装清单

包装完毕后,包装人员应认真如实地填写包装清单,将其连同包装的货物一起放进相应的包装容器内。

(3)进行封装

将包装件、包装清单放入包装容器后,要使用专业工具或封装设备将包装容器封起来,确保货物在配送过程中的安全性。

4. 贴标记及标志

封装完毕后,需要在外包装容器上贴上有文字或图形说明的标签,以便相关作业人员快速辨认、识别货物,为货物在途跟踪、运输、交接、装卸搬运、核查清点等提供方便。

(1)张贴物流包装标记

物流包装标记是根据货物本身的特性,按有关规定用文字、图形、表格等标明的记号,主要包括货物名称、数量、质量、规格尺寸、出厂时间、进出口公司名称、货物类别等。根据内容的不同,物流包装标记可分为四类,见表5-11。

表5-11　　　　　　　　　　　物流包装标记

名　称	包含的项目及发挥的作用
一般描述性标记	(1)包括货物的名称、规格、型号、计量单位、数量、重量、出厂日期、地址等,对于时效性较强的货物还要写明成分、保质期等; (2)主要用来说明货物实体的基本情况
收发货地点和单位标记	(1)用来表明货物起运、到达地点和收发货单位等的文字记号,在铁路运输中经常被采用; (2)这种标记主要有3个作用:①加强保密性,有利于物流中货物的安全;②减少签订合同和运输过程中的翻译工作;③运输中的导向作用,可以减少错发、错运等事故的发生
牌号标记	(1)用来说明货物名称的标记,一般不提供有关货物的其他信息; (2)一般印制在包装的显著位置
等级标记	用来说明货物质量等级的记号,常用"一等品""优质产品"等字样

(2)张贴货物包装标志

货物包装标志是指用来表明货物性质、物流活动安全及理货、装卸、搬运、分运等作业需要的文字和图形记号。其作用在于方便作业人员辨识货物并进行正确操作,以保证人员及货物的安全。

货物包装标志主要包括运输标志、指示性标志、警告性标志(又称危险货物包装标志),

具体见表5-12。

表 5-12　　　　　　　　　　　包装标志分类

标志分类	简介	具体内容
运输标志	通常由一个简单几何图形和一些字母、数字及简单的文字组成	(1)目的港、目的地名称； (2)收货人或发货人的代号：多用简单的几何图形，如三角形、圆形等，图形内外印刷上字母，表示发货人和收货人名称的代号； (3)件号、批号：对每件包装编排的序号，由顺序号和总件号组成，通常写成 x/y 形式(x 代表本批货物的第 x 件，y 代表本批货物的总件数)
指示性标志	以图形和文字表示货物在储运过程中应注意的事项，由发货人负责绘制	包括"禁用手摸""必须平放""不要平放""必须竖放""切勿倒置""不要抛扔""小心摔坏""保持低温""小心易碎及向上""防湿""小心轻放""由此吊起""由此开启""重心点""防热""防冻"等
警告性标志	凡在运输包装内装有爆炸品、易燃物品、有毒物品、腐蚀物品、氧化剂和放射性物质等危险货物时，都必须在包装上标明各种危险品的相应标志	

5. 包装检验

包装检验即根据订货单、相关包装的作业标准及其他规定，对货物的内外包装及包装标记、标志进行检验，具体包括以下五个方面的工作：

(1)选择包装检验方式

对货物配送包装的检验，可以采用一般抽检或当场检验的方式，在具体检验之前，应根据货物的品种、性质及有关规定选择合适的检验方式，以保证检验结果的准确性。

(2)核对包装标志、标记、号码

核对外包装上的货物包装标记、标志、编号等是否与订货单、配送运输要求相符。

(3)检查包装的完好性

检查外包装是否完好无损，包装材料、包装方式、衬垫物是否符合配送要求及货物安全要求。对于外包装已有破损的货物，应配合相关部门做好验残工作，查明货损责任方并确定货损程度。对于已有残损的货物，要查明其是否是由于包装不良所导致。

(4)检查包装的安全性

在确定货物外包装完好无损的情况下，要检查货物内外包装是否牢固、完整、干燥、清洁，是否适合长途运输和保护货物质量的要求。

(5)出具包装检验报告

根据包装标志(标记、号码等)、完好性、安全性的检查结果，出具配送包装检验报告。发货作业只有在货物外包装符合运输、装卸搬运和送货要求的条件下方可开展。

任务总结

李明通过实习，掌握了物流环节的装卸搬运、流通加工、包装的含义、特点和作用等；学会了对装卸搬运系统进行设计，并利用系统组织装卸搬运作业；能根据物流和客户的需要，科学实施流通加工和包装作业管理；同时也锻炼了自己不怕吃苦的精神。

案例分析

阿迪达斯设立流通加工的超级市场，顾客络绎不绝

阿迪达斯公司在美国有一家超级市场，设立了组合式鞋店，摆放着的不是做好了的鞋，而是做鞋用的半成品。款式、花色多样，有6种鞋跟、8种鞋底，均为塑料制造的，鞋面的颜色以黑、白为主，搭带的颜色有80种，款式有百余种，顾客进来可任意挑选自己所喜欢的各个部位，交给职员当场进行组合。只要10分钟，一双崭新的鞋便可成型。这家鞋店昼夜营业，职员技术熟练，鞋子的售价与成批制造的价格差不多，有的还稍便宜些。所以顾客络绎不绝，销售金额比邻近的鞋店多10倍。

索尼公司和东洋制罐公司产品包装做法

索尼公司遵循"四原则"来推进公司的产品包装。他们不但遵循"减量化、再使用、再循环"的循环经济的"3R"原则，而且在替代使用上想办法，对产品包装进行改进。美国联合包裹运送服务公司对该公司大型号电视机的泡沫塑料材料（EPS）缓冲包装材料进行改进，采用八块小的EPS材料分割式包装来缓冲防震，减少了40%EPS的使用；有的产品前面使用EPS材料，后面使用瓦楞纸板材料，并在外包装采用特殊形状的瓦楞纸板箱，以节约资源；另外对小型号的电视机采用纸浆模塑材料替代原来的EPS材料。

由东洋制罐公司开发的塑胶金属复合罐TULC以PET及铁皮合成二片罐，主要使用对象是饮料罐。这种复合罐既节约材料又易于再循环，在制作过程中能够实现低能耗、低消耗，属于环境友好型产品。东洋制罐公司还研发生产一种超轻的玻璃瓶。用这种材料生产的187毫升的牛奶瓶的厚度只有1.63毫米，89克重，比普通瓶轻40%，还能反复使用40次以上。该公司还生产不含木纤维的纸杯和可生物降解的纸塑杯子。东洋制罐公司为了使塑料包装桶、瓶在使用后方便处理，减小体积，就在塑料桶（瓶）上设计几根环形折痕，废弃时可方便折叠缩小体积，这类塑料桶（瓶）种类包括从500毫升到10升容积等许多品种。

【案例分析与讨论】
1. 阿迪达斯的流通加工对你有什么启发？
2. 评价索尼公司和东洋制罐公司产品包装的做法。

课外拓展

一、单选题

1. 在装运食品和其他有机碳水化合物时，应主要考虑（　　）包装技术。
   A. 防震　　　　　　B. 防破损　　　　　C. 防霉腐　　　　　D. 防虫
2. 裸装货、散装货、包装货，是按（　　）分类的。
   A. 包装作用　　　　　　　　　　　　　B. 包装技术
   C. 包装状态　　　　　　　　　　　　　D. 物品运输形态
3. 下面哪类包装不属于特种包装（　　）。
   A. 危险品包装　　　B. 充气包装　　　　C. 真空包装　　　　D. 脱氧包装

4.货物杂乱堆放,其活性指数为( )。
A.0　　　　　　　B.1　　　　　　　C.2　　　　　　　D.3
5.流通加工是由( )完成的。
A.生产企业　　　　B.流通企业　　　　C.运输企业　　　　D.销售企业

二、多选题
1.包装合理化的设计要求包括( )。
A.降低包装成本
B.掌握流通实况,发挥最经济的保护功能
C.实行包装标准化
D.协调与生产的关系
E.注意装卸及开启的方便性
2.按包装的层次分,包装可分为( )。
A.内包装　　　　　B.外包装　　　　　C.运输包装　　　　D.销售包装
3.影响物料搬运的基本因素包括( )。
A.物料　　　　　　B.数量　　　　　　C.路线　　　　　　D.服务
E.时间
4.流通加工是( )。
A.生产加工的补充与完善
B.残次品的返工
C.回收旧货的改造
D.满足客户个性化需求的商品再加工
E.流通过程中的加工活动
5.集合包装包括( )。
A.集装箱包装　　　B.托盘包装　　　　C.集装袋　　　　　D.集束捆扎

三、判断题
1.叉上叉下主要是上下移动。( )
2.悬浮式防震包装仅在产品或内包装拐角处局部用防震材料衬垫。( )
3.搬运活性指数越大,表明物体越容易搬运。( )
4.流通加工的对象不是最终产品。( )
5.流通加工是简单加工。( )

四、操作题
实地考察一个物流中心,观察该物流中心的装卸搬运、流通加工和包装的作业组织,并提出合理化的建议。

项目六
电子商务物流配送管理

项目引入

随着电子商务的兴起,物流配送迎来了发展契机,物流配送系统在原有的基础上产生了一些新的特点,从物流业的地位到物流组织模式,再到物流各作业、功能环节,都将在电子商务的影响下发生巨大的变化。李明决定到江苏远航物流公司配送岗位进行锻炼。

项目分析

配送部门经理介绍说,在电子商务条件下,物流配送可以分为三个具体的流程,即订单处理流程、进货处理流程和退货处理流程。首先,配送中心接到客户的订单后,要对订单进行处理,按照作业计划进行作业。然后,配送中心在完成拣选工作后,要对发出的货物进行检查,将货物交给运输部门或委托运输商送货。最后,退货处理是售后服务中的一项任务,应该尽可能地避免,因为退货或换货会大幅度地增加成本,减少利润。

任务分解

李明听后,通过深入配送部门各岗位了解实习,决定重点学会电子商务下物流配送的原理和流程,理解电子商务下物流配送的不同种类,掌握物流配送的作业流程及意义,掌握电子商务下配送方案的设计,学会配送作业管理等技能。

相关知识

一、电子商务物流配送的含义

1. 配送

国家标准《物流术语》将配送定义为:在经济合理区域范围内,根据用户要求,对物品进行拣选、加工、包装、分割、组配等作业,并按时送达指定地点的物流活动。

配送的概念与运输以及旧式送货都不同,简单地讲,配送是按用户的订货要求,以现代化送货形式,在配送中心或其他物流据点进行货物配备,以合理的方式送交用户,实现资源最终配置的一种经济活动。配送作为一种现代流通组织形式,是集商流、物流、信息流于一身,具有独特运作模式的物流活动。配送包含物流作业的所有活动,从某种意义上说,配送是物流的一个缩影,或是在特定范围内全部物流功能的体现。因此也有人将配送称为"小物流"。

2. 电子商务物流配送

电子商务物流配送是信息化、现代化、社会化的物流配送。它是指物流配送企业采用网络化的计算机技术和现代化的硬件设备、软件系统及先进的管理手段,针对社会需求,严格、守信地按用户的订货要求,进行一系列分类、组配、整理、分工、配货等理货工作,定时、定点、定量地交给没有范围限度的各类用户,满足其对商品的需求。换句话说,电子商务这种新经济形态,是由网络经济和现代物流共同创造出来的,是两者一体化的产物。

3. 配送中心

配送活动的进行往往是从配送中心开始的,作为一个重要的物流节点,配送中心在物流系统中具有重要的地位,特别是对于一些连锁经营企业和制造企业。所谓配送中心,指的是接受并处理末端用户的订货信息,对上游运来的多种货物进行分拣,根据用户订货要求进行拣选、加工、组配等作业并进行送货的设施和机构(图6-1)。作为从事配送业务的物流场所和组织,配送中心应基本符号下列要求:

a. 主要为特定的用户服务。
b. 配送功能健全。
c. 有完善的信息网络。
d. 辐射范围小。
e. 多品种、小批量。
f. 以配送为主,储存为辅。

配送中心在以下几个方面能发挥较好的作用:

a. 减少交易次数和流通环节。
b. 产生规模效益。
c. 减少客户库存,提高库存保证程度。
d. 与多家厂商建立业务合作关系,能有效而迅速地反馈信息,控制商品质量。
e. 是现代电子商务活动中开展配送活动的物质技术基础。

图6-1 配送中心

(1)配送中心的分类

配送中心的类型很多,可以按照不同的标准进行分类。

①按照配送中心的内部特性分类

- 储存型配送中心。一般来讲,在买方市场下,企业成品销售需要有较大的库存支持,其配送中心可能有较强的储存功能;在卖方市场下,企业原材料和零部件供应需要有较大的库存支持,这种供应配送中心也有较强的储存功能。大范围配送的配送中心需要有较大库存,也可能是储存型配送中心。

- 流通型配送中心。基本上没有长期储存功能,仅以暂存或随进随出方式进行配货、送货的配送中心为流通型配送中心。这种配送中心的典型方式:大量货物整批进入并按一定批量零出,采用大型分货机,进货时直接进入分货机传送带,分送到各用户货位或直接分送到配送汽车上,货物在配送中心里仅做短暂停留。

• 加工配送中心。加工配送中心是指配送中心具有加工职能,根据用户或者市场竞争的需要,把配送物加工之后进行配送的配送中心。在这种配送中心内,有分装、包装、初级加工、集中下料、组装产品等加工活动。

小资料

苏宁西北电子商务运营中心

2017年4月6日,苏宁易购在西安泾河新城成功举行了"苏宁西北电子商务运营中心全面启用暨414大促新闻发布会"。苏宁西北电子商务运营中心在仓储规模、日出货量、自动化和信息化等整体科技能力和智能化水平等方面在西北地区均处于首位,同时也是陕西省内首家由电商企业自建的综合型物流中心。

苏宁西北电子商务运营中心总投资近10亿元,整体占地350亩,总建筑面积20万平方米,其中仓储面积19万平方米,办公生活配套1万平方米。该中心目前为西北地区体量较大、自动化程度较高的电商企业独立建设的集办公、采购结算、电子商务、数据中心、物流配送、培训等服务为一体的多功能区域总部基地,支持苏宁西北地区200亿元配送服务及各项销售支持工作。

苏宁西北电子商务运营中心整体占地相当于20个标准足球场大小,由6个大型仓储区域构成,分为小件商品、大件商品、异型品、贵重品、温控商品及服务区等六个区域,可存储500万件商品,日处理包裹3万件。借助于苏宁易购自主研发的LES(物流执行系统),结合作业机械化、运维智慧化、管理科技化等先进内容应用,苏宁西北电子商务运营中心从订单生成到商品出库,最短的时间只需要30分钟。

②按照配送中心承担的流通职能分类

• 供应型配送中心。供应型配送中心执行供应的职能,是指专门为某个或某些用户组织供应的配送中心。其主要特点是,配送的用户有限并且稳定,用户的配送要求范围也比较确定,属于企业型用户。因此,配送中心集中库存的品种比较固定,配送中心的进货渠道也比较稳定,同时,可以采用效率比较高的分货工艺。

• 销售型配送中心。销售型配送中心执行销售的职能,是指以销售经营为目的,以配送为手段的配送中心。销售型配送中心主要有三种类型:一种是生产企业为自身产品的直接销售而建立的配送中心;另一种是流通企业作为本身经营的一种方式,建立配送中心以扩大销售;第三种是流通企业和生产企业联合的协作型配送中心。销售型配送中心的用户一般是不确定的,而且用户的数量很大,每一个用户购买的数量又较小,属于消费者型用户。这种配送中心很难像供应型配送中心一样,实行计划配送,计划性较差。销售型配送中心的库存结构也比较复杂,一般采用拣选式配送工艺。销售型配送中心往往采用共同配送方法才能够取得比较好的经营效果。

③按照配送中心的运营主体分类

按照运营主体分类,配送中心可以划分为以生产厂商为主的配送中心、以批发商为主的配送中心、以零售商为主的配送中心、以商业企业集团为主的配送中心、以物流企业为主的配送中心。

④按照配送范围分类

• 城市配送中心。城市配送中心是指以城市范围为配送范围的配送中心。城市范围一般处于汽车运输的经济里程，因此这种配送中心可直接配送到最终用户，且采用汽车进行配送。这种配送中心往往和零售经营相结合，由于运输距离短，反应能力强，因而从事多品种、小批量、多用户的配送较有优势。

• 区域配送中心。区域配送中心是指以较强的辐射能力和库存准备，向省际、全国乃至国际范围内的用户配送的配送中心。这种配送中心配送规模较大，一般而言，用户规模也较大，配送批量也较大，有时往往需要多级配送才能将货物送达用户手中。

此外，还可以按照配送中心配送货物的种类、配送的专业程度等标准进行分类。

(2) 配送中心的功能

总而言之，配送中心是一个末端物流节点，通过有效组织配货和送货，使资源的最终端配置得以完成。因此，配送中心具备以下功能：

①采购功能

配送中心必须首先采购所要供应配送的商品，才能及时准确地为其用户供应物资。配送中心应根据市场的供求变化情况，制订并及时调整统一的、周全的采购计划，并由专门的人员与部门组织实施。

②存储保管功能

储存一方面是为了解决季节性货物生产计划与销售季节性的时间差问题，另一方面是为了解决生产与消费之间的平衡问题。为保证正常配送的需要，满足用户的随机需求，在配送中心不仅应保持一定量的商品储备，而且要对储存商品进行保管、保养，以保证储备商品的数量，并确保质量完好。

配送中心的服务对象是为数众多的生产企业、商业网点及终端客户，配送中心需要按照用户的要求及时将各种配装好的货物送交到用户手中，满足生产和消费的需要。为了顺利有序地完成向用户配送商品的任务，而且能够更好地发挥保障生产和满足消费需要的作用，配送中心通常要兴建现代化的仓库并配备一定数量的仓储设备，存储一定数量的商品。某些区域性的大型配送中心和开展"代理交货"配送业务的配送中心，不但要在配送货物的过程中存储货物，而且它所存储的货物数量更大，品种更多。配送中心所拥有的存储货物的能力使存储功能成为配送中心的重要功能之一。

③组配功能

每个用户企业对商品的品种、规格、型号、数量、质量、送达时间和地点等的要求不同，配送中心必须按用户的要求对商品进行分拣和组配。配送中心的这一功能是其与传统仓储企业的明显区别之一，也是配送中心最重要的特征之一。

④分拣功能

作为物流节点的配送中心，其为数众多的客户，彼此差别很大。它们不仅各自的性质不同，而且经营规模也相差很大。因此，在订货或进货时，不同的用户对货物的种类、规格、数量会提出不同的要求。针对这种情况，为了有效地进行配送，即为了同时向不同的用户配送多种货物，配送中心必须采取适当的方式对货物进行拣选，并且在此基础上，按照配送计划分装和配装货物。这样,在商品流通实践中,配送中心就又增加了分拣货物的功能,发挥分拣中心的作用。

⑤分装功能

配送中心往往希望采用大批量的进货来降低进货价格和进货费用,但是用户企业为了降低库存,加快资金周转,减少资金占用,则往往采用小批量进货的方法。为了满足用户的要求,即用户的小批量、多批次进货,配送中心就必须进行分装。

⑥货物集散功能

凭借其特殊的地位以及拥有的各种先进的设施和设备,配送中心能够将分散在各个生产企业的产品集中到一起,然后经过分拣、配装向多家用户发运,也可以将其他公司的货物运入该配送中心来处理、发运,以提高运输工具的满载率,降低成本。

⑦流通加工功能

在配送过程中,为解决生产中大批量、少规格和消费中的小批量、多样化要求的矛盾,按照用户对货物的不同要求对商品进行分装、配装等加工活动,也是配送中心的功能之一。

⑧送货功能

这是指将配好的货物按到达地点或到达路线进行送货。运输车辆可以租用社会运输力量或使用自己的专业运输车队。

⑨物流信息处理功能

配送中心对物流信息进行及时搜集、汇总、分析及传递,从而为管理者提供更加准确、及时的配送信息,这也是用户与配送中心联系的渠道。

小资料

智慧物流给电商经济带来了什么?

随着新零售行业的不断发展,物流配送能力决定了消费者体验的好坏。仅仅一个小时的时间差或许就能决定消费者下一次还要不要继续在这个平台下单。如何加快配送速度,是新零售企业,更是物流企业面临的挑战。下面我们走进知名电商企业苏宁,一起来看看智慧物流给电商经济带来了什么。

在苏宁位于南京的超级云仓里,24米高的货架上满满当当,旁边的机器不停地往来穿梭,把货物一一分类放置在货架上。

苏宁超级云仓是国内首个规模化使用SCS(顺序控制系统)货到人拣选的物流仓库,效率是传统人工拣选的10倍以上,日处理量高达181万件。这些先进的物流设备能完成从入库、补货、拣选、分拨到出库全流程的智能化作业。"基本上实现了从包装完成到分拣的自动化,不需要人工去识别,也在最大限度上降低了对人的依赖。"苏宁物流研究院副院长说,这个系统越是忙的时候越能体现优势。

5月的南京,天气已经开始闷热,而在苏宁的冷链仓则是另外一番景象。冷藏库的温度稳定维持在0~4度,冷冻库是零下18度。巨大的仓库里只有冷气机的轰鸣。对于冷链来说,温度就是品质。但是对于生鲜商品来说,这样的仓库也只是中转站。冷藏的商品,基本上是由供应商直送,然后在当天就发出去。因为要保证水果、蔬菜的新鲜度,所以库内只做暂存和中转。

苏宁物流运营公司冷链物流管理中心副总经理介绍，生鲜商品基本上都是同城仓库配送，半日送达消费者手中，最快的半小时就能送达。"接收客户的订单是24小时的，只要接到订单，就可以进行生产、加工的作业。"

从接收订单到生产加工，再到出货配送，最后交到消费者手中，这是苏宁全产业链智慧物流的优势。随着网络购物的规模不断增大，快递量也在持续增长。苏宁物流研究院副院长表示，目前的物流系统也将会继续升级，未来会更智能。"未来，我们要把动作识别做进去。比如现在我们看到的监控，接下来我们会把摄像头的相关技术用起来，这样就可以分析动作行为。"

未来将有更多的大数据平台、智能机器人、无人仓等进入物流产业链中。面对日益扩大的快递市场，能够抢占智慧物流先机的企业更能引领行业。更重要的是，智慧物流改变的不仅仅是物流行业，也将改变电商行业的发展格局，有高效物流支撑的电商平台才能走得更好、更远。所以除了苏宁，阿里、京东也早早开始布局，阿里通过入股龙头物流企业，让"全国24小时、全球72小时必达"的智慧物流网络布局不断迈进；而京东则不断在供应链一体化、无人技术等领域发力。

二、电子商务物流配送的分类

1. 按配送组织者的不同分类

（1）配送中心配送。配送的组织者是专职配送中心，一般规模比较大，拥有配套的设施、设备等，其专业性较强，与用户之间存在固定的配送关系。配送中心一般情况下都实行计划配送，配送的设施与工艺均是按照用户的要求设计的。故其具有配送能力强、配送品种多、配送数量大等特点，是配送活动的最主要形式。但由于这类配送的服务对象固定，因此机动性和灵活性较差，又由于规模大，一次性投资高，使中小型配送经营者难以承受，从而制约了这类配送活动的进一步发展。

（2）仓库配送。仓库配送一般是以仓库为据点进行的配送。可以是把仓库完全改造成配送中心，也可以是在保持仓库原功能的前提下，以仓库原功能为主，再增加一部分配送职能。

（3）生产企业配送。一些需保鲜或保质期较短的产品的配送，为减少流通环节，压缩流通在途时间，生产企业常以自身的车间或仓库为据点，直接面向客户进行配送。这类配送即生产企业配送。这种类型的配送业务大多数由企业自己完成，根据企业的情况也可由第三方物流企业完成。

（4）商店配送。这种配送形式的组织者是商业或物资系统的门市网点。这些网点主要进行商品的零售，一般来讲规模不大，但经营品种比较齐全。除日常经营的零售业务外，还可根据用户的要求，将商店经营的品种配齐，或代用户订购一部分本商店平时不经营的商品，与商店经营的品种一起配齐运送给用户。这种配送组织者实力有限，往往只是零星商品的小量配送，所配送的商品种类繁多，用户需求量不大，甚至有些商品只是偶尔需要。但是由于配送半径较小，因此比较灵活机动，可承担生产企业非主要生产物资的配送以及对消费者个人的配送。可以说，这种配送是配送中心配送的辅助及补充形式。

2. 按配送商品种类及数量的不同分类

（1）单（少）品种大批量配送。这类配送的特点是，客户所需商品品种较少甚至单一，但所需商品的批量较大。因此,这类配送活动可以实现整车运输,有利于车辆满载或采用大吨位车辆进行运送。

(2)多品种少批量配送。这类配送的特点是,用户所需商品的数量不大,但品种较多。因此,在进行配送时,组织者应先根据用户要求,将所需的各种物品配备齐全后,再凑成整车装运送达客户。

(3)配套成套配送。这种配送方式是根据企业的生产需要,尤其是装配型企业的生产需要,把生产每一台产品所需要的全部零部件配齐,按照生产节奏定时送达生产企业,生产企业随即可将此成套零部件送入生产线以装配产品。

3. 按配送时间及数量的不同分类

(1)定时配送。按规定时间间隔进行配送,如数天或数小时配送一次等。每次配送的品种和数量可按计划执行,用户也可按事前商定的联络方式通知配送企业需要配送的品种及数量,具体还可细分为日配和"准时—看板"等配送形式。

(2)定量配送。定量配送是指按照规定的批量,在一个指定的时间范围内进行配送。这种配送方式数量固定,备货工作较为简单,实践中还可以与客户进行协商,以托盘、集装箱及车辆为单位进行计量。

(3)定时、定量配送。定时、定量配送是指按照规定的配送时间和配送数量进行配送。这种方式兼有定时、定量两种方式的优点,对配送者的管理水平要求较高。

(4)定时、定路线配送。定时、定路线配送是指在规定的运行路线上,按照事先制定的到达时间表进行运作的配送。采用这种配送方式,用户可以按规定时间到预定的地点去接货。该方法为众多的中小型客户提供了极大的方便。

(5)即时配送。即时配送是指完全按照用户提出的时间、数量方面的要求进行的配送。这是一种对灵活性要求非常高的应急配送方式。采用这种方式,客户可以将安全储备降为零,以即时配送代替安全储备,实现零库存经营或生产。

4. 按配送模式的不同分类

(1)集货型配送模式。配送的目的主要是货物的集中。

(2)散货型配送模式。配送的目的主要是货物的分散。

(3)混合型配送模式。兼具以上两种目的的配送形式。

5. 其他配送方式

(1)共同配送。几个配送中心联合起来,共同制订计划,共同对某一地区用户进行配送,具体执行时共同使用配送车辆,这种方式称为共同配送。在用户不多的地区,各企业单独配送由于车辆不能满载等原因会造成不满意的经济效果,如果将配送企业的用户集中到一起,就可实现更为有效的配送。

(2)加工配送。在配送中心按用户的配送要求进行必要的加工,这种将流通加工和配送一体化,使加工更有针对性,配送服务更趋完善的形式,称为加工配送。

总之,无论采用何种配送方式,都必须满足下列条件:既要有稳定的资源保障与足够的资金,又要有齐备的设施与设备以及高效的信息系统。除此之外,还应有一支高素质的职工队伍。

小资料

一年节省340万元,员工收入涨30%,四家快递联合

"这辆车装了将近1 000件快件,都是西红柿、大蒜等农产品。"2019年5月30日,在山东省百通达仓储物流有限公司(以下简称百通达)操作场地,几名身着中通、圆通和百世等服装的员工紧张有序地扫描快件并码放整齐。中通快递员介绍称,他们既是各品牌快递公司的员工,也是百通达的一员,是共同配送让他们成为快递"一家人"。

早在2018年7月,为进一步加快邮政业新旧动能转换、推动行业高质量发展,解决快递行业场地变动频繁、人员招募困难、配送效率低下、末端盈利困难等难题,潍坊市邮政管理局积极推动安丘韵达、中通、圆通、百世4家企业组建百通达,开展快递末端共同配送试点工作。

三、电子商务物流配送的意义

配送与运输、储存、装卸、流通加工、包装和物流信息一起构成了物流系统的功能体系。设计合理的配送体系具有以下重要意义:

1. 节省流通费用

通过配送体系的建立,可以有效地减少交易次数和流通环节。图6-2和图6-3可以帮助我们理解这个原理。

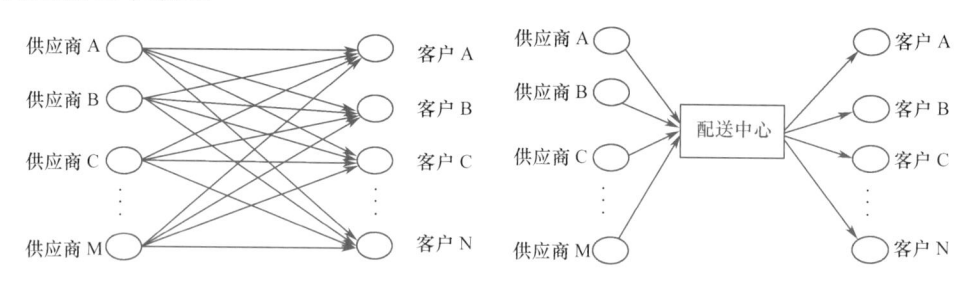

图6-2 没有配送系统时的情况　　　　　图6-3 建立配送系统后的情况

从图6-2和图6-3中可以看到,没有建立配送系统前,M个供应商和N个客户之间需要交易的次数为M×N次,建立配送系统后交易次数减少为M+N次。所以,交易准备、发货、收货等作业成本极大地降低了。对于商业连锁企业而言,其经济效益更加明显。

2. 取得规模经济效益

采用配送方式,一方面通过统一订货,可以增大订货经济批量,降低进货成本;另一方面则通过将顾客所需的各种商品配备好,集中向客户发货,以及将多个客户所需的小批量商品集中在一起进行一次发货等方式,降低了运输费用。此外,配送环节的建立,为大型企业集团统一采购、集中库存创造了良好的条件,使大型企业集团的规模经济优势得以充分实现。如连锁超市的统一配送制度就形成了超市价廉物美的卖点。

3. 降低库存,提高库存保证程度

高水平的定时、定量配送服务可使生产或商贸零售企业实现零库存,减少企业储备资金的占用,使其存货及其管理的总费用下降,从而改善企业的财务状况。企业物流管理经济效

益的提高进一步增强了企业的竞争力。生产企业自己保持库存和维持生产,由于受到库存费用的制约,供应保证程度很难提高,采取配送方式,配送中心比任何单独企业的储备量都大,因而对每一个企业而言,由于缺货而影响生产的风险便相对减小了。当然,这种效果必须依靠配送中心与企业之间的紧密配合才能实现。

现代配送不仅为物流企业创造了经济价值,更重要的是,有效地配置和利用了社会资源,同时也是挖掘"第三利润源"的重要条件。对于电子商务企业而言,配送具有更加重要的意义,因为客户的分散性、商品需求的多样性和小批量的特点,使得必须依靠配送才能实现电子商务的目标。

小资料

7-11便利店的配送系统

每一个成功的零售企业背后都有一个完善的配送系统支撑,7-11这家发源于美国的商店是全球最大的便利连锁店之一,在全球20多个国家和地区拥有2.1万家左右的连锁店。

一家成功的便利店背后一定有一个高效的物流配送系统,7-11从一开始采用的就是在特定区域高密度集中开店的策略,在物流管理上也采用集中的物流配送方案,这一方案每年大概能为7-11节约相当于商品原价10%的费用。

随着7-11便利店规模的不断扩大,原来分散化的由各个批发商分别送货的方式无法再满足7-11便利店的需要,7-11开始和批发商及合作生产商构建统一的集约化的配送和进货系统,在这种系统下,7-11改变了以往由多家批发商分别向各个便利店送货的方式,由一家在一定区域内的特定批发商统一管理该区域内的同类供应商,然后向7-11统一配货,这种方式称为集约化配送。集约化配送有效地降低了批发商的数量,减少了配送环节,为7-11节约了物流费用。

随着店铺的扩大和商品的增多,7-11的物流配送越来越复杂,配送时间和配送种类的细分势在必行。以中国台湾地区的7-11为例,全省的物流配送细分为出版物、常温食品、低温食品和鲜食品四个类别,各个区域的配送中心要根据不同的商品的特征和需求量每天做出不同频率的配送,以确保食品的新鲜度,以此来吸引更多的顾客。新鲜、即时、便利和不缺货是7-11店铺最大的卖点。

四、配送作业流程

配送作业流程可以简单地描述为,根据客户的要求,在配送中心或其他物流据点内进行商品配备,并以最合理的方式送交客户。

1. 进货

配送的第一个作业环节就是进货。根据作业先后次序的不同,进货作业又可以进一步划分为订货、接货和验收入库等三项基本活动。

(1)订货。订货一般包括以下几个方面的内容:向供应商发出订单,以确定商品的品种、数量;与供应商沟通确定商品的发货日期;尽可能准确地预测送货车辆的到达时间,协调出入车辆的交通问题;为方便装卸搬运作业,为出入车辆准备停车位置;预先计划货物的临时存放位置等。配送中心或其他配送节点收到并汇总客户的订单后,应该首先确定配送商品的种类和数量,然后查询现有库存能否满足配送需要。如果存货数量低于某一特定的水平,则必须及时向供应商发出订单。有的配送中心还有可能根据预测的需求情况提前订货。对于不负责订货的配送中心,其配送工作就是从接货开始。

(2)接货。当供应商根据订单组织供货后,配送中心就必须及时组织人力、物力接收货物,有时还需要到港口码头去接货。接货的主要工作内容包括:卸货、搬运、拆装、货物编码与分类等。

(3)验收入库。所谓货物的验收,就是对货物的质量和数量进行检查。验收的内容主要包括质量和数量两个方面。其中对质量的检查就是对商品的物理或化学性质进行检查;在进行数量检查时,首先要核对货物的编号,然后按订购合同的规定对货物的包装、长短、大小和重量进行检查。验收合格的商品即可办理登账、信息录入及货物入库等相关手续,组织货物入库。

2. 储存

配送系统中的存货可分为两大类:一类是需要在配送系统中储存一定时间的货物;另一类则是通过型货物。通过型货物只需经过短暂的分拣或配货作业之后即可直接进入配装与出货阶段,不需要储存。

3. 补货

补货是指当拣货区的存货水平低于设定的标准时,将储存于保管区的货物搬运到拣货区的行为。补货作业的目标是确保商品能够保质、保量、按时送达指定的拣货区域。补货作业过程中要进行的主要决策内容包括:补货的基本方式、补货的时机等。补货的基本方式包括整箱补货、托盘补货以及货架上层至下层的补货。

4. 分拣

按照国家标准《物流术语》的定义,分拣就是将物品按品种、出入库先后顺序进行分门别类堆放的作业。它是传统送货业务向现代配送业务发展的必然要求,是配送区别于其他物流形式的最核心内容,也是配送经营成败的关键所在。分拣作业经常采用按单分拣或批量分拣等方式进行。

(1)按单分拣。按单分拣是指分拣人员或分拣工具巡回于商品的储存场所,并按客户订单的要求,从所经过的货位或货架上挑选所需商品的分拣方法。一般每巡回一遍就完成一个客户的配货作业任务。按单分拣如图6-4所示,类似于人们进入果园(其中圆柱体代表果树上的果实),从一棵棵果树上摘取果子的过程,所以又形象地称之为"摘取式拣选"。

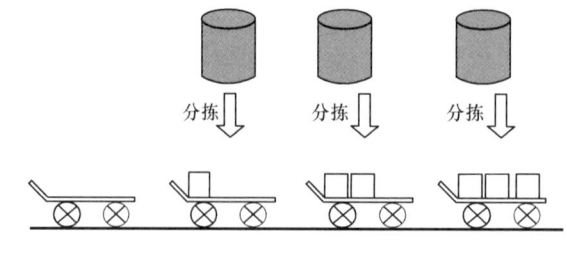

图6-4 按单分拣

(2)批量分拣。批量分拣是指将数量较多的同种货物集中到分拣场所,然后根据不同客户的订单要求,将所需数量的货物分别放入各自货箱或货位的分拣方法。如果订单所需货物的种类是两种或两种以上,则可以再按以上方法重复进行多次作业,直至客户所需的货物全部配齐。批量分拣如图6-5所示,其中每个圆柱体代表已经按多个客户需求搬运到分拣场所的数量较多的同种货物,然后再按各个客户的需求数量派发,类似于农民的播种过程,所以又形象地称之为"播种式拣选"。

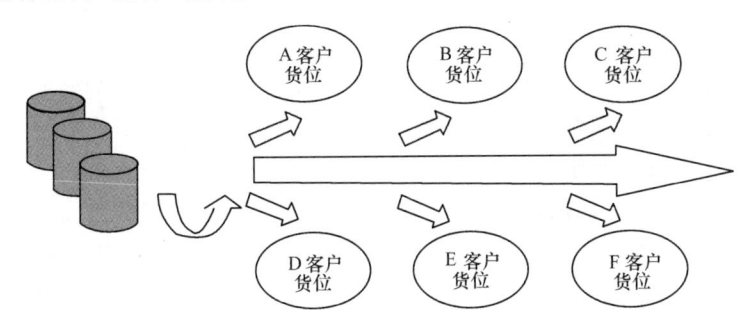

图 6-5　批量分拣

小资料

苏宁新一代无人仓 拣选效率可达 600 件/小时

苏宁物流伴随着智慧零售的发展一步步积淀和扩张,已经成长为中国物流行业发展变革的引领者。苏宁的新一代无人仓,拣选效率可以到达600件/小时,商品最快20分钟出库,单件商品拣选成本降低52%,相比传统人工拣选效率提升5倍。

5. 配装

配装是指为了充分利用运输工具的载重量和容积,而采用合理的方法进行装载的行为。配装作业的一般原则有以下三个:

(1) 重货在下,轻货在上。

(2) 后送达的货物先装,先送达的货物后装。

(3) 根据货物的性质进行配载。例如,性质上不相容的货物不能同装一车,需要不同送货条件的货物也不能同装一车等。

6. 送货

送货作业是指利用配送车辆把客户订购的商品从配送据点送到客户手中的过程,它通常都是一种短距离、小批量、高频率的运输形式。送货作业的基本业务具体包括:划分基本送货区域、车辆配载、暂定送货先后顺序、车辆安排、选择送货路线、确定每辆车的送货顺序以及完成车辆配载。

7. 配送加工

配送加工是指在配送作业环节所进行的流通加工。它通过对产品实施包装、分割、计量、印刷标志、贴标签、组装等简单作业,可以极大地方便流通作业过程,满足客户的多样化需求,提高原材料的利用率。配送加工并不是所有的配送业务都必需的活动,但它在配送系统中所起的作用仍然是其他作业所无法替代的。

五、基于电子商务的物流配送发展现状分析

在电子工具和网络通信技术的支持下,信息流、商流、资金流通过点击鼠标瞬间就可完成,而对于物流,只有少数商品和服务可以直接通过网络传输的方式进行配送,如电子出版物、软件等,大多数商品和服务的物流过程必须通过物理活动才能完成。而没有一个高效率的企业或社会物流配送系统对商品的转移提供低成本、适时、适量的服务,成了物流配送的最大问题。配送成本过高、速度过慢是参与电子商务的买方最为不满的问题。

解决电子商务的瓶颈问题,提高电子商务的物流配送服务质量,最终促使电子商务对整个人类社会的进步和发展产生巨大推动作用,必然有一段持久而漫长的发展过程。在电子商务环境下,我国企业可以根据自己的实际情况选择适合自身发展的物流模式,在积极推进第三方物流的同时,灵活运用自营物流、物流联盟模式或者多种模式共同发展,使企业获得最佳的经济效益。

小资料

无人配送

"无人"是近些年来很热门的一个词,从开始有无人机在空中自由飞行,到试验中的载人无人汽车,再到现在的无人配送车,人类在无人运输领域上正在一点一点地进步。

现在在无人配送车上颇有建树的企业有很多,诸如菜鸟、京东物流、苏宁物流、智行者、美团等,除此之外还有申通快递的智能分拣机器人、亚马逊的货架机器人、云迹科技的服务机器人等。

任务一 电子商务物流配送方案设计

任务引入

江苏远航物流公司迫于竞争压力不断在开发新的客户。客户也要求公司改变传统业务流程,能提供重新包装、小批量、多批次配送,以达到降低库存、提高客户满意度的目的。公司领导层决定在原有业务基础上向客户提供增值配送服务,李明该如何设计物流配送方案呢?

任务目标

配送方案是配送中心针对某个客户制定的指导运营活动的文件。李明认为在设计物流配送方案的问题上,可以细化为以客户需求为目标制订配送计划,以提高物流服务水平选择配送路线,以整体最优化原则进行配送合理化分析,以简单经济的原则分析配送成本等方面。

工作过程

步骤 1 分析配送需求

了解配送需求是制订物流配送方案的第一步,也是制订物流配送方案的基础,只有在充

分了解需求的基础上制订的方案才能切合实际。如果是自营物流,企业可以根据生产、销售情况来进行预测;如果是社会物流,则必须通过市场调查来取得客户配送需求的具体数据。

根据运输需求(Origin Destination,OD)预测原理与方法以及货流预测方面的实践,这里简单介绍物流中心需求预测的OD预测法,对配送区域范围产生物流的货源点和货物的运输过程进行抽样调查。

调查对象:各行业的各类物资。

抽样率:根据行业性质、规模的不同,抽样率可在30%～100%。

调查方法:走访调查、电话调查等方法。

调查内容:地址、设施、面积、职员、行业、产品(物资)、产值(营业额)、运输等。

调查结果:该地区目前社会、经济、货源点、货物品种、数量、流向的主要资料。

微课:提高物流客户满意度的配送方案怎么设计?

步骤 2 拟订配送计划

经过充分的市场调查,可以拟订具体的配送计划。一般而言,配送计划应当包含以下几个方面的内容:

1. 配送网点的布局

提供电子商务物流配送服务的企业应在充分调研和论证的基础上,根据不同地区的情况,确定和组织物流配送中心,并可实施差异化服务,即对不同的销售区域采取不同的配送服务政策。例如,大城市由于电子商务的普及,订货可能比较集中,适于按不低于有形店铺销售的送货标准组织送货,但对偏远地区的订单则要进行集货,送货期限肯定要比大城市送货期限长,这些地区的消费者享受的电子商务服务就要差一些。所以,提供电子商务服务的企业,要对销售区域进行定位,对消费人群集中的地区提供配送承诺,否则是不经济的。还有一种处理方法,就是从电子商务的经济性考虑,宜先从上网用户比较集中的大城市起步,这样建立基于一个城市的配送体系比较易于操作。配送网络的确定方法,可以参考仓库网点的确定办法,在充分调研的基础上,采取定性与定量分析相结合的办法。

小资料

电商平台为城乡配送提速增效

在中国的广袤土地上,星罗棋布的配送网络正在铺设出城乡一体化发展的经济腾飞之路。

京东物流提供的数据显示,截至2019年2月,其在全国拥有超过500个大型仓库,仓储设施占地面积超过1 200万平方米,中小件网络和大件网络已全部实现大陆行政区县100%覆盖。通过在全国建设上万家京东帮服务店和乡镇级京东家电专卖店,京东在农村地区实现了"送装一体服务"。

截至2019年1月,苏宁物流联合天天快递拥有的相关配套仓储合计面积业已达870万平方米。19个小件始发中心、60个大件始发中心、45个冷链物流仓以及465个城市配送中心、27 700个末端快递点,覆盖全国2 872个区县。在全国范围内,超过10万辆的运输车辆资源和超过4 000条的干支线网络助力全国95%以上的区域实现24小时达。

阿里巴巴旗下菜鸟数据则显示,截至2018年末,菜鸟乡村物流已进驻29个省级行政区近700个县,建立近3万个村级物流站点。与全国近700家合作伙伴,用2 300多辆运输车连起乡村线路,帮助正品下乡,每月仅送到乡村的农资农具就近200万件。

2. 配送的对象或客户

配送中心的服务对象或客户不同,其订单形态和出货形态就会有很大不同。例如,为生产线提供JIT配送服务的配送中心和为分销商提供服务的配送中心,其分拣作业的计划、订单传输方式、配送过程的组织将会有很大的区别;而同是销售领域的配送中心,面向批发商的配送和面向零售商的配送,其出货量和出货形态也有很大不同。

3. 配送的货物种类

配送中心处理的货物品种数差异性非常大,多则上万种,如书籍、医药及汽车零件等配送中心,少则数百种甚至数十种,如制造商型的配送中心。由于品种数的不同,其复杂性与困难程度也有所不同。如所处理的货品品项数为一万种的配送中心与处理货品品项数为一千种的配送中心是完全不同的,其货品的储位安排也完全不同。另外,配送中心所处理的货品种类不同,其特性也完全不同,如目前比较常见的配送货物有食品、日用品、药品、家电、3C货物、服饰货物、化妆品、汽车零件及书籍货物等,它们分别有各自的特性,对配送中心的厂房硬件及物流设备的要求完全不同。例如,食品及日用品的进出货量较大,而3C货物的货品尺寸大小差异性非常大,家电货物的尺寸较大。

4. 货品的配送数量或库存量

这里的数量包括两个方面的含义:一是配送中心的出货数量,二是配送中心的库存量。货物出货数量和随时间的变化趋势会直接影响到配送中心的作业能力和设备的配置。例如,一些季节性波动等情况,都会引起出货量的变动。同时,配送中心的库存量和库存周期将影响配送中心对面积和空间的需求。因此,应对库存量和库存周期进行详细的分析。一般针对进出口企业的配送中心由于国际货物运输和交易数量巨大等方面的原因,必须拥有较大的库存量;而流通型的配送中心,则完全不需要考虑库存量,但必须注意分货的空间及效率。

5. 配送模式

常见的配送模式有以下四种:

(1)工厂→配送中心→经销商→零售商→消费者。

(2)工厂→经销商→配送中心→零售商→消费者。

(3)工厂→配送中心→零售商→消费者。

(4)工厂→配送中心→消费者。

配送中心必须了解物流通路的类型,然后根据配送中心在物流通路中的位置和上下游客户的特点进行规划,才不会失败。到底采用哪种模式,应当考虑用户的需求以及配送成本方面的限制。

6. 配送服务水平

配送服务水平与配送成本成正比,也就是说,配送服务水平越高,配送成本也越高。但是从客户的角度而言,希望以最经济的成本得到最佳的服务,而配送企业也必须考虑自己的经济效益。因此,配送服务水平应当结合自身的服务能力、客户服务的要求和配送成本来确定。配送服务水平的主要评价指标有订货和交货时间、货品缺货率、增值服务能力等。其中,交货时间是最主要的指标,因为交货时间太长或交货不准时都会严重影响客户的生产经营活动,因此交货时间的长短与交货是否守时成为配送企业最重要的评估项目。交货时间是指从客户下订单开始,到订单处理、库存检查、货物分拣、配装、送货直至到达客户手上的这一时间间隔。交货时间依配送企业服务水准的不同,可分为 2 小时、12 小时、24 小时、2 天、3 天、1 星期送达等几种。

7. 配送车辆及人员安排

配送任务的完成要依靠车辆和人员的作业来实现,因此必须对车辆、驾驶人员、搬运人员提前进行安排,从而保证足够的运力和人手。

步骤 3 选择配送路线

配送路线应在效益最高、成本最低、路程最短、吨公里最小、准时性最高、运力利用最合理、劳动消耗最低的原则下选择。可以利用多种方法确定最佳配送路线,常见的有经验判断法、综合评分法以及数学计算法。其中,配送路线选择常用的数学计算方法为节约里程法。当然,节约里程法在有多个起点和多个终点时手工计算很复杂,可以利用专门的软件来确定。

步骤 4 确定配送价格

配送价格应当考虑市场竞争、配送服务水平、配送数量、配送需求、有无特殊要求、配送成本等因素来综合确定。其中,配送成本是最主要的因素。配送成本主要包括以下几个方面的内容:

(1)与运输有关的成本,如燃油费用、驾驶人员工资、汽车折旧及维修保养费用等。
(2)与储存有关的成本,如货物的保养费用、仓储人员工资、库房折旧、库房设备运行费用等。
(3)与装卸搬运有关的成本和费用。
(4)与信息处理有关的费用。
(5)与流通加工有关的费用。

步骤 5 优化配送方案

配送方案在执行过程中要不断进行优化,才能取得更高的效率和更好的经济效益。

1. 备货环节的优化

备货是配送中心运转的基础环节。一般来说,实际物流活动中多数备货工作是经销商自己完成的。在物流专业化的情况下,基本上有两种模式:第一种模式是提供配送服务的第三方物流企业直接承担备货责任,主要通过向生产企业、经销企业订货或购货来完成。第二种模式是物流、商流两者相分离的模式,订货、购货等工作通常由货主自己去完成,配送中心只负责进货、理货等工作,货物所有权属于货主。进货环节需要考虑的是进货时间控制在谁的手中,是货主还是配送中心。如果是货主,配送中心就得 24 小时值班,因为货主随时都有可能进货。如果是配送中心,预约时间就变得非常重要了。预约是配送中心的必经手续,不预约,配送中心就不受理,因为那样会打乱配送中心的计划。因此,配送方案中必须明确提出预约要求以及预约时间的限制,为配送作业安排提供计划依据。

2. 仓储环节的优化

仓储有两种形式：一种是暂时储存形态，另一种是储备形态。一般来说，暂时储存形态仅仅适用于周转率大的商品，应当利用仓库暂存区放置；储备是基于安全库存的考虑，按照一定时期配送活动要求和到货周期有计划地确定能够使配送活动持续进行的库存数量和形式。储备形态适用于在仓库存放一定时期的商品，一般放在货架上。物流配送中心在仓储环节的优化实践主要体现在货位管理上，通过物流信息系统自主选择货位，简便快速地确定货物存放的详细地址。货位管理提供一个静态货位、动态商品的储存模式。货位与货物互为关联，易于寻找货物，大大降低了盘点、分拣、搬运等仓库作业时间，提高了效率。盘点作业实行定位定码的盘点法。分拣作业的优化主要采用数字分拣系统，运用自动化和人工相结合的思路。物流配送中心在整个仓储管理和作业过程中需做到规范化操作，每个岗位的员工都清楚自己的职责、业务操作流程及标准。

3. 配送环节的优化

配送中心必须按照配送合理化的要求，在全面计划的基础上制定科学的、距离较短的货运路线，选择经济、迅速、安全的运输方式和适宜的运输工具。物流配送中心在安排每次出车时，要按照物流线性规划和排队论的运筹模型，满足配载的要求。高效的配送需要的是在配送调度和配送运输、交货等具体操作上的整合优化。这就要求业务人员素质和水平的提升，同时利用先进的工具软件以及管理信息系统。

综上所述，配送方案的整体优化必须从系统的观点出发，按照物流总成本最低的原则进行，同时要依靠员工素质的提升，以及各种规章制度和作业标准的制定和执行。

任务二　电子商务物流配送作业管理

任务引入

电子商务环境下的物流配送作业管理，是指对物质实体的流动过程进行全局性的掌控，如商品的运输、储存、保管、配送、信息管理等活动。江苏远航物流公司利用计算机及计算机网络和先进的配送管理系统软件来进行信息搜集、处理和相应的决策，从而使得配送作业更有效率，成本更低，服务水平更高。李明在配送部门主管的安排下进入了配送作业管理岗位进行锻炼。

任务目标

配送部门主管告诉李明，通过实习主要熟悉物流配送作业的基本流程，掌握配送作业的基本步骤，学会处理配送作业流程中的常见单据，掌握物流配送管理系统在配送作业管理中的应用，同时培养自己耐心细致的工作作风。

工作过程

电子商务下的物流作业流程同普通商务一样，目的都是将所订货物送至用户手中，因此，基本的作业流程也是一样的，包括进货、检验、分拣、储存、拣选、包装、分类、组配、装车及送货等。所不同的是：电子商务的每个订单都要送货上门，而有形店铺销售则不用送货上

项目六 电子商务物流配送管理

门,因此,电子商务下的物流成本更高,配送路线的规划、配送日程的调度、配送车辆的合理利用难度更大。电子商务订单处理系统对电子订单进行处理,自动生成作业指令并发送到各个配送作业部门,各部门按指令完成作业,然后操作人员按照电子商务物流配送下管理信息系统的要求进行确定即可。

下面以某公司的配送管理系统软件为例,来学习电子商务环境下物流配送作业管理的流程。

微课:学会配送作业管理的电子化操作

步骤 1 处理客户订单

处理客户订单主要是生成发货指令单。当货主只要求配送现场对需要的配送商品按指令进行配送,且货主商品的库存不满足配送对象的需求时,按指令的先到先送的原则进行配送。此时货主可以不向配送现场下达配送申请单,而只向配送现场下达发货指令单即可。发货指令单的生成也有两种方式:一是通过配送确认单来生成发货指令单,配送确认单一经用户确认,系统就会自动生成发货指令单;二是用户自行增加发货指令单。对于通过第一种方法产生的发货指令单,用户只需要在发货指示的界面中通过生效标志来进行查找即可;而对于第二种方法则需要用户进行手工操作。具体操作步骤如下:

单击【菜单】→【货主配送退仓】→【发货指示】,出现如图6-6所示的界面。

图6-6 配送发货指示单管理界面

（1）单击 按钮,刷新页面内容。

（2）单击工具栏中的 按钮,输入发货指令单主表。在主表保存成功后,用户再单击工具栏中的 按钮,出现如图6-7所示的界面。

（3）在图6-7所示界面中选择货主商品分类后,系统会自动在右下区域罗列出该分类的商品明细,用户选择商品,单击【增加】按钮,系统增加一条配送商品明细。用户如此反复操作便可完成所有配送商品明细的选择。

（4）当用户确认所有要配送的商品输入完毕后,关闭界面。系统返回到图6-6所示的界

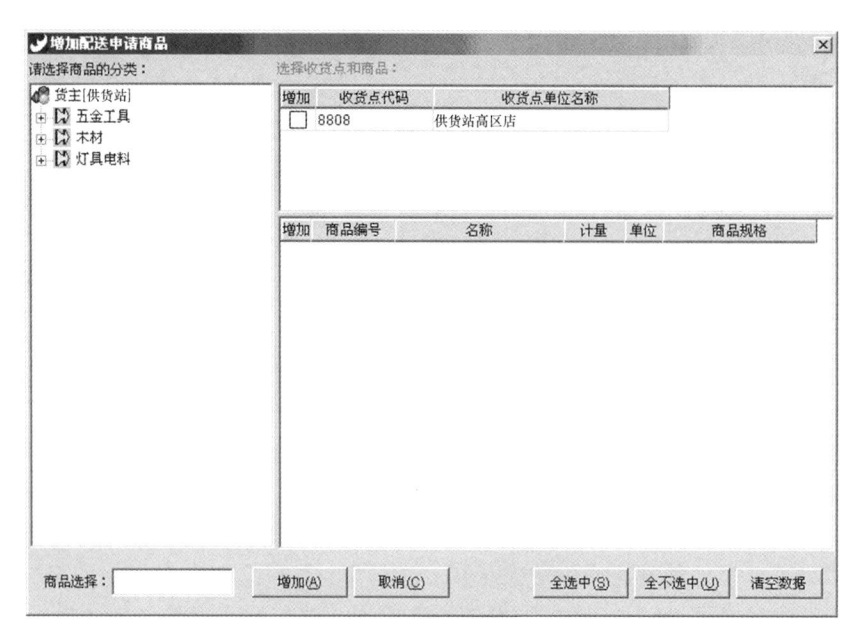

图 6-7　增加配送申请商品界面

面。用户在此界面中输入每个配送商品的配送信息,保存后即可对发货指示单进行确认。

步骤 2　制订配送计划

用户在确认发货指示单后,便可着手进行配送计划制订。在配送计划中可能会同时存在多个已确认的发货指示单,用户应根据当时配送现场的仓库作业等情况进行配送计划的作业操作。

单击【菜单】→【作业调度】→【配送计划】,进入如图 6-8 所示的界面。

图 6-8　配送计划管理界面

在图 6-8 所示界面中选择配送现场和货主后，界面左边的发货指示列表会将该货主所有已确认的发货指示单罗列出来，用户可以在选取多个发货指示单后，再单击界面中的【生成分拣计划】按钮和【分拣计划单】按钮，如图 6-9 所示。右上部为分拣商品的汇总明细，它罗列出的是每个分拣计划单中每个商品的分拣数量；而右下部为分拣商品的批次明细，它罗列出的是每张分拣计划单中每个商品的批次分拣数量。

图 6-9　分拣计划单

发货指示生成分拣计划后，系统将会根据当时分拣商品在分拣货位上的库存情况生成补货分拣作业，并会依次生成该次配送作业的派车作业、分拣计划作业。

步骤 3　配送派车作业

用户在完成配送计划以后，系统会自动计算该次配送货物的总体积和总重量。货物总体积和总重量将对配送派车作业起到指导作用。

单击【菜单】→【标准作业】→【配送_派车安排】，进入配送派车管理界面，如图 6-10 所示。

图 6-10　配送派车管理界面

选择要进行派车安排的派车通知,并单击工具栏中的 按钮,出现如图 6-11 所示的界面。

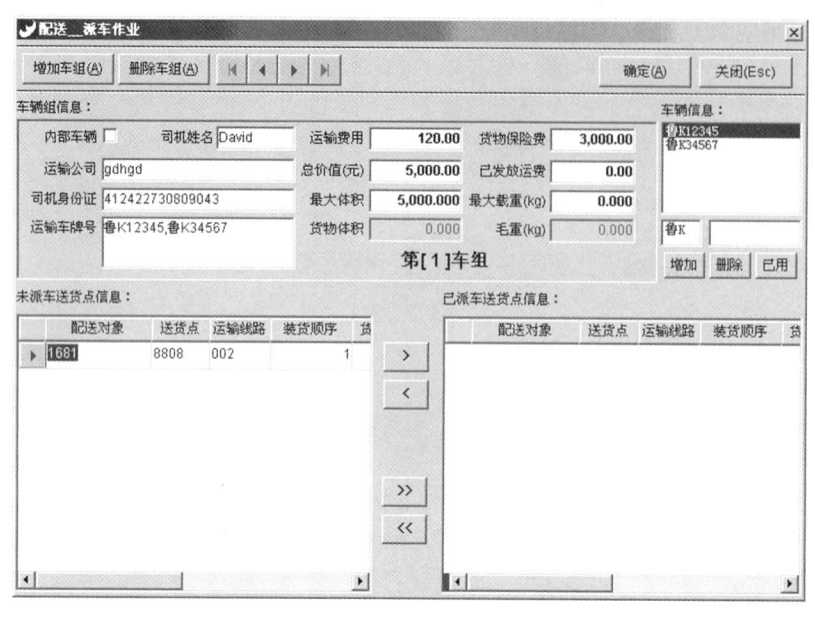

图 6-11 配送派车单

(1)输入配送货物信息,如货物保险费、总价值、运输费用、最大体积、最大载重等。

(2)用户输入运输车辆的基本信息,如司机姓名、司机身份证、运输车牌号,选择运输公司等。用户在此可以根据配送货物的最大体积或总重量,输入多个运输车辆的车牌号。每新增一个车牌号,系统都会将新增的车牌号显示在"运输车牌号"中,表示此次配送需要以下的车辆完成运输任务。

(3)用户在"未派车送货点信息"列表中选择配送对象,然后单击界面中的 按钮将送货点和派车信息一起显示在"已派车送货点信息"列表中。用户确认后,单击【确定(A)】按钮。

(4)至此完成配送派车指派作业,用户单击【关闭(Esc)】按钮后,系统返回到图 6-10 所示界面。

(5)在图 6-10 所示界面中,单击工具栏中的 按钮,完成配送派车作业。

步骤 4 货物分拣

1. 配送分拣计划

用户在确认配送计划后自动生成并确认配送分拣计划,然后系统自动生成条码打印作业和装箱作业。配送分拣计划将为用户提供分拣计划单的打印功能,配送任务下达后,在此步骤,用户应将打印好的分拣计划单交给仓库分拣人员,为其分拣作业提供依据。

2. 配送分拣备货

分拣人员依据分拣作业单进行配送货物的分拣作业。分拣作业人员在分拣完毕后将上交其分拣作业单,然后工作人员依据完成的分拣作业单在分拣备货作业中输入相应的货物分拣数量。在此需要注意的是,一个配送分拣计划可能会产生多个配送分拣备货作业,因为一个配送分拣计划要配送的商品在仓库中的所属作业通道不尽相同。

3. 打印配送条码

配送条码打印是为满足货主不同的需求而设置的。在实际运用中,货主向不同的送货点配货时,有些送货点需要打印商品条码,而有些则不需要。因此,配送现场应根据货主的不同需要进行不同的操作。

系统是否打印商品条码主要依据以下两点:一是在【货主控制活动管理】→【配送对象控制活动】→【货主配送对象送货点】中对"打印自编条码"进行设置;二是在【基本资料】→【货主资料】→【货主商品包装定义】中对"打印条码"进行设置。系统判断送货点是否要打印条码的规则为:系统首先判断送货点是否要打印自编条码,如果需要,系统再判断商品包装定义的打印条码属性是否为真,如果为真,系统会为此商品产生一条条码打印信息。以上两点只要有一点不符合打印要求,系统就不会产生该商品的条码打印信息。

步骤 5 货物包装

配送装箱作业是对分拣商品进行运输包装的作业,在一个分拣作业中可能会出现多个运输包装,用户应按照系统要求在对其进行一定的分类和整理后,分门别类地装入运输容器。在配送分拣作业中,分拣商品可能会有整箱出现,所以在装箱作业中系统会自动辨别分拣商品是否为整箱商品,如果是,系统就会自动在装箱作业中将该商品记为运输包装并自动产生一个装箱号。

单击【菜单】→【标准作业】→【配送_货物装箱】,出现如图 6-12 所示的界面。

图 6-12 货物装箱管理界面

刷新界面,在左边装箱指导文件列表区中选择要进行装箱的作业,单击工具栏中的按钮后,系统会出现装箱的操作界面,如图 6-13 所示。

(1)用户在进行装箱操作前应先在图 6-13 所示界面中单击【已用箱号】按钮,查看装箱作业中已经使用过的箱号,以免在装箱的过程中使用重复的箱号。

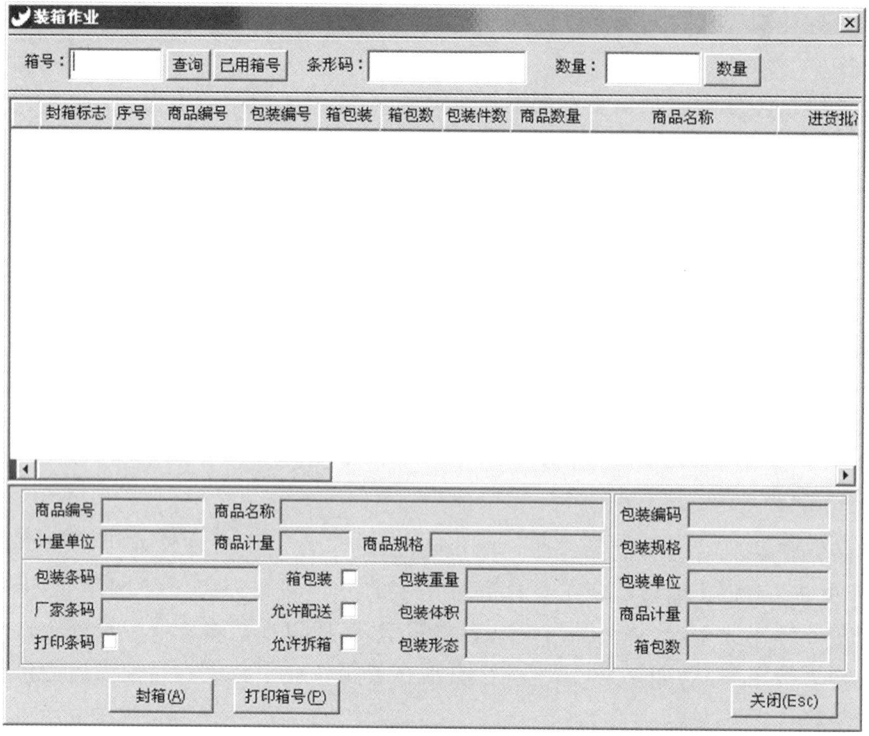

图 6-13　装箱作业单

(2)用户在"箱号"文本框中输入装箱号后单击【查询】按钮,如果系统在界面中部的装箱商品明细区中显示有商品记录,则表示该箱在此次装箱中已经使用过,其所装商品就是装箱商品明细区中显示的商品。

(3)用户在输入箱号后按回车键,系统自动将光标移至"条形码"文本框中。用户再用扫描枪扫描装箱商品条码,系统会自动识别该商品是否为分拣中的商品,如果是,系统将其明细显示在装箱商品明细区中,并自动回填其分拣数量。

(4)当商品的实际分拣数量小于分拣作业的指导数量,用户在装箱作业时,应根据实际分拣数量来修改装箱数量。用户在扫描完商品条码后,发现实际分拣数量小于指导数量时,应在"数量"文本框中输入实际分拣数量,然后单击【数量】按钮,系统就会自动依据用户输入的数量修改装箱数量。

(5)如果一个商品在分拣单中有多个批次批号的分拣结果,用户在装箱作业中就要先扫描该商品,然后在装箱商品明细区中用鼠标选择商品的"进货批次"字段。系统会弹出进货批次批号选择界面。用户再用鼠标双击要选择的进货批次即可。

(6)用户在完成一个配送周转箱的装箱操作后,单击【封箱(A)】按钮,系统将锁定此配送周转箱,不再允许用户对此周转箱进行装箱操作。

(7)用户完成所有装箱操作后,单击【关闭(Esc)】按钮,系统返回到"配送发货_装箱指示"界面中,用户可以查看每个配送商品的"打包数量"和"分拣数量",通过对这两个数量的比较,可以明确装箱作业是否完成。用户确认装箱准确无误后,单击工具栏中的 按钮,即可完成配送装箱作业。

(8)在一个配送计划的所有装箱操作完毕后,系统会自动将该配送计划单所对应的商品库存减少相应数额。

步骤 6 配送装车

用户在确认配送装箱作业后,紧接着就可以进行装车作业了。在装车作业进行前用户应先确定其相应的派车作业已经生成。装车作业是将装箱完毕的商品搬运到运输车辆上的过程。

单击【菜单】→【标准作业】→【配送_装车发货】,出现如图 6-14 所示的界面。

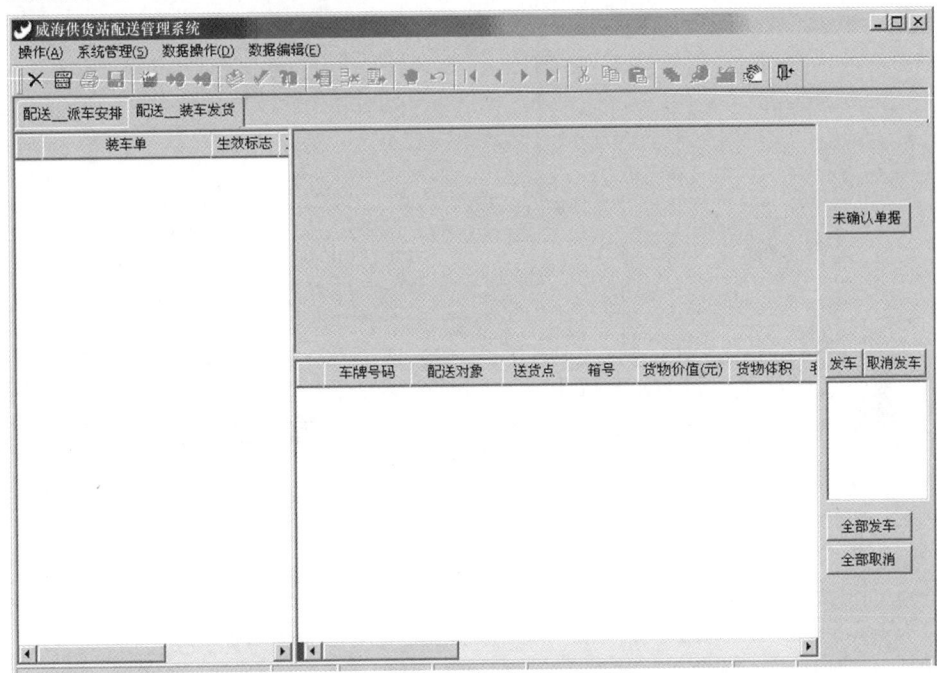

图 6-14 配送装车管理界面

(1)单击工具栏中的 按钮,进入如图 6-15 所示的界面,准备增加装车作业主表。在图 6-15 所示界面中,用户应通过分拣计划单号选择在配送派车作业中已经定义好的装车车辆。用户在"分拣计划单"文本框中输入要进行装车作业的分拣计划单号,单击【检索】按钮,刷新如图 6-15 所示界面左边的列表区,对要进行装车作业的分拣计划单进行选择。选择分拣计划单后,在界面的右边会出现与分拣计划单相应的运输车辆。如果此时没有出现运输车辆,则表示此分拣计划单尚未生成配送派车作业。

(2)确认上步操作后,单击【确定(A)】按钮,系统返回如图 6-14 所示的界面。此时已产生了该次装车作业的主表。用户单击工具栏中的【确定(A)】按钮,完成配送装车作业主表的保存,如图 6-16 所示。

(3)配送装车作业的主表保存后,用户应为每辆运输车指定装车的配送箱号。

(4)用户在确认每辆运输车的所有装车箱号输入完毕后,单击【确定(A)】→【关闭(Esc)】按钮。

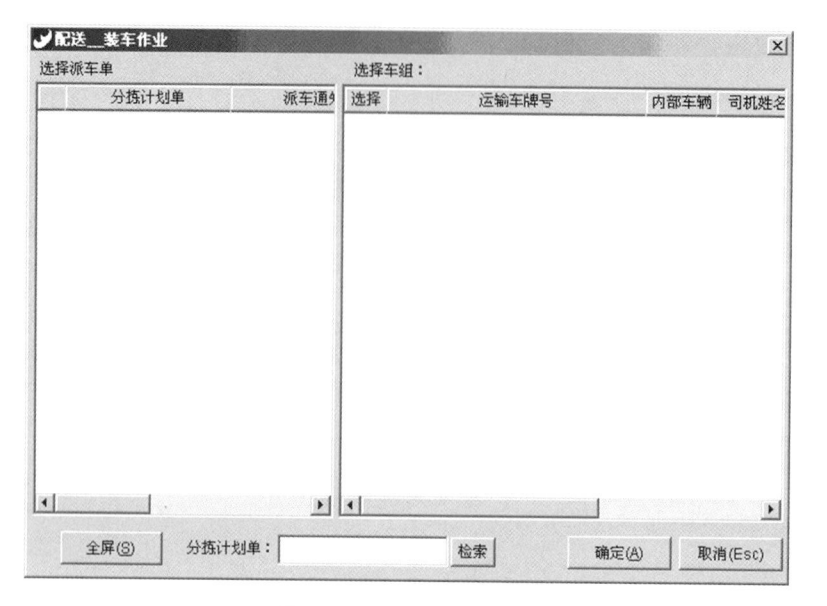

图 6-15　增加装车作业主表

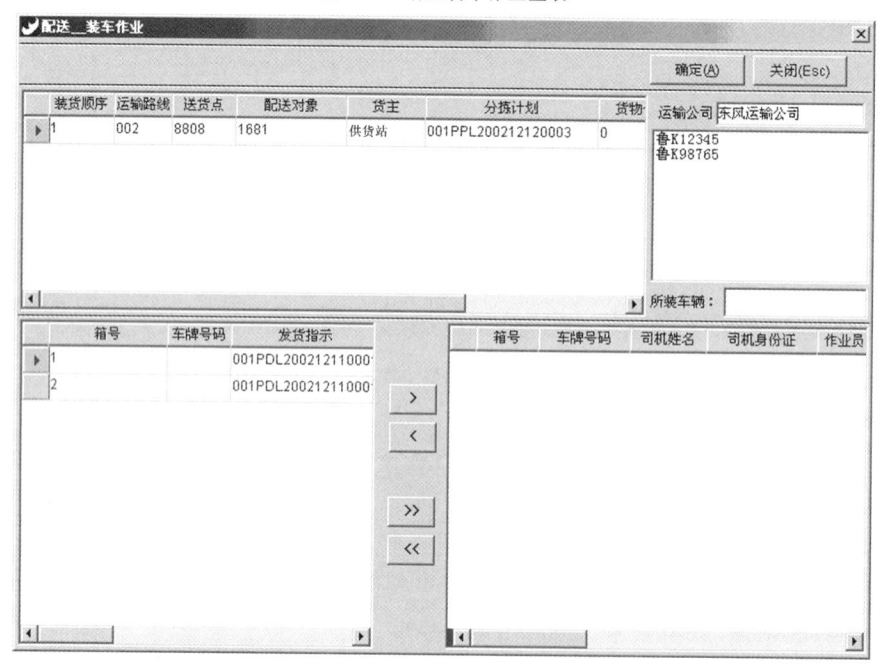

图 6-16　保存装车作业主表

（5）用户再次确认装车无误后，便可指定车辆发车了。待所有车辆发车完毕后，单击工具栏中的✓按钮，进行装车确认操作。确认成功后，整个装车作业完毕。

步骤 7　货物送达

装车作业完成后，由驾驶人员按照指定的路线依次将货物送交用户手中。

项目六　电子商务物流配送管理

任务总结

李明在配送管理部门各个岗位上的实习过程中进步很快,学会了很多知识,能根据新客户的需求,进行物流配送方案的设计,在此基础上制订配送计划,确定运输路线和收费标准,并对方案进行优化;掌握了物流配送作业管理中物流配送管理系统软件的应用,能对物流配送作业流程中的订单处理、配送计划制订、车辆分配、货物分拣及包装、货物配装等作业环节中的信息进行搜集和处理,从而提高配送效率和决策的科学性,并实现配送中心各部门信息的共享。

案例分析

A 便利店的配送系统

A便利店的物流系统模式先后经历了三个阶段、三种方式的变革。起初,A便利店并没有自己的配送中心,它的货物配送是靠批发商来完成的。早期,A便利店的供应商都有自己特定的批发商,而且每个批发商一般都只代理一家生产商。供应商把自己的产品交给批发商以后,对产品的销售就不再过问,所有的配送和销售都会由批发商来完成。对于A便利店而言,批发商就相当于自己的配送中心,它所要做的就是把供应商生产的产品迅速有效地运送到A便利店手中。为了自身的发展,批发商需要最大限度地扩大自己的经营范围,尽力向更多的便利店送货,并且要对整个配送和订货系统做出规划,以满足A便利店的需要。

随着A便利店规模的不断扩大,这种分散化的由各个批发商分别送货的方式无法再满足A便利店的需要,A便利店开始和批发商及合作生产商构建统一的集约化的配送和进货系统。在这种系统下,A便利店改变了以往由多家批发商分别向各个便利店送货的方式,由一家在一定区域内的特定批发商统一管理该区域内的同类供应商,然后向A便利店统一配货。集约化配送有效地降低了批发商的数量,减少了配送环节,为A便利店节约了物流费用。

配送中心的优势提醒了A便利店,与其让别人掌握自己的命脉,不如由自己掌握。A便利店的物流共同配送系统就这样浮出水面。共同配送中心代替了特定的批发商,分别在不同的区域统一进货,统一配送。配送中心有一个计算机网络配送系统,分别与供应商及A便利店的店铺相连。为了保证不断货,配送中心一般会根据以往的经验保留4天左右的库存,同时,配送中心的计算机系统每天都会定期收到各个店铺发来的库存报告和补货报告。配送中心把这些报告集中起来进行分析,最后形成一张张向不同供应商发出的订单,由网络传递给供应商,而供应商则会在预定的时间内向配送中心派送货物。A便利店配送中心在收到所有货物后,对各个店铺所需的货物分别打包,等待发送。第二天一早,派送车就会从配送中心鱼贯而出,择路向自己配送区域内A便利店的连锁店送货,整个过程就这样循环往复。

采用配送中心的优势还在于,A便利店从批发商手上夺回了配送的主动权,A便利店能随时掌握在途商品、库存货物等数据,对财务信息和供应商的其他信息也能及时掌握,对于一个零售企业来讲,这些数据是至关重要的。

随着店铺的扩大和商品的增加，A便利店的物流配送越来越复杂，配送时间和配送种类的细分势在必行。以某地区的A便利店为例，全省的物流配送细分为出版物、常温食品、低温食品和鲜食品四个类别。各个区域的配送中心需要根据不同商品的特征和需求量每天做出不同频率的配送，以确保食品的新鲜度，以此来吸引更多的顾客。

A便利店根据食品的保存温度来建立配送体系，如对食品的分类：冷冻类（零下20℃），如冰激凌；微冷型，如面包等。不同类型的食品会用不同的冷藏设备和方法配送，由于冷藏车在上下货时经常开关门，容易引起车厢温度的变化和冷藏食品的变质，A便利店专用一种两仓式货车来送货，这样一个仓中的温度变化就不会影响另一个仓，需冷藏的食品就始终能在需要的低温下配送了。

除了配送设备，不同食品对配送时间和频率也有不同的要求。对于有特殊要求的冰激凌，A便利店会绕过配送中心由配送车早、中、晚三次直接从生产商处运到店铺。对于一般的食品，A便利店实行的是一日三次的配送制度，3点到7点配送前一天晚上生产的一般食品；8点到11点配送前一天晚上生产的特殊食品，如牛奶、新鲜蔬菜等；15点到18点配送当天上午生产的食品。这样一来，一日三次的配送频率在保证了商店不缺货的同时，也保证了食品的新鲜度。为确保各店铺的万无一失，配送中心还有一个特别的制度来和一日三次的配送制度相搭配：每个店铺都会碰到一些特殊的情况造成缺货，这时只能向配送中心电话告急，配送中心就会用安全库存对店铺进行紧急配送，如果安全库存也告急，配送中心就转而向供应商紧急要货，并且在第一时间送货到缺货店铺。

【案例分析与讨论】

1. A便利店配送系统具有哪些特点？
2. 通过分析A便利店的配送系统，你得到了什么启示？

课外拓展

一、单选题

1. 配送中心的商品侧重于以下（　　）类型。
   A. 单品种、大批量商品　　　　　　B. 单品种、小批量商品
   C. 多品种、小批量商品　　　　　　D. 多品种、大批量商品
2. 划分城市与区域配送的标准是（　　）。
   A. 配送品种　　　　　　　　　　　B. 物流功能
   C. 配送范围　　　　　　　　　　　D. 服务性质
3. Walmart在美国本土的配送是典型的（　　）。
   A. 以制造商为主体的配送　　　　　B. 以批发商为主体的配送
   C. 以零售业为主体的配送　　　　　D. 以仓库运输业为主体的配送
4. 配送中心最重要的特征之一是对货物进行（　　）。
   A. 搬运　　　　B. 采购　　　　C. 运输　　　　D. 组配
5. 定时配送的典型形式是（　　）。
   A. 准时配送　　　　　　　　　　　B. 即时配送
   C. 日配　　　　　　　　　　　　　D. 定时、定路线配送

二、多选题
1.作为从事配送业务的物流场所或组织,配送中心应基本符合下列(　　)要求。
A.主要为特定的用户服务　　　　B.配送功能健全
C.完善的信息网络　　　　　　　D.辐射范围小
E.多品种、小批量
2.从不同的角度看,我国上海6家造船厂的钢板配送可以同时分属于(　　)。
A.销售型配送　　　　　　　　　B.专业型配送
C.供应型配送　　　　　　　　　D.加工型配送
E.流通型配送
3.配送的主要作业环节包括(　　)。
A.订单处理　　　　　　　　　　B.库存管理
C.补货及拣货　　　　　　　　　D.流通加工
E.配送
4.配送中心通过集中配送方式,按一定规模集约并大幅度提高其能力,实现(　　)的商品运送,从而降低了物流的整体成本。
A.多品种　　　　B.小批量　　　C.高频率　　　D.短距离
E.高密度
5.配送中心选址的原则包括(　　)。
A.适应性原则　　　　　　　　　B.协调性原则
C.距离最近原则　　　　　　　　D.经济性原则
E.可持续发展原则

三、判断题
1.物流配送的区域范围不受限制。（　　）
2.强大的运输配送能力是以仓储运输业为主体的配送的一个显著特点。（　　）
3.由于城市范围一般处于汽车运输的经济里程之内,所以城市配送大多采用汽车作为配送工具。（　　）
4.流通加工虽然会产生效益,但也可能抵消效益,不合理的流通加工会产生抵消效益的反作用。（　　）
5.共同配送就是把货物都装入在同一条路线上运行的车上,用同一卡车为更多的顾客运送。（　　）

四、操作题
以身边的电子商务企业配送中心为对象,采用现场实习和参观的方法,了解配送中心的运作方法和操作流程,完成调研报告。

项目七 电子供应链管理

项目引入

江苏远航物流公司培训部吴主管告诉李明,如何迅速组织物流,满足电子商务环境下用户的购物需求,已经成为企业开展电子商务必须考虑的首要问题。物流是供应链流程的一部分,企业物流运作要使整个供应链物流总成本最低。自20世纪90年代以来,电子商务的推广促使供应链管理出现了新的方式——电子供应链管理。

项目分析

培训部吴主管介绍说:"突飞猛进的信息技术恰好为供应链管理的科学化、自动化、电子化提供了必要的条件。数据库、互联网、软件工业的发展,正在迅速改变着供应链管理的模式。供应链是一个包括市场采购、生产、运输、储存、配送、营销、客户管理等环节的网络系统。如何迅速了解供应链的运作原理,利用它来优化生产和营销的各个环节,制定正确的决策,获取更大的商业利润,是企业管理必须面对的课题。"

任务分解

吴主管希望李明通过对电子供应链的含义、特点、优势及电子供应链管理的含义、领域、策略等知识的学习,为熟练进行电子供应链软件操作打下基础。

相关知识

一、电子供应链概述

(一) 电子供应链的含义

供应链管理的概念是在20世纪80年代初产生的,但其真正的快速发展却是在20世纪90年代后期。2005年1月1日,美国物流管理协会正式更名为美国供应链管理专业协会,这标志着全球物流进入供应链管理时代。事实上,供应链管理的研究最早是从物流管理开始的,人们在研究物流问题时发现了库存控制、物资供应、物资分销等环节的研究价值,正是在研究这些问题的基础上产生了供应链的观念,提出了供应链管理的思想和方法。

目前,国际上还没有公认的供应链概念,国内外的不同学者对此有着不同的看法。早期关于供应链的概念认为,供应链是制造企业中的一个内部过程,是指把从企业外部采购的原材料和零部件,通过生产转换和销售活动,再传递给零售商和用户的一个过程。早期供应链的概念局限于企业内部的操作层面,仅关注企业自身资源的利用。

有些学者将供应链的概念与采购、供应管理相关联,用来表示企业与供应商的关系。这种观点虽然注意到企业与供应商的关系,但仅局限于这一关系中各企业的独立运作,忽略了与外部供应链成员的联系,往往造成企业间的目标冲突。

其后,供应链的概念注意了与其他企业的联系和供应链的外部环境,认为它应是一个"通过链中不同企业的制造、组装、分销、零售等过程,将原材料转换为产品,再到最终用户的转换过程"。

国家标准《物流术语》将供应链定义为"生产及流通过程中,涉及将产品或服务提供给最终用户活动的上游与下游企业,所形成的网链结构"。

根据供应链的定义,其结构可以简单地归纳为如图 7-1 所示的模型。

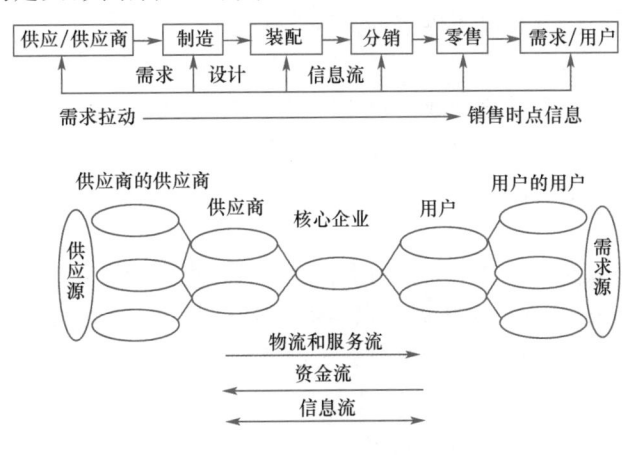

图 7-1 供应链结构模型

电子供应链是指通过集中协调不同企业的关键数据,如订货、预测、库存状态、缺货状况、生产计划、运输安排、在途物资、销售分析、资金结算等数据,便于管理人员迅速、准确地获得各种信息,并充分利用电子数据交换(EDI)、Internet 等技术手段,实现供需链上的信息集成,达到共享采购订单的电子接收与发送、多位置库存自动化处理和控制、批量和系列号跟踪、周期盘点等重要信息。

(二)电子供应链的特征

1. 复杂性

供应链节点企业的组成跨度(层次)不同。供应链往往由多个、多类型的企业构成,它们之间的关系错综复杂,所以电子供应链结构模式比一般单个企业的结构模式更为复杂。

2. 动态性

因企业战略和适应市场需求变化的需要,电子供应链的节点企业需要动态地更新和调整,这就使电子供应链具有明显的动态性。

3. 面向用户需要

电子供应链的形成、存在、重构多是基于一定的市场需求,并且在运作过程中,用户的需求拉动是电子供应链中信息流、产品流、服务流、资金流运作的驱动源。

4. 交叉性

节点企业可以是这个供应链的成员,也可以是另一个供应链的成员,形成交叉结构,增加了电子供应链协调的难度。

5. 创新性

电子供应链扩大了原有单个企业的物流渠道,充分考虑了整个物流过程以及影响此过程的各个环节和因素。它在物流、商流、信息流、资金流各个方面同时发展,形成了一套相对独立而完整的体系,因而具有创新性。

6. 低风险性

供应链的供需匹配是个持续性的难题,供应链上的消费需求和生产供应始终存在着时间差和空间分割,而电子供应链则可以弱化这些问题。通过电子手段,供应商和批发零售商很容易实现沟通,实时进行容量设定及成本控制。因此,传统供应链上的供需匹配隐含的巨大财务风险和供应风险问题在电子供应链中得以弱化。

7. 增值性

强大的电子商务系统为供应链成员企业及市场客户提供了有力的沟通渠道,使供应链成员间能够在更大程度上及时了解对方及客户的现实需求与潜在需求,从而实现供应链服务在更大范围内的价值增值。

8. 虚拟性

电子供应链的虚拟性源于电子商务的虚拟性。通过电子商务化将实体供应链活动映射到虚拟的增值网络上来,不仅大大拓展了现实供应链活动的空间范围,而且通过计算机仿真技术将实体作业事先在计算机上进行模拟优化,在降低实体作业成本的同时大大提升了作业的效率。此外,通过电子商务信息技术可实现虚拟网络与实体网络的无缝衔接,使供应链作业的全程都处于信息网络的监控之下,大大增加了供应链作业的透明度。

9. 柔性

市场需求的多变性客观上要求供应链运作能够快速地响应市场需求,而这一目标的实现又有赖于信息获取的及时性。电子供应链有着强大的信息搜集与传递网络,使供应链运作的各参与方能够最大限度地提升自己的分析预测和快速响应能力,从而及时根据内外部环境的变化调整供应链策略,以满足多变的市场需求。

(三)电子供应链的优势

电子供应链有以下优势:

(1)节约交易成本。用互联网整合供应链将大大降低供应链内各环节的交易成本,缩短交易时间。

(2)降低存货水平。通过扩展组织的边界,供应商能够随时掌握存货信息,组织生产,及时补充,因此企业可以不必再维持较高的存货水平。

(3)降低采购成本,促进供应商管理。由于供应商能够方便地取得存货和采购信息,因而采购管理人员可以从这种低价值的劳动中解脱出来,从事具有更高价值的工作。

(4)缩短循环周期。供应链的自动化使得预测的精确度大幅度提高,进而使企业不仅能生产出需要的产品,而且能缩短生产时间,提高顾客满意度。

(5)增加收入和利润。通过组织边界的延伸,企业能履行合同,增加收入并维持和增加市场份额。

以上优势归根到底是为了企业成本的降低。成本领先是企业最重要的竞争策略之一,其所带来的利润是企业生存的基础。

(四)电子供应链的类型

电子供应链的分类方法很多,以下是几种具有代表性的分类:

1. 按照研究对象划分

按照研究对象划分,可将电子供应链分为企业电子供应链、产品电子供应链和基于契约的电子供应链三种类型。

(1)企业电子供应链

企业电子供应链是就单个公司提出的含有多个产品的电子供应链。该公司在整个电子供应链中处于主导地位,不仅考虑与供应链上其他成员的合作,而且较多关注企业多种产品在原材料购买、生产、分销、运输等方面技术资源的优化配置问题,并且拥有主导权,如生产企业主导的电子供应链(如海尔公司的电子供应链)、大型零售企业主导的电子供应链(如沃尔玛的电子供应链)等。这里的主导权是能否统一整个电子供应链理念的关键要素。如果主导权模糊不清,不仅无助于电子供应链计划、电子供应链设计和电子供应链管理的实施,而且也无法使整个电子供应链建立起强有力的组织和有效的运作。

(2)产品电子供应链

产品电子供应链是与某一特定产品或项目相关的供应链,如某种品牌饮料的电子供应链。基于产品电子供应链的供应链管理是对由特定产品的顾客需求所拉动的整个产品电子供应链运作的全过程的系统管理。采用信息技术是提高产品电子供应链运作绩效、促进新产品开发以及提高产品质量的有效手段之一。

(3)基于契约的电子供应链

电子供应链的成员可以定义为广义的买方和卖方,只有买卖双方组成的节点间产生正常的交易时,才发生物流、信息流、资金流的流动和交换。实现这种流动和交换的方式之一就是契约关系,电子供应链上的成员通过建立契约关系来协调买方和卖方的利益。

2. 按照网状结构划分

按照网状结构划分,电子供应链可分为发散型的电子供应链(V型电子供应链)、会聚型的电子供应链(A型电子供应链)和介于上述两种模式之间的T型电子供应链。

(1)V型电子供应链

V型电子供应链是电子供应链网状结构中最基础的结构。物料以大批量的形式存在,经过企业加工转换为中间产品,提供给其他企业作为它们的原材料。生产中间产品的企业往往客户要多于供应商,呈发散状。在这些发散网络上,企业生产大量的多品种产品使其业务变得非常复杂。为了满足客户的服务需求,需要一定的库存作为缓冲。对V型电子供应链结构的成功计划和调度主要依赖于对关键性内部能力的合理安排,它需要供应链成员制订统一详细的高层计划,进行电子化管理。

(2)A型电子供应链

当核心企业为电子供应链网络上的最终用户提供服务时,它的业务本质上是由订单和客户驱动的。在制造、组装和总装时,会遇到一种与V型电子供应链相反的问题,即为了满足相对少数的客户需要和订单,需要从大量的供应商手中采购大量的物料。这就需要一种典型的会聚型电子供应链,形成"A"字形状。如航空工业、汽车工业等企业,是受服务驱动的,精力主要集中在重要装配点上的物流同步。这种结构的电子供应链在接收订单时需要考虑供应提前期以及保证按期完成的能力,因此关键之处在于通过电子手段精确地计划和分配满足该订单生产所需的物料和能力。

(3)T型电子供应链

介于上述两种模式之间的许多企业通常使用T型电子供应链。这种情形在接近最终用户的行业中普遍存在,如医药保健品、汽车备件、电子产品、食品和饮料等行业;在那些为总装配提供零部件的公司也同样存在,如为汽车、电子器械和飞机主机厂商提供零部件的企业。这些公司从与它们情形相似的供应商处采购大量的物料并为大量的最终用户和合作伙伴提供构件和套件。这类企业往往投入较大的财力用于供应链的解决方案,需要尽可能限制提前期来稳定生产,而无须保有大量库存。通过电子手段进行预测和需求管理是此种供应链成员始终要考虑的一个重点。

3. 按照动力来源划分

按照动力来源划分,电子供应链可分为"推式"电子供应链和"拉式"电子供应链两种。"推式"模式是传统的电子供应链模式,即根据商品的库存情况,有计划地将商品推销给客户。"推式"模式以企业资源计划(ERP)为核心,要求企业按计划来配置资源。现今流行的电子供应链模式是"拉式"模式,该供应链模式基于客户需要,客户是该供应链中一切业务的原动力。

4. 按照分布范围划分

按照分布范围划分,电子供应链可分为公司内部电子供应链、集团电子供应链、扩展的电子供应链、全球电子供应链等。

二、电子供应链管理概述

(一)电子供应链管理的含义

供应链管理是一种策略,是企业交易伙伴共同承诺一起紧密合作并有效管理供应链中的信息流、物流和资金流,以期在付出最低整体供应成本的情况下,为消费者或顾客带来更大的价值。供应链管理的最终目标是缩短产品从设计构思到消费者手中的时间,降低产品成本,满足消费者多样化的需要。供应链管理是在科技发达、产品极其丰富的条件下发展起来的管理理念,它涉及各类企业及企业管理的各个方面,是一种跨企业、跨行业的管理,企业之间作为贸易伙伴,要为追求共同经济利益的最大化而努力。

供应链管理主要涉及四个领域:供应、生产计划、物流、需求。由图7-2可见,供应链管理是以同步化、集成化的生产计划为指导,以各种技术为支持,尤其以Internet/Intranet为依托,围绕供应、生产计划、物流(主要指制造过程)、需求来实施的。供应链管理主要包括计划、合作及控制从供应商到用户的物料(零部件和成品等)和信息。供应链管理的目标在于提高用户服务水平和降低总的交易成本,并且寻求两个目标之间的平衡(这两个目标往往有冲突)。

在以上四个领域的基础上,我们可以将供应链管理细分为职能领域和辅助领域。职能

```
                        供应链管理
                            │
                   同步化、集成化的生产计划
              ┌─────────┬──────┴──────┬─────────┐
            供 应     生产计划        物 流      需 求
              └─────────┴──────┬──────┴─────────┘
                   Internet/Intranet的全球信息网络

                        各种技术支持
```

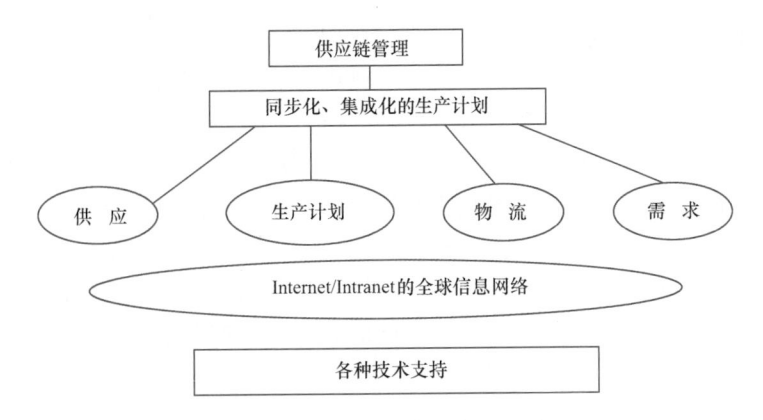

图 7-2　供应链管理涉及的领域

领域主要包括产品工程、产品技术保证、采购、生产控制、库存控制、仓储管理、分销管理；辅助领域主要包括客户服务、制造、设计工程、会计核算、人力资源、市场营销。由此可见，供应链管理关心的并不仅仅是物料实体在供应链中的流动，而是总的物流成本（从原材料到最终产成品的费用）与用户服务水平之间的关系，为此要把供应链各个职能部门有机地结合在一起，从而最大限度地发挥供应链整体的力量，达到供应链企业群体获益的目的。

电子供应链管理是指以客户为中心，充分利用信息技术，集成整个供应链的过程。它充分利用外部资源降低生产成本，实现快速敏捷反应，缩短需求响应时间和市场变化时间，使客户能够获得最好品质的产品和服务，为供应链中各个企业提供完整的电子商务交易服务，实现市场和企业资源共享，提高运营绩效。

(二) 电子供应链管理的意义

基于 Internet 的电子供应链管理系统（e-SCM）实质上已将整个世界连接成为一个巨大的价值链。Internet 的出现极大地推动了在线营销（Online-marketing）与邮购等各类基于 Web 的业务发展，但其中增长最为迅猛的则是供应链中的 B2B 交易领域。Internet 从根本上改变了 B2B 供应链模式。目前，通过 Internet 进行的 B2B 电子商务交易总值逐年增长，规模远远超过 B2C 电子商务领域。阿里巴巴是目前国内乃至世界上的大型 B2B 网站之一。预计未来数年中，B2B 电子商务仍将会保持高速的增长，并将继续对传统供应链造成前所未有的巨大冲击。

在这种情况下，电子供应链的部署无疑已成为众多供应商的当务之急。如若无视电子供应链的发展潮流，继续固守原有的供应链模式，则将会在供应链效率方面远远落后于竞争对手，并最终在竞争中落败。e-SCM 对大型企业的影响最为显著。许多大型企业早已投入巨资部署了专用于供应链的解决方案，这类供应链的解决方案涵盖了产品研发、供应链管理、产品营销、销售及结算支付在内的各个方面。一些行业领先的企业均将部署基于 Internet 的电子供应链管理系统作为对供应商的基本要求之一，部分企业甚至公然宣称"供应商与我们的所有交易必须通过 Internet 进行，不具备这种能力的供应商将不在我们的考虑之列"。

电子供应链可实现多方交易处理，使买方能够将多家供应商的订单最终集成至一个高效、统一的后勤服务体系中。同时，借助智能门户系统，客户还可以及时获取对其至关重要的相关产品的信息。

对任何一个行业而言,制造商在生产计划安排与原材料采购阶段,都离不开与客户和供应商的密切联系。如何实现高效的供应链管理已成为制造商面临的现实问题之一。高效的供应链管理能够实现物流与信息流管理,成为众多企业增加市场份额、降低成本和提高收益的利器。在许多行业内,供应链性能已成为相关企业争取市场份额的决定性因素之一。

实现物流与信息流的高效集成是供应链管理的首要目标。但企业在对供应链管理的认识上还存在着不少误区,主要表现为部分企业仅仅注重为客户提供高质量的产品及最大限度减少库存等供应链的物流环节,而对及时提供相关信息的信息流环节重视不够。实际上,电子供应链从根本上改变了业务处理模式的同时,供应链管理模式也必须本着服务于市场的原则做出相应的改变。

供应链管理的最大挑战是如何合理确定优先级,并定位所需资源,取得最理想的目标效益。在这方面,制造商面临的风险与挑战还表现在不能紧跟市场变化,失去客户与市场份额,从而影响利润与收入。虽然 Internet 技术可有效提高供应链效率,降低管理成本,并提高订单处理效率,但单纯依赖于软件系统的增加并非供应链管理的真正解决之道。虽然在电子供应链管理中,软件系统必不可少,但实现物流与信息系统的高效集成才是供应链管理的主旨所在。

(三) 电子供应链管理的策略

1. 联合库存管理

电子供应链管理一个最重要的方面就是联合库存管理。所谓联合库存管理,就是建立起整个供应链以核心企业为核心的库存系统。具体地说,一是要建立起一个合理分布的库存点体系,二是要建立起一个联合库存控制系统。

联合库存分布一般是供应商企业取消自己的成品库存,而直接放置到核心企业的原材料仓库中,或者直接送到核心企业的生产线(图 7-3)。

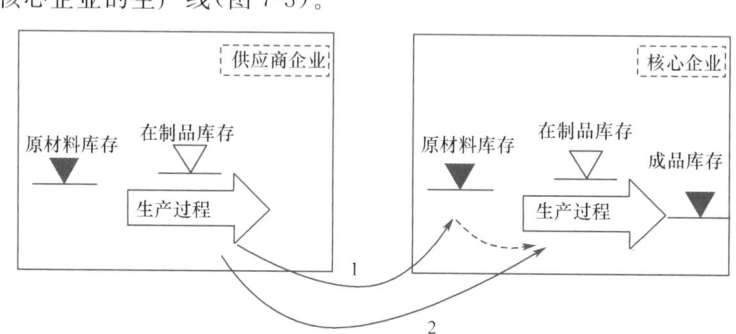

图 7-3 联合库存分布原理和物资从产出点到需求点的途径

图 7-3 中实际上给出了两种模式:

第一种模式是集中库存模式,即变各个供应商的分散库存为核心企业的集中库存。各个供应商的货物都直接存入核心企业的原材料仓库。这样做有很多好处:

(1)减少了库存点,省去了一些仓库设立的费用和相应的仓储作业费用,减少了物流环节,降低了系统总的库存费用。

(2)减少了物流环节,在降低物流成本的同时,提高了工作效率。

(3)供应商的库存直接存放在核心企业的仓库中,不但保障了核心企业的物资供应,取用方便,而且使核心企业可以统一调度、统一使用管理、统一进行库存控制,为核心企业方便高效的生产运作提供了保障条件。

(4)这种方式也为科学的供应链管理创造了条件,如供应商管理库存(VMI)、连续补充货物(CRP)、快速响应(QR)、准时化供货(JIT)等。

第二种模式是无库存模式,即核心企业也不设原材料仓库,实行无库存生产。这个时候供应商的成品仓库和核心企业的原材料仓库都取消(如图7-3中的2),供应商与核心企业实行同步生产、同步供货,直接将供应商的产成品送上核心企业的生产线,这就是准时化供货模式。这种模式由于完全取消了库存,所以效率最高,成本最低,但是对供应商和核心企业的运作标准化、配合程度、协作精神要求也高,操作过程要求严格,一般二者的距离不能太远。

这两种联合库存模式不但适用于各个供应商和核心企业,原理上也适用于核心企业与分销商。在运用于核心企业与分销商的情况下,核心企业要站在供应商的立场上,对各个分销商实行分布库存,将货物直接存于各个分销仓库,并且直接掌握各个分销库存,采用配送等方式实行小批量、多频次送货。

联合库存体系除了要建立起如上的联合库存分布之外,还要建立起统一的库存控制系统。建立好了联合库存分布体系,则建立联合库存控制系统的问题也就很好地解决了。

2. 供应商管理库存

供应商管理库存(Vendor Managed Inventory,VMI)是供应链管理理论出现以后提出来的一种新的库存管理方式。它是供应商掌握核心企业库存的一种库存管理模式,是对传统的由核心企业自己从供应商处购进物资,自己管理,自己消耗,自负盈亏模式的一种革命性变动。

由供应商管理库存有很大的好处:供应商是商品的生产者,它掌握核心企业的库存,具有很大的主动性和灵活机动性;供应商管理库存,就可以把核心企业从库存陷阱中拉出来;供应商管理库存,就是掌握市场。可见,实施VMI,即由供应商管理库存,可以实现核心企业和供应商企业的"双赢"。

实施 VMI,需要有几个前提条件:第一,供应商要详细掌握核心企业的销售信息和库存消耗信息,也就是要对供应商透明;第二,为了使供应商能够及时详细地掌握核心企业的销售信息和库存消耗信息,就要建立起通畅的信息传输网络,建立管理信息系统,实现信息的及时传输和处理;第三,建立起供应链系统的协商机制和互惠互利机制,要加强沟通,及时协商处理出现的各种问题,要本着责任共担、利益共享的精神,建立起企业之间的友好协作关系。可以建立某种组织或规章制度保证系统,订立合作框架协议。

3. 连续补充货物

连续补充货物就是供应点连续、多频次、小批量地向需求点补充货物。它基本上是与生产节拍相适应的运输蓝图模式,主要包括配送供货和准时化供货方式。配送供货一般用汽车将供应商下线的产品按核心企业所需要的批量(日需要量或者半天需要量)进行频次批量送货(一天一次、两次)。准时化供货一般用汽车、叉车或传输线进行更短距离、更高频次的小批量、多频次供货(按生产线的节拍,一小时一次、两次),或者用传输线进行连续同步供应。

例如,沃尔玛公司的补货策略:对于每一种商品,沃尔玛店铺都制定一个安全库存水平,一旦现有库存低于这个水平,沃尔玛的计算机系统通过计算机网络自动向供应商订货。供应商根据沃尔玛店铺近期的销售数据,分析出商品的销售动向,再以商品库存数据为基础,同时兼顾物流成本,决定什么时候,以什么方式向沃尔玛的店铺发货,以多频次、小批量进行连续库存补充。

4. 分销资源计划

分销资源计划主要是指供应商对分销网点或客户有计划地组织供应送货。通过互联网将供应商与经销商有机地联系在一起,为企业的业务经营及与贸易伙伴的合作提供了一种全新的模式。供应商和经销商之间可以实现实时提交订单、查询产品供应和库存状况并获得市场销售信息及客户支持,实现了供应商与经销商之间端到端的供应链管理,有效地缩短了供应链。

新的模式借助互联网的延伸性及便利性,使商务过程不再受时间、地点和人员的限制,企业的工作效率和业务范围都得到了有效的提高。企业也可以在兼容互联网时代现有业务模式和基础设施的前提下,迅速构建B2B电子商务平台,扩展现有业务和销售能力,实现零风险库存,大大降低分销成本,提高周转效率,确保获得竞争优势。

5. 快速、有效的响应系统

快速响应系统的主要思想就是依靠供应链系统,而不是只依靠企业自身来提高市场响应速度和效率。一个有效率的供应链系统通过加强企业间沟通和信息共享、供应商掌握库存、连续补充货物等多种手段进行运作能够达到更高效率,以更快的速度灵敏地响应市场需求的变动。

有效客户响应系统的主要思想是指组织由生产厂家、批发商和零售商等构成的供应链系统,在店铺空间安排、商品补充、促销活动和新产品开发与市场投入几个方面相互协调,更好、更快并以更低的成本满足消费者需要。

首先,快速、有效的响应系统采用了先进的信息技术,在生产企业与流通企业之间开发了一种利用计算机技术的自动订货系统。它通常与电子收款系统结合使用,利用电子收款系统提供的商品销售信息把有关订货要求自动传向配送中心,由配送中心自动发货,这样就可能使零售企业的库存降至为零,并缩短了从订货至交货的周期,提高了商品鲜度,降低了商品破损率,还可使生产商以最快捷的方式得到自己的商品在市场中是否适销对路的信息。

其次,快速、有效的响应系统还采用了两种新的管理技术和方法,即种类管理和空间管理。种类管理的基本思想是不从特定品种的商品出发,而是从某一种类的总体上考虑收益率最大化。就软饮料而言,不考虑其品牌,而是从软饮料这一大类上考虑库存、柜台面积等要素,按照收益率最大化的原则去安排品种结构。其中有些品种能赢得购买力,有些品种能保证商品收益,通过相互组合既满足了顾客需要,又提高了店铺的经营效益。空间管理力求商品布局、柜台设置最优化。过去许多零售商也注意此类问题,不同点在于快速、有效的响应系统的空间管理是与种类管理相结合的,通过两者的结合实现单位销售面积的销售额和利润提高,因而可以取得更好的效果。

(四)电子供应链的运输管理

除库存管理之外,电子供应链管理的另一个重要方面就是运输管理。相对来说,运输管理没有像库存管理那样要求严格。因为现在运力资源丰富,市场很大,只要规划好了运输任务,很容易找到运输承包商来完成它,所以运输管理的任务主要有三个:一是设计规划运输任务,二是寻找合适的运输承包商,三是运输组织和控制。

1. 设计规划运输任务

设计规划运输任务就是要站在供应链的整体高度,统一规划有关的运输任务,确定运输方式、运输路线、联合运输方案,设计运输蓝图,达到既能够满足各点的运输需要,又使总运输费用最省的目的。供应链运输是一个多点系统的运输问题,涉及供应商到核心企业,核心企业到分销商以及供应商之间,分销商之间等多个企业、多个品种、多种运输方式、多条运输路线的组织规划等问题,要根据供应链正常运行的节拍,确定各点之间的正常运量,然后统一组织联合运输、配送和准时化供货。通常要建立模型,仔细地优化计算得出运输方案,建立运输蓝图。具体可以运用运输规划法、配送计划法等来完成。

2. 寻找合适的运输承包商

运输任务方案确定下来后,就需要寻找运输承包商。现在运输资源很丰富,容易找,但是一般应当找正规的运输企业或者物流企业,建立稳定的合作关系,甚至可以把它们拉入供应链系统之中。不要轻易找那些没有资质和能力的运输承包者,以避免运输风险。

3. 运输组织和控制

运输的方式有长途输送运输、短途配送运输和准时化供货等。长途输送运输是长距离、大批量的快速运输;短途配送运输是短距离、多用户、多品种的循环送货;准时化供货是更短距离的供应点对需求点的连续、多频次、小批量补充货物。运输组织和控制就是按照给定的运输方案、运输蓝图对运输承包商的运输活动过程和运输的效果进行组织、管理和控制。

任务 掌握供应链管理软件操作方法

任务引入

李明在培训部吴主管的安排下学习操作公司供应链管理软件,并决心学好该软件的应用,为自身今后的发展打好基础。

任务目标

吴主管要求李明通过供应链管理软件的操作,理解信息流的流动过程,学会建立与修改各项单据,了解单据信息的现实含义,能够运用电子供应链管理思想对企业管理流程提出合理化建议,培养自身团队合作的意识。

工作过程

下面以某公司供应链管理软件为例进行介绍。

步骤 1 采购管理

打开公司供应链管理软件,登录系统后单击页面左边的【供应链】按钮,然后单击【采购管理】,出现如图 7-4 所示的界面。依次打开子功能,从采购申请开始,如图 7-5 所示。

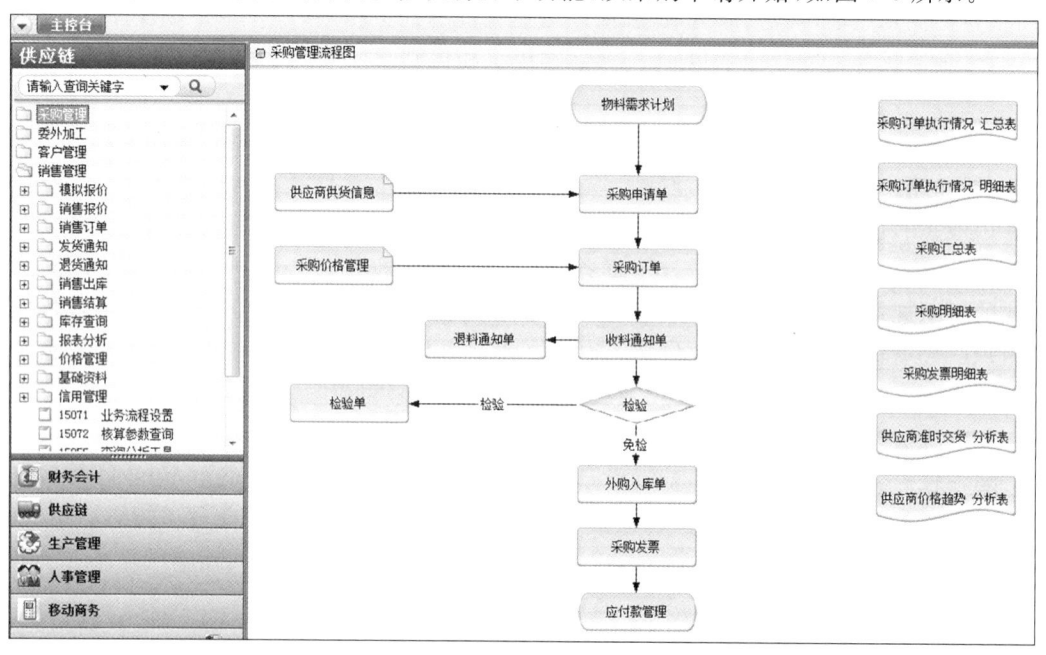

图 7-4 采购管理流程

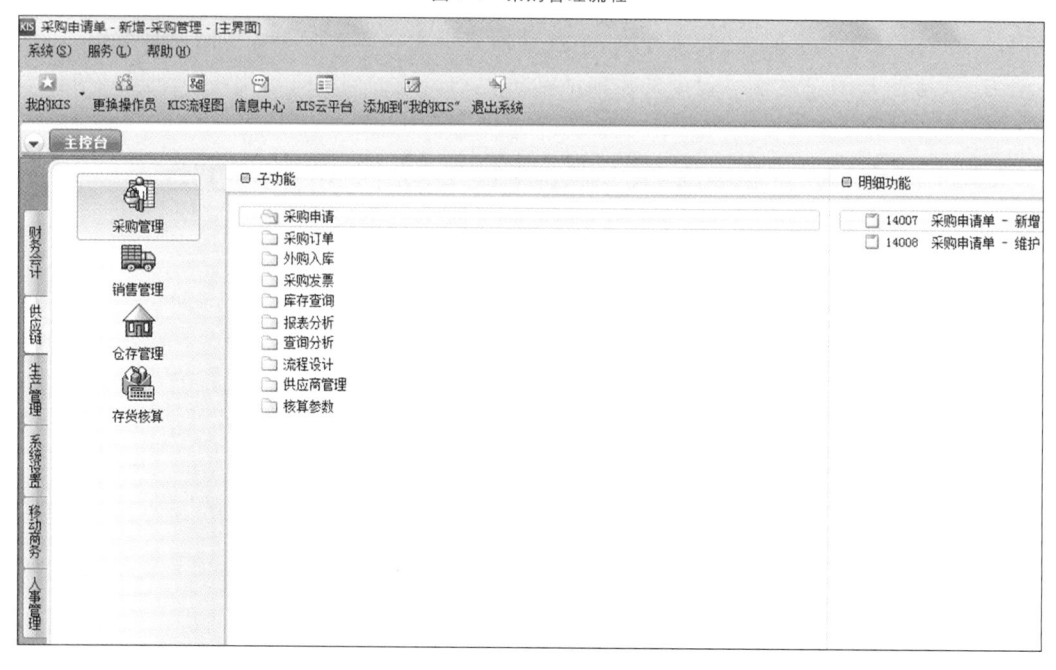

图 7-5 采购管理子功能

在采购前可以单击【采购管理】→【供应商管理】,再单击【供应商供货信息】,通过系统自动对供应商供货进行 ABC 分析,如图 7-6 所示,方便订货安排。

项目七 电子供应链管理

供应商长代码	供应商名称	订单金额	占订货总额(%)	供货金额	占供货总额(%)	供货占订货(%)	ABC分类
G101	烟台世橡橡胶有限公司	279,600.00	7.25	279,600.00	13.22	100.00	A
G105	博瑞达泛太（上海）贸易有限公司	162,862.70	4.22	162,862.70	7.70	100.00	A
G097	上海宗一化工有限公司	147,141.80	3.81	147,141.80	6.96	100.00	A
G095	株洲兴隆化工实业有限公司	264,768.00	6.86	132,384.00	6.26	50.00	A
G033	东莞市桦呈贸易有限公司	127,736.27	3.31	127,736.27	6.04	100.00	A
G068	东莞市佐伊橡塑科技有限公司	127,302.90	3.30	120,112.90	5.68	94.35	A
G015	东莞市海丽商贸有限公司	161,789.20	4.19	117,142.80	5.54	72.40	A
G086	广州市宝矿贸易有限公司	104,400.00	2.71	104,400.00	4.94	100.00	A
G026	东莞市虎门汇丰化工原料贸易行	102,346.55	2.65	102,346.55	4.84	100.00	A
G039	东莞市隆鑫顺油品有限公司	107,640.00	2.79	99,472.50	4.70	92.41	A
G003	东莞色真塑料有限公司	96,238.00	2.49	96,238.00	4.55	100.00	A
G088	广州市力大橡胶原料贸易有限公司	173,800.00	4.51	86,900.00	4.11	50.00	B
G099	珠海众达鞋材有限公司（珠海仲平塑胶制）	83,408.50	2.16	83,408.50	3.94	100.00	B
G040	东莞市名扬油墨有限公司	80,419.93	2.08	80,419.93	3.80	100.00	B
G017	东莞市禾行贸易有限公司	75,621.20	1.96	75,621.20	3.58	100.00	B
G036	东莞市钜轮橡塑有限公司	679,006.50	17.60	41,870.00	1.98	6.17	B
G102	佛山市南海区松岗正兴胶粘制品有限公司	39,932.10	1.04	39,932.10	1.89	100.00	B
G108	东莞市沣源塑胶原料有限公司	36,930.00	0.96	36,930.00	1.75	100.00	B
G005	东莞市诚展橡塑原料有限公司	20,960.00	0.54	20,960.00	0.99	100.00	C
G011	东莞市福森润滑油有限公司	18,318.85	0.47	18,318.85	0.87	100.00	C
G081	东莞市利士石油化工有限公司	17,940.00	0.47	17,940.00	0.85	100.00	C
G047	东莞市长安邦裕五金机械经营部/永宏	16,300.00	0.42	16,300.00	0.77	100.00	C

图 7-6 供应商供货 ABC 分析

步骤 2 销售管理

在供应链系统里单击【销售管理】，出现如图 7-7 所示的界面。依次选择销售订单等，在弹出的单证界面输入订单明细。

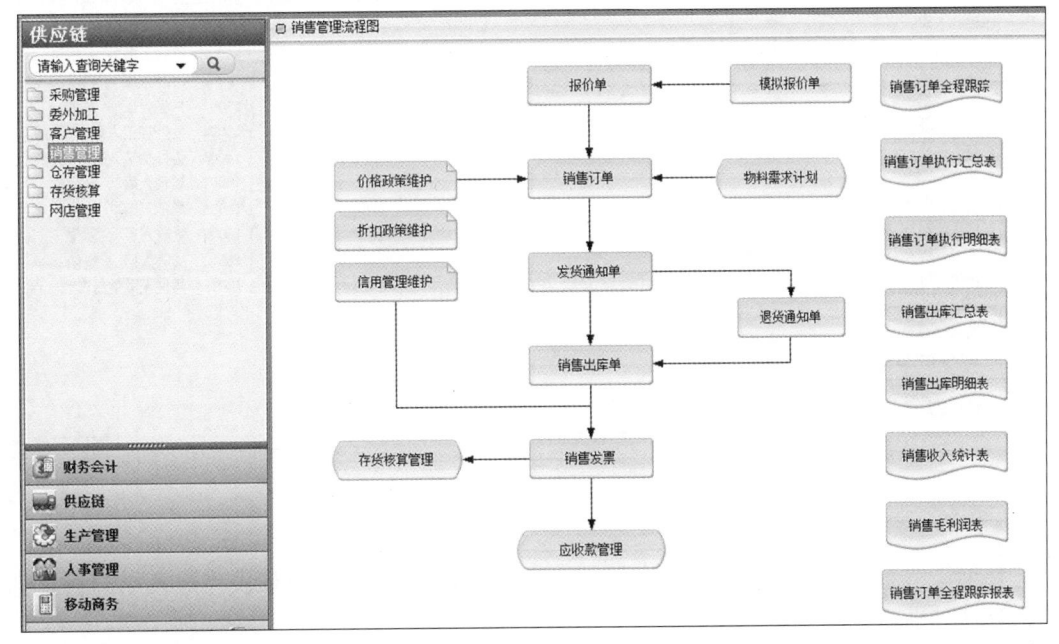

图 7-7 销售管理流程

步骤 3 仓存管理

在供应链系统里单击【仓库管理】按钮，出现如图 7-8 所示的界面。依次完成从外购入库单填写到销售出库单填写等操作。

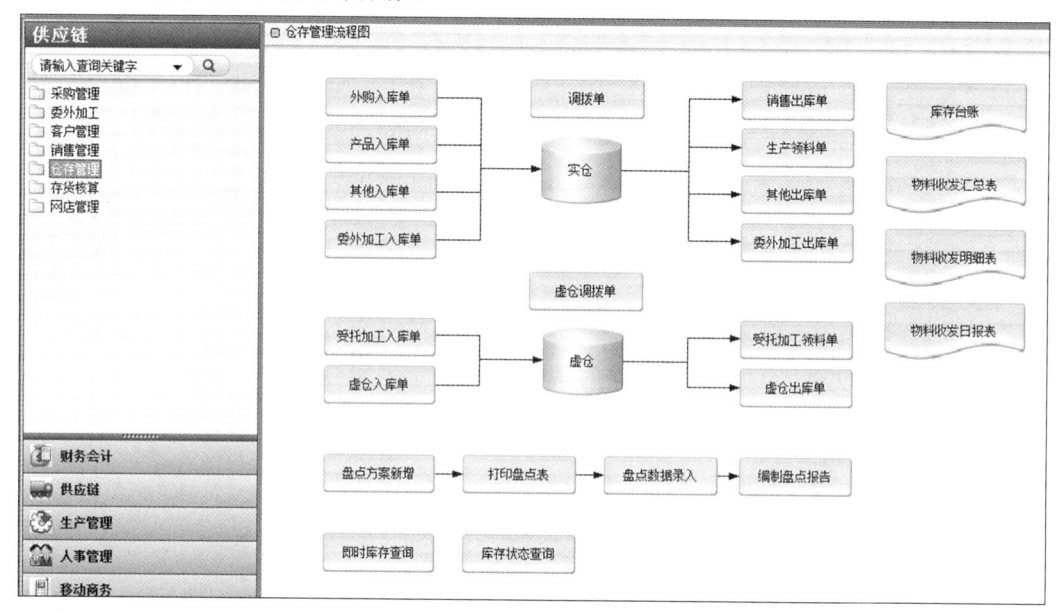

图 7-8 仓存管理流程

仓存管理子功能如图 7-9 所示。

图 7-9 仓存管理子功能

步骤 4 存货核算

在供应链系统里单击【存货核算】，出现如图 7-10 所示的界面。依次完成从期初调整到期末处理等操作。

项目七　电子供应链管理

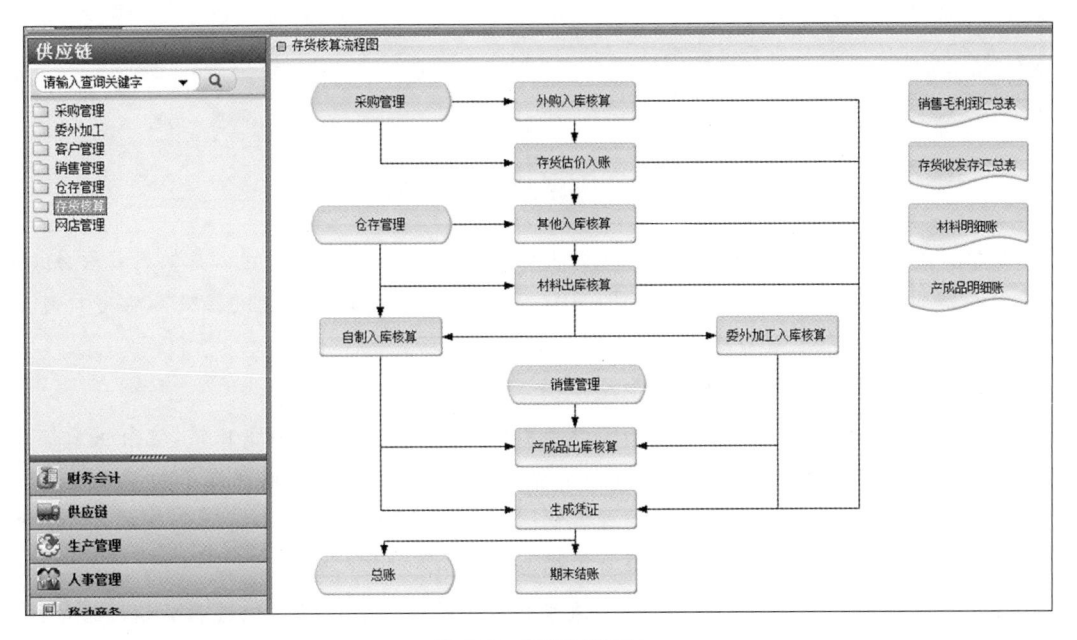

图 7-10　存货核算流程

存货核算子功能如图 7-11 所示。

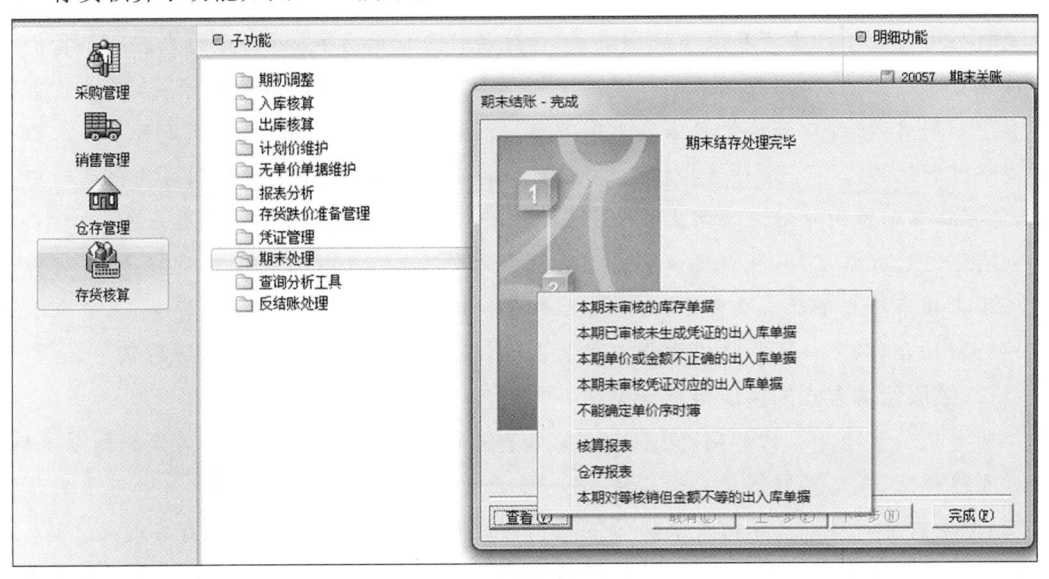

图 7-11　存货核算子功能

任务总结

李明通过供应链管理软件的操作学习，领会了供应链管理软件的管理思想，对供应链成员在供应链管理系统平台上的业务高效运作有了深刻的体会。

案例分析

可口可乐公司供应链管理

经过百年风雨,可口可乐公司仍以其知名的品牌闻名遐迩。它为什么在饮料经营方面,如此引人注目?除了饮料的秘密配方外,可口可乐还有什么秘密竞争武器呢?从可口可乐的成长历程,考察其供应链管理策略,便可知其发展奥秘。

一、特许合同方式的供应链管理策略

直到 20 世纪 80 年代初,可口可乐仍然采取特许合同方式管理着供应链,这条供应链由浓缩液制造商、装瓶商、经销商、零售商和消费者组成,形成一个由可口可乐控制浓缩液制造,其他链节根据市场调控的供应链管理策略。在这一管理策略下,公司的竞争实力与市场的竞争环境达到完美结合,造就了可口可乐的知名品牌。

在公司发展的起步和成长阶段,一般商家的做法是通过自身销售渠道和营销网络,打开产品销路,扩大市场份额,但前提是公司资金雄厚,若资金投入不足,则会影响公司的市场竞争力和公司的成长速度。可口可乐经过深思熟虑,没有采用这种其他企业惯用的经营路数,而是将公司定位于广告商和浓缩液制造商,通过特许合同的方式,以固定的浓缩液供货价格和区域独家经营的方式,将销售的权限授予装瓶商,借助装瓶商的企业家才能,建立销售渠道和营销网络,把可口可乐饮料送到千家万户。这种特许合同的经营方式,是可口可乐的一种战略经营选择。有了这种选择,可口可乐可以把有限的资金用在刀刃上,成为出色的广告商,将可口可乐推向市场。事实上,即使到了今天,可口可乐的广告仍然相当出色。

有了这种战略定位,可口可乐公司不遗余力地发展起 1 200 家装瓶商,这些装瓶商为可口可乐占领市场立下汗马功劳,为可口可乐销售网络的建设节约了大量的资金,正是有了装瓶商的密切合作,可口可乐公司才得以轻装上阵,迅速成长,成为软饮料市场的领导者。

二、控股经营方式的供应链管理策略

随着饮料市场竞争的加剧,竞争格局发生了微妙的变化。一方面在新的饮料细分市场,如大型连锁店、饭店等取得了竞争优势,另一方面它们又在想方设法地蚕食可口可乐的传统市场,竞争态势对可口可乐的发展极为不利。在这种情形下,可口可乐只有奋起反击,才能夺回失去的市场份额,扭转销售增长缓慢的局面。面对不利竞争,可口可乐所采取的策略是向装瓶商施加压力,要求其加快现代化生产过程的投入,以强化可口可乐的市场竞争地位。但装瓶商也有自己的打算,他们认为饮料市场已趋于饱和,是回收资金而不是增加投资的时候。由于装瓶商有长期合同做后盾,并控制着可口可乐的营销网络,又锁定了可口可乐的进货成本,因此,对任何改变现状的举措,要么否决,要么怀疑而不积极配合。就这样,可口可乐的战略意图受到了重挫,供应链的管理面临严峻挑战。

为了改变这种被动的局面,可口可乐利用其开发的新品种——高糖玉米浓缩液的上市契机,同装瓶商展开了艰难的谈判。一方面,如果新品种能够顺利替代原有浓缩液,就可以为可口可乐节约 20% 的生产成本,但可口可乐不是独享其成,而是与装瓶商分享获利的机

会,条件是装瓶商同意修改合同条款,并在部分条款上做出让步,这样在调整供应链管理方面,可口可乐就有了更大的回旋余地。另一方面,可口可乐通过特许权回购、购买控股的方式和提供中介及融资的策略,对装瓶商的经营活动施加影响,使装瓶商接受可口可乐的管理理念,支持可口可乐的供应链管理战略。而那些不愿意接受可口可乐所提条件的装瓶商,因得不到可口可乐在融资和管理资源方面的支持,随着市场竞争的加剧而江河日下。

但是,对装瓶商绝对控股的策略,又使得可口可乐提高了公司的资本密集程度,扩大了公司的资产规模,增加了公司的经营风险。这样,改变公司的资本结构,并能控制供应链管理的谋略,又摆在了公司面前。

三、持股方式的供应链管理策略

公司的经营目标是股东财富最大化,但供应链中的不同链节,其赢利能力是有差别的,大量资金投入却获利能力不强的链节,将导致股东收益的下降。改善公司资本结构、资产结构就成了可口可乐必须做出的抉择。

在供应链管理上,可口可乐可谓游刃有余。对于曾经为可口可乐开拓市场建立过功勋的小型装瓶商,公司在采用特许权回购的收购战略之后,面临的是如何管理的问题。在经过精心策划和充分准备之后,可口可乐公司成立了装瓶商控股公司,由装瓶商控股公司控制装瓶商的经营活动。通过装瓶商控股公司,可口可乐可以实现对整个供应链的战略调控,这只是可口可乐剥离绝对控股权的第一步战略计划。

在成立装瓶商控股公司后,可口可乐根据资本市场的发展情况,审时度势,抓住有利时机,让装瓶商控股公司上市交易,利用资本市场,将51%的控股权转手出去,保留49%的相对控股权。可口可乐通过这一系列策略选择,最终实现公司资本结构的改善,资本密集程度下降。

有了国内供应链管理的成功经验,并成为国内饮料市场的领导者之后,可口可乐修正了它的战略目标,成为全球知名的跨国公司。国际饮料市场的巨大潜力吸引着可口可乐,在这些陌生而又新鲜的市场上,可口可乐有着悠久的历史,只是公司的销售渠道不畅,没有较完善的经营网点而迟迟不能进入。

销售渠道和网点的建设同美国一样,需要大量资金,国际营销环境又不同于美国国内营销环境,可口可乐意识到,可乐只有融入当地文化和环境中,与当地文化打成一片,才能减少经营风险。穿旧鞋走新路,是再好不过的策略了。就这样,可口可乐又使出了在美国国内惯用的招数,与国外大型骨干装瓶商密切合作,由可口可乐控制广告宣传和浓缩液的生产,由装瓶商为其所在地区或国家提供可乐饮料。随着时间的推移,在全球饮料市场上,可口可乐公司以计划周密,控股或持股收购装瓶商的模式,再现了美国国内市场上供应链管理那惊人相似的一幕。

【案例分析与讨论】 可口可乐公司的供应链管理给我们带来哪些启示?

课外拓展

一、单选题

1. 按照动力来源划分,电子供应链可分为（　　）电子供应链和"拉式"电子供应链两种。
   A. "聚集"　　　　B. "推式"　　　　C. "销售"　　　　D. "推销"

2. 电子供应链的特征不包括（　　）。
   A. 复杂性　　　　B. 动态性　　　　C. 交叉性　　　　D. 高风险性

3. 电子供应链按照网状结构划分不包括（　　）。
   A. V 型电子供应链　　　　　　　　B. A 型电子供应链
   C. T 型电子供应链　　　　　　　　D. F 型电子供应链

4. 联合库存管理包含的两种模式是集中库存模式和（　　）。
   A. 分散库存模式　　　　　　　　　B. 最小化库存模式
   C. 最大化库存模式　　　　　　　　D. 无库存模式

二、多选题

1. 供应链的参与主体包括（　　）。
   A. 生产商　　　　B. 分销商　　　　C. 零售商　　　　D. 消费者
   E. 服务商

2. 电子供应链的优势主要有（　　）。
   A. 节约交易成本　　　　　　　　　B. 降低存货水平
   C. 降低采购成本　　　　　　　　　D. 缩短循环周期
   E. 增加收入和利润

3. 根据研究对象划分,电子供应链可分为（　　）。
   A. 垂直供应链　　　　　　　　　　B. 企业电子供应链
   C. 产品电子供应链　　　　　　　　D. 基于契约的电子供应链
   E. 水平供应链

4. 供应链管理主要涉及（　　）四个领域。
   A. 供应　　　　　　　　　　　　　B. 在制品库存
   C. 生产计划　　　　　　　　　　　D. 物流
   E. 需求

5. 电子供应链管理的策略主要包括（　　）。
   A. 联合库存管理　　　　　　　　　B. 供应商管理库存
   C. 连续补充货物　　　　　　　　　D. 分销资源计划
   E. 快速、有效的响应系统

三、判断题

1. 联合库存分布一般是供应商企业取消自己的成品库存,而直接放置到核心企业的原材料仓库中,或者直接送到核心企业的生产线。（　　）

2.连续补充货物(CRP)就是供应点连续、多频次、大批量地向需求点补充货物。
（　　）

3.分销资源计划主要是指生产商对分销网点或客户有计划地组织供应送货。
（　　）

4.快速响应系统的主要思想就是依靠供应链系统，而不是只依靠企业自身来提高市场响应速度和效率。
（　　）

5.供应链管理是以同步化、集成化的生产计划为指导，以各种技术为支持，尤其以Internet/Intranet为依托，围绕供应、生产计划、物流（主要指制造过程）、需求来实施的。
（　　）

四、操作题

1.收集供应链管理免费软件，试着下载安装，掌握其基本模块操作。

2.调研某企业的供应链管理，提出优化管理意见。

项目八
电子商务环境下的国际物流管理

项目引入

李明来到江苏远航物流公司国际物流业务部，高经理向他介绍道，电子商务的推广使国际物流在整个商务活动中占有举足轻重的地位。国际物流作为将货物在国家间进行物理性移动的国际商务活动，是一种集各种一般物流功能于一体的开放系统。要使国际物流系统正常和良好地运作，使其价值得到充分的发掘和利用，就必须按照一般物流系统规程，结合国际贸易和全球化制造与营销的特殊性，恰当而科学地构造国际物流系统，实现物流作业管理的合理化，最大限度地发挥国际物流的功能。

项目分析

李明认识到，电子商务的跨时域性和跨区域性，使物流活动必然呈现跨国性。国际物流由于自身的复杂性使得对其管理更加困难，难以预测。他认为需要通过对电子商务环境下国际物流管理的相关内容进行分析，结合本公司的国际物流业务展开学习。

任务分解

高经理要求李明在电子商务相关技术快速发展的新形势下，明确国际物流作业管理的具体内容，了解国际物流管理的复杂性，并能够熟练掌握国际物流作业管理的基本操作。

相关知识

一、国际物流的含义

国际物流是指组织原材料、在制品、半成品和制成品在国与国之间进行流动和转移的活动，是从国际的视角来看待物流的一种方式。它是相对于国内物流而言的，是发生在不同国家间的物流，是国内物流的延伸和进一步扩展，是跨国界的、流通范围扩大了的物的流通。

国际物流的实质是按照国际分工协作的原则，依照国际惯例，利用国际化的物流网络、物流设施和物流技术，实现货物在国家间的流动和交换，以促进区域经济的发展和世界资源的优化配置。国际物流是国际贸易的一个必然组成部分，各国之间的相互贸易最终都将通过国际物流来实现。

国际物流的总目标是为国际贸易和跨国经营服务，使各国物流系统相互"接轨"，即选择最佳的方式和路径，以最低的费用和最小的风险，保质、保量、适时地将货物从某国的供方运到另一国的需方，使国际物流系统整体效益提高。

国际物流分为广义和狭义两个方面。广义的国际物流是指各种形式的物资在国与国之间的流入和流出，包括进出口商品、暂时进出口商品、转运物资、过境物资、捐赠物资、援助物资、加工装配所需物料、部件以及退货等在国与国之间的流动。狭义的国际物流是指与另一国进出口贸易相关的物流活动，即当某国企业出口其生产或制造的产品给在另一国的客户或消费者时，或当该企业作为进口商从另一国进口生产所需要的各种原材料、零部件或消耗品时，为了消除生产者与消费者之间的时空差异，使货物从卖方的处所物理性地移动到买方处所，并最终实现货物所有权的跨国转移，国际物流的一系列活动就产生了。

为实现物流合理化，必须按照国际商务交易活动的要求来开展国际物流活动，不仅要降低物流费用，而且要考虑提高顾客服务水平，提高销售竞争能力和销售效益，即提高国际物流的整体效益，而不仅仅是提高局部效益。

二、国际物流的特点

国际物流是为跨国经营和对外贸易服务的，它要求各国之间的物流系统相互接轨。相对国内物流来说，其主要特点如下：

1. 物流环境存在差异

国际物流一个非常重要的特点是，各国物流环境存在差异，尤其是物流软环境的差异。这就迫使一个国际物流系统需要在几个不同法律、人文、习俗、语言、科技、设施的环境下运行，这无疑会大大增加物流的难度和系统的复杂性。

2. 物流系统范围广

物流本身的功能要素、系统与外界的沟通就已经很复杂，国际物流再在这复杂系统上增加不同国家的要素，这不仅是地域和空间更广阔，而且所涉及的内、外因素更多，所需的时间更长，广阔范围带来的直接后果是难度和复杂性增加，风险增大。

3. 必须有国际化信息系统的支持

国际化信息系统是国际物流，尤其是国际联运非常重要的支持手段。当前国际物流信息系统一个较好的建立办法是和各国海关的公共信息系统联机，以及时掌握有关港口、机场和联运线路、站场的实际状况，为供应或销售物流决策提供支持。国际物流是最早发展"电子数据交换（EDI）"的领域，以EDI为基础的国际物流对物流的国际化产生了重大影响。

4. 标准化要求较高

要使国家间物流畅通起来，统一标准是非常重要的，可以说，如果没有统一的标准，国际物流水平是很难提高的。目前，很多国家实现了物流工具、设施的统一标准，这将大大降低物流费用和转运的难度。而不向这一标准靠拢的国家，必然在转运、换车底等许多方面耗费更多的时间和费用，从而降低其国际竞争力。

5. 多种运输方式相结合

国际物流运输方式有海洋运输、公路运输、铁路运输、航空运输以及将这些运输手段组合而成的多式联运。货运代理人会根据客户的要求,综合考虑时间、成本、效率、可靠性等因素,选择不同的运输方式进行组合。在国际物流活动中,"门到门"的运输组织方式越来越受到货主的欢迎,使得能满足这种需求的国际多式联运方式得到迅速发展,逐渐成为国际物流中运输方式的主流。国际多式联运的目的就是追求整个物流系统的效率化和缩短运输时间。

三、国际物流系统的组成

国际物流系统由商品的运输、储存、包装、检验检疫、流通加工和其前后的整理、再包装及国际配送等子系统组成,其中,运输和储存子系统是物流的两大支柱。国际物流通过商品的运输和储存实现其自身的时空效益,满足国际贸易的基本需要。

1. 国际货物运输子系统

运输的作用是将商品使用价值进行空间移动,物流系统依靠运输作业克服商品生产地和需求地之间的空间距离,创造了商品的空间效益。国际货物运输是国际物流系统的核心。通过国际货物运输作业可以使商品在交易的前提下,由卖方转移到买方;在非贸易物流过程中,通过国际货物运输作业可以将物品由发货人转移到收货人。

2. 国际货物储存子系统

储存、保管使商品在其流通过程中处于一种或长或短的相对停滞状态,这种停滞是完全必要的。因为商品流通是一个由分散到集中,再由集中到分散的源源不断的过程。国际贸易和跨国经营中的商品从生产地或供应部门被集中运送到装运地,有时要临时存放一段时间,再装运出口,是一个集和散的过程。国际贸易商品就是通过这些仓库的收入和发出,并在中间存放保管,实现国际物流系统的时间效益,克服生产时间和消费时间上的分离,促进国际贸易的顺利进行。它主要是在各国的保税区和保税仓库进行,涉及各国保税制度和保税仓库建设等方面。保税制度是对特定的进口货物,在进境后,尚未确定内销或者出口的最终去向时,暂缓缴纳进口税,并由海关监管的一种制度。这是各国政府为了促进对外加工贸易和转口贸易而采取的一项关税措施。保税仓库是经海关批准专门用于存放保税货物的仓库。保税仓库的出现为国际物流的海关仓储提供了既经济又便利的条件。

3. 进出口商品装卸搬运子系统

进出口商品的装卸搬运作业相对于运输来讲,是短距离的商品搬移,是仓库作业和运输作业的纽带和桥梁,实现的也是物流的空间效益。它是保证商品运输和保管连续性的一种物流活动。做好商品的装船、卸船、进库、出库以及库内的搬卸清点、查库、转运转装等,对加速国际物流运转十分重要,是物流成本降低的重要环节。有效地做好装卸搬运作业,可以减少运输和保管之间的摩擦,提高商品的储存效率。

4. 流通加工子系统

流通加工是随着科技进步,特别是物流业的发展而不断发展的。流通加工是为了促进销售,提高物流效率和物资利用率以及维护产品的质量,使物资或商品发生一定物理和化学变化的加工过程,并保证进出口商品达到质量要求。出口商品的流通加工业,其重要作用是使商品更好地满足消费者的需求,以扩大出口,同时也是充分利用本国劳动力和加工能力、扩大就业机会的重要途径。流通加工的具体内容包括:进行袋装或定量小包装、贴标签、配装、挑选、混装、刷标记等出口贸易商品服务;剪断、平整、套裁、打孔、折弯、拉拔、组装、改装、服装的检验、烫熨等生产性外延加工。这种流通加工,不仅最大限度地满足了客户的多元化需求,同时,由于是比较集中的加工,能比没有加工的原材料赚取更多的外汇。

5. 商品包装子系统

商标就是商品的标识。商标一般都需经过国家有关部门登记注册,并受法律保护,以防假冒,保护企业和消费者的利益。美国杜邦化学公司提出的"杜邦定律"认为,63%的消费者是根据商品的包装来选购商品的。国际市场和消费者是通过商品来认识企业的,而商品的商标和包装就是企业的面孔,它反映了一个国家的综合科技和文化水平。因此,商标关系着企业乃至一个国家的信誉。国际进出口商品商标的设计要求有标识力,要求表现一个企业(或一个国家)的特色产品的优点,简洁明晰并易看、易念、易听、易写、易记;要求有持久性,不违背目标市场和当地的风俗习惯;出口商品商标翻译要求传神生动;商标不得与国旗、国徽、军旗、红十字会会章相同,不得与宗教标记或政府机关、展览性质的标记相同或相近。在考虑出口商品包装设计和具体作业过程时,应把包装、储存、装卸搬运和运输有机联系起来统筹考虑,全面规划,实现现代国际物流系统所要求的"包、储、运"一体化。

6. 国际物流信息子系统

国际物流信息子系统的主要功能是采集、处理和传递国际物流和商流的信息。没有功能完善的信息系统,国际贸易和跨国经营将寸步难行。国际物流信息的主要内容包括进出口单证的作业过程、支付方式信息、客户资料信息、市场行情信息和供求信息等。国际物流信息子系统的特点是信息量大,交换频繁,传递量大,时间性强,环节多、点多、线长,所以要建立技术先进的国际物流信息子系统。

7. 商品检验检疫与通关子系统

国际贸易和跨国经营具有投资量大、风险高、周期长等特点,因此商品检验成为国际物流系统中重要的子系统。根据国际贸易惯例,商品检验时间与地点的规定可概括为三种做法:一是在出口国检验。可以在工厂检验,卖方只承担货物离厂前的责任,运输中品质、数量变化的风险概不负责;也可以在装船前或装船时检验,其品质和数量以当时的检验结果为准。买方对到货的品质与数量原则上不得提出异议。二是在进口国检验,包括卸货后在约定时间内检验和在买方营业处所或最后用户所在地检验两种情况。其检验结果可作为货物品质和数量的最后依据。在此条件下,卖方应承担运输过程中品质、数量变化的风险。三是在出口国检验、进口国复验。货物在装船前进行检验,以装运港双方约定的商检机构出具的证明作为议付货款的凭证,但货到目的港后,买方有复验权。如复验结果与合同规定不符,买方有权向卖方提出索赔,但必须出具卖方同意的公证机构出具的检验证明。通过商品的检验检疫,可以确定交货的品质、数量和包装是否符合合同规定。如发现问题,可分清责任,及时向有关方面索赔。商品检验条款的主要内容有检验的时间与地点,在买卖合同中,一般订有检验机构与检验证明、检验标准和方法等。同时,商品的出入境还必须申请通关。

四、国际物流的基本业务

1. 国际货物运输

如前所述,国际货物运输是指在国家与国家、国家与地区之间的货物运输。国际货物运输包括国际贸易物资运输和国际非贸易物资运输。由于国际货物运输主要是国际贸易物资运输,国际非贸易物资运输往往只是国际贸易物资运输部门的附带业务,因此,国际货物运输通常又称国际贸易运输,对国家来说就是对外贸易运输,简称外贸运输。

国际货物运输的特点包括:作为一项涉外工作,政策性强;路线长,环节多;涉及面广,情况复杂多变;时间性强;风险大。

2. 国际货物库存与仓储

库存管理一直是最具挑战性的物流活动之一,在跨国范围内管理库存就更加困难。由于距离远,港口工作拖延及转运时间长,需要保留比国内物流更多的库存,因此必然提高了库存成本。而政府对于外贸的管制以及关税的征收更加剧了库存管理的难度,企业不得不保留额外的库存以应付断货等情况。

国际仓储与国内仓储功能相同,包括收货、转运、配货及发送。但通常人们会更重视货物在仓库系统中的快速转运。

3. 国际货物包装与物料搬运

国际物流中的包装可以称为"以发货方为起点,以用户为终点的一体化系统"。包装之所以必须被看成一个系统,是因为在国际物流的过程中存在诸多环节,在包装计划中,所有这些环节都应被视为国际物流的一个独立方面而加以考虑。

保护性包装在国际物流中的作用比在国内更重要,这是由于货物在途时间长,搬运次数多,要经历更恶劣的天气变化等。通常跨国经营的产品包装会大幅度增加物流成本,其中一部分是由于特殊的包装要求。此外,还有标签和包装标志方面的原因。

物料搬运系统在全球各地都不相同,美国、澳大利亚、新西兰、新加坡等的物料搬运系统均已实现了机械化和自动化。然而在许多发展中国家,大多数物流搬运系统仍然是人工的,产品在仓库和工厂中的搬运效率很低,并且对有些货物可能根本就无法进行处理。例如,集装箱装卸,有些港口只能处理20英尺的集装箱。

4. 国际物流信息管理

国际物流中的信息管理主要包括物流过程中所涉及的各种单据传输的电子化,对于在途货物的跟踪定位及市场信息的跨国传递,主要信息通信手段包括 EDI、Internet 以及 GPS 等。尽管许多发达国家已经具备了复杂的物流信息系统,但仍然有一些不发达国家停留在纸和笔的年代,上述先进系统在这些国家根本就无法加以利用,这不仅造成了物流国际运作中的信息传递受阻现象,而且使这些国家在国际物流网络中只能处于附属地位。

五、国际物流系统的运作模式

国际物流系统是以实现国际贸易、国际物资交换大系统总体目标为核心的。国际贸易合同签订后的履行过程就是国际物流系统的实施过程。国际物流系统的运作模式可以用图 8-1 简单表示。

1. 国际物流系统网络模式

国际物流系统网络是由多个收发货的"节点"和它们之间的"连线"构成的物流抽象网络,以及与之相伴的信息流动网络的集合。以这种网络概念来诠释国际物流系统,有助于整体把握其运作机理和一体化过程。所谓收发货"节点",是指国内、外的各层仓库。国际贸易商品就是通过这些仓库的收入和发出,并在中间存放保管,实现国际物流系统的时间效益,克服生产与消费时间上的分离,促进贸易顺利进行。所谓"连线",是指连接上述国内、外众多收发货"节点"的运输通道,这些"连线"是库存货物移动轨迹的物化形式。每一对"节点"

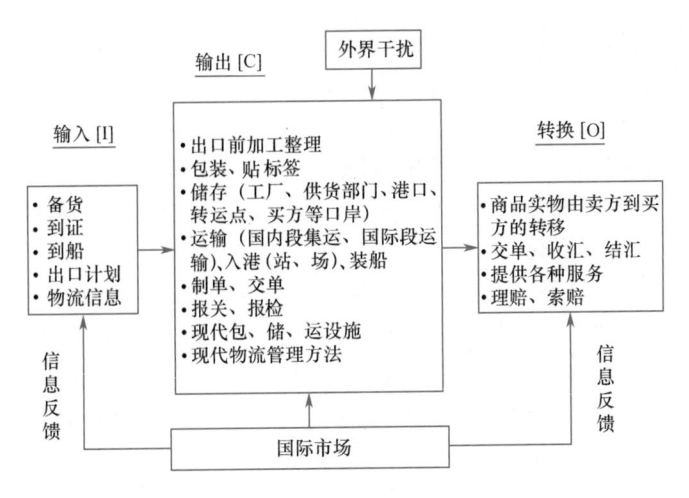

```
                         外界干扰
           输出[C]         ↓
输入[I]    ┌──────────────┐        转换[O]
          │·出口前加工整理│
┌────────┐│·包装、贴标签  │      ┌──────────────┐
│·备货   ││·储存(工厂、供货部门、港口、│·商品实物由卖方到买│
│·到证   ││ 转运点、买方等口岸)│      │ 方的转移     │
│·到船   ││·运输(国内段集运、国际段运│·交单、收汇、结汇│
│·出口计划││ 输)、入港(站、场)、装船│·提供各种服务 │
│·物流信息││·制单、交单    │      │·理赔、索赔   │
└────────┘│·报关、报检    │      └──────────────┘
          │·现代包、储、运设施│
  信息    │·现代物流管理方法│        信息
  反馈    └──────────────┘        反馈
           ┌──────────────┐
           │   国际市场   │
           └──────────────┘
```

图 8-1 国际物流系统的运作模式

之间可以有许多"连线",以表示不同运输路线、不同产品的各种运输服务。各"节点"的静止状态表示存货流动暂时停滞,其目的是更有效地移动。完善的国际物流网络系统,可以精确地确定国际贸易和国际生产中的进出口货源点和消费者的位置,各层级仓库及中间商批发点(或零售点)的位置、规模和数量,从而使国际物流系统更合理。

2. 国际物流系统整合模式

经济全球化以及与物质流动和信息流动相关的高新技术的发展,如企业资源计划(ERP)、客户关系管理(CRM)等,使各种国际物流模式的设计成为可能。一般包括三种整合模式:

(1)功能整合模式。功能整合模式指将营销、物流和制造协调起来定位于各种共有活动之中,并去识别如何能将各种目标和对物流设计与管理有影响的功能活动有效地整合在一起,如新产品的投入、老产品的退出、促销活动以及包装或营销渠道的选择。这一系列的活动蕴含着极大的发展潜能。

(2)领域整合模式。传统供应链中,供货商、制造商、零售商和顾客独立地运行各自的物流活动,实现生产作业最优化,使得供应链上其他参与者之间出现了许多不协调和低效率的情况,导致整个系统成本的增加。领域整合就是对交叉协作的一种尝试。领域整合的一个主要角色是第三方物流,它支撑和促进所有产业领域的生产者和销售者之间的协作。

(3)地理整合模式。全球一体化是当今商业世界的发展趋势,该趋势充分显示出制定超越国界的发展战略的重要性。差别工资率、国外市场的扩大及改进的运输方式正在打破国家之间的时空障碍。国际第三方物流通过提供诸如飞机、贸易中心、仓储系统等,从而在最短的时间内,以更低的存储成本运送货物。

以上三种模式使得大型跨国公司的高层决策者面对各种挑战,设计出尊重地方特色的全球化解决方案,将国际物流提高到了战略层次。

六、电子商务环境下的国际物流标准化

所谓标准化,是指系统内部以及系统与系统间的软件口径、硬件模式的协同,从而便于系统功能及要素间的有效衔接与协调发展。标准化的内容实际上就是经过优选之后的共同规则。

国际物流标准化指的是以国际物流为一个大系统，制定系统内部设施、机械装备、专用工具等各个分系统的技术标准，通过对各分系统的研究以达到技术标准与工作标准配合一致的效果。物流标准根据其定义可分为物流软件标准和物流硬件标准。具体而言，物流软件标准包括物流用语的统一、单位标准化、票据标准化、应用条码标准化和包装尺寸标准化；物流硬件标准包含托盘标准化、集装箱标准化、叉车标准化、拖车载重量标准化、保管设施标准化以及其他物流设备标准化。

近些年来，我国对外贸易和交流有了大幅度上升，国际交往、外贸对我国经济发展的作用越来越重要，而所有的国际贸易又最终靠国际物流来完成。各个国家都很重视本国物流与国际物流的衔接，在本国物流管理发展初期就力求使本国物流标准化体系与国际物流标准化体系一致，若不如此，不但会加大国际交往的技术难度，更重要的是在关税及运费基础上又会增加因标准化系统不统一所造成的效益损失，使外贸成本增加。因此，物流标准化的国际性也是其不同于一般产品标准的重要特点。

小资料

一、什么是跨境电商物流

跨境电商物流的发展与跨境电商的发展是互相影响的，跨境电商的发展促进跨境电商物流行业的发展。跨境电商的发展是物流、信息流和资金流的协调发展，跨境电商物流作为重要的一个环节，其发展状况影响着整个跨境电商的发展。

跨境电商物流是指分属不同关境的交易主体通过电子商务平台达成交易，进行支付结算，并通过跨境物流送达商品、完成交易的一种国际商业活动。跨境电商的特点是具有数量小、批次多、订单不稳定等特征，所以从事跨境电商的商家大多采取以下几种物流模式：传统快递包裹模式、集中发货模式、国际快递模式、海外仓模式。

传统快递包裹模式即邮政包裹，又称邮政小包。邮政小包曾是中国跨境电商物流的主要模式，其特点是覆盖面广。邮政小包覆盖全球超过230个国家和地区，无论世界哪个角落几乎都可以送货。但是邮政小包却越来越无法满足跨境电商的发展，因为其物流时效太慢，这也严重制约了其发展。

集中发货模式也就是专线物流模式，一般是通过航空专线将众多同一地区买家的包裹集中发往目的国或地区，再通过当地的合作公司或物流分公司进行配送。因为其具有集中包裹的规模效应，同时又多是用空运的形式，所以其物流时效以及运输成本会高于邮政小包，但低于国际快递。

国际快递模式是时效最快、成本最高的运输方式之一。其最大的优势在于服务，客户体验佳，不过因为其高昂的费用除非买家特别要求时效或者运输的安全性，否则卖家不会主动选择国际快递模式发送商品。因此国际快递模式在跨境电商市场份额占比相对较小。

海外仓模式是跨境电商卖家先将商品提前备货到目的国的物流仓库中，待客户在卖家电子商务网站或第三方店铺下单后，直接从海外仓将商品发货给客户。这样可以提高物流时效，给客户带来优质的物流体验。不过卖家通常只会选择热销商品进行海外仓备货。

二、跨境电商物流出口物流方式

(一)邮政物流

邮政物流可分为中国邮政和国际邮政。其中中国邮政小包、国际邮政小包、e邮宝和国际EMS是跨境电商中小卖家使用频率较高的物流产品。

1. 中国邮政小包

中国邮政小包是指中国邮政针对2 kg以下小物件推出的空邮产品,可发往全球241个国家或地区,包含挂号和平邮两种服务(不可配送带电产品)。

优势:价格便宜,是所有跨境电商物流方式中价格较便宜的一种;中国周边国家及地区时效较快。

劣势:距离远的国家或地区时效慢;由于邮政小包货量大,包裹都较小,容易造成丢件。

适合寄运产品:货值低、重量轻(2 kg以下)的产品。

2. 国际邮政小包

国际邮政小包是指中国以外的其他国家的邮政航空国际小包,包含平邮和挂号两种服务。

优势:可以配送部分带电类产品,可配送的产品种类比中国邮政小包广;本国及邻国配送时效比中国邮政小包快。

劣势:距离远的国家或地区时效慢。

适合寄运产品:货值低、重量轻(2 kg以下)以及部分带电的产品。例如,荷兰小包等外国邮政小包,可配送内置电池、配套电池、纯电池、移动电源、部分液体及其他一些中国邮政小包不能配送的产品,到欧洲地区价格和时效都有显著优势,满足了这一类卖家的发货需求,每天都有大量的货物走这些国际邮政小包渠道。

3. e邮宝

e邮宝主要是中国邮政速递专为中国商户量身定制的针对轻小件物品的经济型空邮服务,目前已提供超过32个国家(地区)的配送服务,全程可以提供物流跟踪信息。

优势:美国路向速度快并且价廉物美,全程提供物流跟踪信息。

劣势:欧洲路向价格略贵。

适合寄运产品:轻小件物品。

4. 国际EMS

国际EMS是各个国家或地区的邮政合办的一项特殊邮政业务,因而在海关和航空等部门处理速度快,清关能力强,妥投时效快,无须加收燃油附加费。

优势:时效快,全程提供物流信息,清关能力强。

劣势:价格较贵。

适合寄运产品:高货值、重量大的产品。

(二)商业快递

商业快递是指两个以上国家(地区)之间的门到门的快递、物流业务。知名国际快递有DHL、FedEx、UPS、TNT。

优势:时效快,范围广,门到门服务好。

劣势:价格贵。

适合寄运产品:高货值、重量大的产品。

(三)专线物流

专线物流是物流服务商(货代)独立开发的专线专发的,从起始地以海、陆、空等综合方式运送到目的地国家(地区)的跨境电商物流服务,具有向指定国家(地区)可发带电产品,时效快,资费性价比高和清关顺利的特点。市场主流的有欧洲专线、美国专线、俄罗斯专线、日本专线、澳大利亚专线等。

优势:指定配送国家(地区)时效高,性价比高,全程提供物流信息。

劣势:配送国家有限定性,配送范围有限。

适合寄运产品:集中发往某一国家或地区的产品、FBA/海外仓备货。

(四)海外仓

海外仓分为亚马逊FBA、第三方海外仓和卖家自建海外仓三种形式。卖家提前将货物运抵海外的仓库进行储存,待用户下单后,商品将直接从海外仓进行发货,物流时间因此会有大幅缩短,并且时效更有保障。亚马逊FBA将货物发到亚马逊仓库,由亚马逊提供仓储、配送服务。

优势:相当于销售发生在本土,可提供灵活可靠的退、换货方案,提高了海外客户的购买信心;发货周期缩短,发货速度加快,可降低跨境电商物流缺陷交易率;避免直邮的旺季排仓、爆仓等情况。

劣势:对选品要求较高,一旦选品不对造成滞销就特别难处理;库存仓储费用高,从货物到达海外仓起就产生仓储费用,资金回流周期长;货物在海外可控性差,对仓储服务商的运营能力要求高;对卖家在供应链管理、库存管控、动销管理等方面提出了更高的要求。

适用产品:市场成熟、销量稳定、SKU单一的产品。

总之,卖家要根据产品制订适合自己的物流方案,要根据自己的经营情况、售卖产品、邮寄国家(地区)而定,根据需要寄运的产品、目的国、各物流渠道做好价格对比。

2 kg以下的轻小件产品,选择邮政类物流比较好。若产品的利润空间较大,则选择挂号或e邮宝更可靠且符合电商平台对物流时效的要求;若产品的利润空间较小,则选择平邮可保证该产品的最低收益。若是产品带电及中国邮政小包不能寄运,则宜选择外国邮政渠道,如荷兰小包等。若是大批量货物配送到某一国家(地区)或海外仓备货,选择专线物流性价比最高且安全方便。若是买家对物流时效要求高,则应选择EMS或商业快递(如DHL、FedEx、UPS、TNT),EMS不计抛,抛货、重货走EMS。

任务 学会国际物流作业管理

任务引入

高经理安排李明跟着业务师傅学习国际物流作业管理,这是李明很向往的工作任务。他知道随着全球一体化进程的加快,资源在全球范围内的流动和配置大大加强。由于近年来电子商务的快速发展,国际分工日益深化,国际贸易量的快速增长使全球采购、全球生产、全球销售等的规模不断扩大,极大地促进了国际物流业的发展。国际物流伴随并支撑着国际经济的交往和国际贸易活动。

项目八 电子商务环境下的国际物流管理

任务目标

高经理要求李明通过本岗位的锻炼,理解电子商务下国际物流作业管理的具体内容,掌握国际物流进出口作业的操作流程,培养自己的国际化视野。

工作过程

国际物流作业管理是随着国际物流活动的发展而产生的,并已成为影响和制约国际物流进一步发展的重要基础。在国际贸易中,买卖双方一般相距遥远,因而交易的商品往往要经过长时间、长距离的运输才能从一国境内交付到另一国境内,一般都要涉及商品交换的全部物流活动。本工作过程主要对国际物流作业中的进出口作业、进出口商品检验、报关、保险、国际货运代理和理货管理等进行介绍。

步骤 1 熟悉国际贸易术语和国际贸易惯例

在国际货物买卖、运输、交接过程中,需要办理进出口通关手续,安排运输与保险,支付各项税款和费用。货物在装卸、运输过程中,还可能遭受自然灾害、意外事故和其他各种外来损害。有关上述事项由谁来承办,费用由谁负担,风险如何划分,买卖双方在磋商交易和签订合同时,必须予以明确。为了简化手续和交易过程,便于双方当事人成交,买卖双方便采用某种专门的用语来表明各自的权利与义务。这种用来表示交易双方所承担的责任、费用与风险的专门用语,称为国际贸易术语。它们来源于国际贸易惯例,是在国际贸易长期实践的基础上形成的。在国际贸易术语中,国际商会修订的《国际贸易术语解释通则》(以下简称《通则》)具有普遍意义。

1. 理解国际贸易术语的分类

为了便于人们理解和记忆,可将13种国际贸易术语划分为下列4个组别:

(1)E 组

EXW(Ex Works),即工厂交货。E组为启运(Department)组术语。按这组贸易术语成交,卖方应在自己的处所将货物提供给买方指定的承运人。

(2)F 组

F组为主运费未付(Main Carriage Unpaid)组术语。按这组贸易术语成交,卖方必须将货物交至买方所指定的承运人。F组贸易术语具体有以下三种:

- FCA(Free Carrier),货交承运人。
- FAS(Free Alongside Ship),船边交货。
- FOB(Free on Board),船上交货。

(3)C 组

C组为主运费已付(Main Carriage Paid)组术语。按这组贸易术语成交,卖方必须订立将货物运往指定目的港或目的地的运输契约,并把货物装上运输工具或交给承运人。但货物中途灭失或损坏的风险和发运后产生的额外费用,卖方不承担责任。C组有四种贸易术语:

- CFR(Cost and Freight),成本加运费。
- CIF(Cost,Insurance and Freight),成本加保险费,加运费。
- CPT(Carriage Paid to),运费付至(指定目的地)。

- CIP(Carriage and Insurance Paid to),运费、保险费付至(指定目的地)。

(4)D组

D组为到达组术语。按这组贸易术语成交,卖方必须承担货物交至目的地国家指定地点所需的一切费用和风险。D组有五种贸易术语：

- DAF(Delivered at Frontier),边境交货。
- DES(Delivered Ex Ship),目的港船上交货。
- DEQ(Delivered Ex Quay),目的港码头交货。
- DDU(Delivered Duty Unpaid),未完税交货。
- DDP(Delivered Duty Paid),完税后交货。

2. 了解主要国际贸易术语的解释

(1)FOB[Free on Board(…named port of shipment)],即船上交货(……指定装运港)。这一贸易术语通常被译为装运港船上交货。按照《通则》的解释,采用FOB术语成交时,卖方承担的基本义务是在合同规定的装运港和规定的期限内,将货物装上买方指定的船只,并及时通知买方。货物在装船时越过船舷,风险即由卖方转至买方。买方要负责租船订舱,支付运费,并将船期、船名及时通知卖方。货物在装运港装船时越过船舷后的其他责任、费用也都由买方负责,包括获取进口许可证或其他官方证件,以及办理货物入境的手续和费用。如果买方指定了船只,而未能及时将船名、装货泊位及装船日期通知卖方,或买方指定的船只未按时到达,或未能承载货物,或在规定期限终了前截止装货,买方要承担由此产生的一切风险和损失。但前提是货物已被清楚地分存或被指定为供应本合同之用,否则卖方要自负风险和费用,领取出口许可证或其他官方证件,并负责办理出口手续,还要自费提供已按规定完成交货义务的证件。在买方要求并由买方承担风险和费用的情况下,卖方给予一切协助,以取得提单或其他运输单据。

(2)CIF[Cost,Insurance and Freight(…named port of destination)],即成本加保险费,加运费(……指定目的港)。采用这一贸易术语时,卖方的基本义务是负责按通常的条件租船订舱,支付到目的港的运费,并在规定的装运港和装运期内将货物装上船,装船后及时通知买方,负责办理从装运港到目的港的海运货物保险,支付保险费。货物越过船舷之后的风险概由买方承担。在货物装上船之后,除自装运港到目的港的运费、保险费以外的费用,也要由买方负担。买方还要自负风险和费用,取得进口许可证或其他官方证件,办理进口手续并按合同规定支付货款。在交单义务方面,卖方需要提交商业发票或与之相同的电子单证。必要时提供证明所交货物与合同规定相符的证件,提供通常的运输单据,使买方得以在目的地受领货物,或通过转让单据出售在途货物。

(3)CFR[Cost and Freight(…named port of destination)],即成本加运费(……指定目的港)。与FOB不同的是,在CFR条件下,与船方订立运输契约的责任由卖方承担。卖方要负责租船订舱,支付到指定目的港的运费,包括订立运输合同时规定的可能由定期班轮收取的货物装到船上和在卸货港卸货的费用。从装运港至目的地的货运保险仍由卖方负责办理,保险费由卖方负担。

(4)FCA[Free Carrier(…named place)],即货交承运人(……指定地点)。采用这一交货条件时,买方要自费订立从指定地点启运的运输契约,并及时通知卖方。当卖方在规定的时间和指定地点把货物交给承运人照管,并且办理了出口通关手续之后,就算完成了交货义务。这里所说的承运人,既包括实际履行运输义务的承运人,又包括代为签订运输合同的运输代理人。按这一贸易术语成交,即使运输代理人拒绝承担承运人的责任,卖方也要按买方的指示,把货物交给运输代理人。FCA 术语适用于包括多式联运在内的各种运输方式。

(5) CPT[Carriage Paid to(... named place of destination)],即运费付至(……指定目的地)。采用 CPT 术语成交,卖方要自费订立将货物运往目的地指定地点的运输契约,并且负责按合同规定的时间将货物交给承运人,即完成交货义务。卖方在交货后要及时通知买方。买方自货物交付承运人处置时承担货物灭失或损坏的一切风险。CPT 适用于一切运输方式。

(6) CIP[Carriage and Insurance Paid to(... named place of destination)],运费、保险费付至(……指定目的地)。CIP 与 CPT 相比较的不同之处在于,在 CIP 条件下交货,卖方增加了保险的责任和费用。

步骤 2　掌握进出口物流作业的流程

进出口物流作业的流程主要有以下几个步骤:

1. 交易磋商

交易磋商是指买卖双方就交易条件进行协商,以求达成一致的具体过程。交易磋商可以采取口头或书面两种形式,以书面磋商为主。交易磋商的整个过程又分为四个环节,即询盘、发盘、还盘和接受。

2. 合同签订

交易双方经过磋商,一方发盘,另一方对该项发盘表示接受,合同即告成立。根据国际贸易习惯,买卖双方还需签订书面的正式合同或成交确认书。

国际贸易的买卖合同一般包括以下三个部分:第一部分是合同的首部,包括合同名称、合同编号、缔约日期、缔约地点、缔约双方名称和地址等;第二部分是合同的主体,包括合同的主要条款,如商品名称、品质、规格、数量、包装、单价和总值、装运、保险、支付及特殊条款(如索赔、仲裁、不可抗力)等;第三部分是合同的尾部,包括合同文字和数量及缔约双方的签字。

3. 合同履行

(1)出口合同的履行

①备货。备货就是根据出口合同的规定,按时、按质、按量准备好应交的货物,以便及时装运。

②报验。凡按约定条件和国家规定必须进行法定检验的出口货物,在备妥后,应向进出口商品检验机关申请检验,只有经检验得到商检部门签发的检验合格证书,海关才能放行。

③催证。催促买方按合同规定及时办理开立信用证或付款手续。

④审证。信用证开到后,应对信用证内容逐项认真审核,信用证条款必须与合同内容相一致,不得随意改变,以保证及时转船,安全结汇。

⑤租船、订舱装运。按照 CIF 或 CFR 价格条件成交的出口合同,租船订舱工作应由卖方负责。出口货物在装船前,还要办理报关和投保手续。

⑥制单结汇。在出口货物装船后,应按照信用证的规定,正确制备各种单据,并在信用证有效期内送交银行议付、结汇。银行收到单据并且审核无误后,一方面向国外银行收款,

另一方面按照约定的结汇办法,与进出口公司结汇。

(2)进口合同的履行

①开立信用证。进口合同签订后,需按照合同规定填写开立信用证申请书,然后向银行办理开证手续。信用证内容应与合同条款一致。

②派船接运货物与投保。在FOB或CFR交货条件下,应由买方负责派船到对方口岸接运货物。FOB或CFR交货条件下的进口合同,保险由买方办理。

③审单和付汇。银行收到国外寄来的汇票及单据后,对照信用证的规定,核对单据的份数和内容。若内容无误,即由银行对国外付款。

④报关。进口货物到货后,由进出口公司委托外贸运输公司根据进口单据填具"进口货物报关单",向海关申报。

⑤验收货物。进口货物到达港口卸货时,港务局要进行卸货核对,检验货物是否有短缺或残损。如发现有残损或短缺,可凭商检部门出具的证书对外索赔。

⑥办理拨交手续。可委托货运代理将货物运交订货单位。

⑦进口索赔。进口商品若品质、数量、包装等不符合合同规定,需要向有关方面提出索赔。根据造成损失的原因不同,进口索赔的对象主要有以下几个:

A.向卖方索赔。原装数量不足,货物的品质、规格与合同规定不符,包装不良致使货物受损,未按时交货或拒不交货,这些均由卖方负责。

B.向轮船公司索赔。由轮船公司负责的情况包括:货物数量少于提单所写数量;提单是清洁提单,而货物有残损情况,并且属于船方过失所致;货物所受的损失,根据租船合约有关条款应由船方负责。

C.向保险公司索赔。自然灾害、意外事故或运输中其他事故致使货物受损,并且在承保险别以内的;凡轮船公司不予赔偿或赔偿金额不足抵补损失的部分,并且属于承保险别范围内的,由保险公司负责理赔。

步骤 3 进行商品检验

1.理解国际物流中商品检验的含义

国际物流中的商品检验就是对卖方交付商品的品质和数量进行鉴定,以确定交货的品质、数量和包装是否与合同的规定一致。商品检验是国际物流管理中的一个重要环节。商品检验机构的职责是鉴定商品的品质、数量和包装是否符合合同规定,检查卖方是否已按合同履行了交货义务。在发现卖方所交货物与合同不符时,买方有权拒绝接收货物或提出索赔,商品检验对保护买方的利益是十分重要的。

2.明确实施商品检验的范围

国际物流中商品检验的范围主要包括以下几个方面(以我国为例):

(1)现行《商检机构实施检验的进出口商品种类表》所规定的商品。

(2)《中华人民共和国食品安全法》和《中华人民共和国进出境动植物检疫法》所规定的商品。

(3)船舶和集装箱。

(4)危险品的包装。

(5)海运出口国际物流合同规定实施检验的进出口商品。

我国进出口商品实施检验的范围除以上所列之外,根据《中华人民共和国进出口商品检验法》(以下简称《商检法》)的规定,还包括其他法律、行政法规规定需经商检机构或由其他检验机构实施检验的进出口商品或检验项目。

3. 清楚商品检验的时间和地点

在国际物流中,有关商品检验的时间和地点有三种不同的规定:

第一种规定是以离岸品质、重量为准,即出口国装运港的商品检验机构在货物装运前对货物品质、数量及包装进行检验,并以出具的检验合格证书为交货的最后依据。

第二种规定是以到岸品质、重量为准,即货物到达目的港后,由目的港的商品检验机构对货物的数量、品质和包装进行检验,并出具检验证书作为货物的交接依据。这种规定对买方十分有利。

第三种规定是两次检验、两个证明、两份依据,即以装运港的检验证书作为交付货款的依据;在货物到达目的港之后,允许买方公证机构对货物进行复验并出具检验证书作为货物交接的最后依据。这种做法兼顾了买卖双方的利益,在国际上采用较多。

检验的时间与地点不仅与国际贸易术语、商品及包装性质、检验手段有关,而且与国家的立法、规章制度等有密切关系。为使检验顺利进行,防止产生争议,买卖双方应将检验时间与地点在合同的检验条款中具体注明。

4. 清楚检验机构

国际贸易中从事商品检验的机构大致有如下几类:

(1) 官方机构。这是指由国家设立的检验机构。

(2) 非官方机构。这是指由私人和同业公会、协会等开设的检验机构,如公证人、公证行。

(3) 工厂企业、用货单位设立的化验室、检验室。

5. 抽样

检验检疫机构接受报检后,需及时派人到货物堆存地点进行现场检验鉴定。其内容包括货物的数量、重量、包装、外观等项目。现场检验一般采取国际贸易中普遍使用的抽样法(个别特殊商品除外)。抽样时需按规定的抽样方法和一定的比例随机抽样,以便样品能代表整批商品的质量。为了切实保证抽样工作的质量,便利对外贸易,必须针对不同商品的不同情况,灵活地采用不同的抽样方式。常用的抽样方式有以下几种:

(1) 生产过程中抽样。

(2) 包装前抽样。

(3) 出厂、进仓时抽样。

(4) 登轮抽样。

(5) 甩包抽样。

(6) 翻垛抽样。

(7) 装货时抽样。

(8) 开沟抽样。

(9) 流动间隔抽样。

6. 检验

根据我国《商检法》的规定,必须经商检机构检验的出口商品的发货人或者其代理人,应当在商检机构规定的地点和期限内,向商检机构报检。商检机构应当在国家商检部门统一规定的期限内检验完毕,并出具检验证单。经商检机构检验合格发给检验证单的出口商品,应当在商检机构规定的期限内报关出口;超过期限的,应当重新报检。

7.领取证书

对于出口商品,经检验部门检验合格后,报检员可以领取检验证单,并凭其进行通关。

对于进口商品,经检验后签发检验证单,并凭其进行通关。必须经商检机构检验的进口商品以外的进口商品的收货人,发现进口商品质量不合格或者残损短缺,需要由商检机构出证索赔的,应当向商检机构申请检验出证。

步骤 4 报关

1.理解报关的含义和海关的职责

(1)报关的含义

报关是指货物在进出境时,由进出口货物的收、发货人或其代理人,按照海关规定格式填报"进出口货物报关单",随附海关规定应交验的单证,请求海关办理货物进出口手续的活动。

(2)海关的职责

中国海关按照《中华人民共和国海关法》(以下简称《海关法》)和其他法律、法规的规定,履行下列职责:对进出境的运输工具、货物、行李物品、邮递物品和其他物品进行实际监管;征收关税和其他税费;缉查走私;编制海关统计资料和办理其他海关业务。

2.理解报关单证和报关期限

(1)报关单证

海关规定,对一般的进出口货物需交验下列单证:

①进出口货物报关单(一式两份)。这是海关验货、征税和结关放行的法定单据,也是海关对进出口货物汇总统计的原始资料。

②进出口货物许可证或国家规定的其他批准文件。

③提货单、装货单或运单。这是海关加盖放行章后发还给报关人凭以提取或发运货物的凭证。

④发票。这是海关审定完税价格的重要依据。

⑤装箱单。

⑥减免税或免检证明。

⑦商品检验证明。

海关认为必要时,还应交验贸易合同及其他有关单证。

(2)报关期限

《海关法》规定,进口货物的收货人应当自运输工具申报进境之日起十四日内,出口货物的发货人除海关特准的外,应当在货物运抵海关监管区后、装货的二十四小时以前,向海关申报。进口货物的收货人超过规定期限向海关申报的,征收滞报金。如自运输工具申报进境之日起超过三个月未向海关申报,其货物可由海关提取变卖。如确因特殊情况未能按期报关,收货人或其代理人应向海关提供有关证明,海关可视情况酌情处理。

3.熟悉一般进出口货物的报关程序

报关工作的全部程序分为申报、查验、放行三个阶段。

(1) 进出口货物的申报

进出口货物的收、发货人或者他们的代理人,在货物进出口时,应在海关规定的期限内,按海关规定的格式填写进出口货物报关单,随附有关的货运、商业单据,同时提供批准货物进出口的证件,向海关申报。

(2) 进出口货物的查验

进出口货物除海关总署特准免验的之外,都应接受海关查验。查验的目的是核对报关单证所报内容与实际到货是否相符,有无错报、漏报、瞒报、伪报等情况,审查货物的进出口是否合法。

(3) 进出口货物的放行

海关对进出口货物的报关,经过审核报关单据、查验实际货物,并依法办理了征收货物税费手续或减免税手续后,在有关单据上签盖放行章,货物的所有人或其代理人才能提取或装运货物。此时,海关对进出口货物的监管才算结束。

另外,进出口货物由于各种原因需海关特殊处理的,可向海关申请担保放行。海关对担保的范围和方式均有明确的规定。

步骤 5 办理货运保险

国际货物运输保险的种类很多,包括海上运输货物保险、陆上运输货物保险、航空运输货物保险和邮政包裹保险,其中海上运输货物保险起源最早,历史最悠久。

1. 海上运输货物保险

海上运输货物保险的承保范围包括海上风险、海上损失与费用以及除海上风险以外的其他外来原因造成的风险与损失。

(1) 海上风险

海上风险包括海上发生的自然灾害和意外事故,但并不包括海上的一切危险。自然灾害是指不以人们意志为转移的自然力量所引起的灾害。但在海上保险业务中,它并不是泛指一切由于自然力量所造成的灾害,而是仅指恶劣天气、雷电、海啸、地震或火山爆发等人力不可抗拒的灾害。意外事故一般是指由于偶然的、非意料中的原因所造成的事故。但在海上保险业务中,它并不是泛指一切海上意外事故,而是仅指运输工具遭受搁浅、触礁、沉没和船舶与流冰或其他物体碰撞及失踪、失火、爆炸等。

(2) 海上损失与费用

海上损失与费用是指被保险货物在海洋运输中,因遭受海上风险而引起的损失与费用。按照海运保险业务的一般习惯,海上损失还包括与海运相连接的陆上或内河运输中所发生的损失与费用。

按照损失的程度不同,海上损失可分为全部损失和部分损失。按损失状况的不同,全部损失又可分为实际全损和推定全损两种。实际全损是指被保险货物完全灭失或完全变质,或指货物实际上已不可能归还保险人。货物发生保险事故后,认为实际全损已经不可避免,或者为避免发生实际全损所需支付的费用与继续将货物运抵目的地的费用之和超过保险价值的,称为推定全损。部分损失是指被保险货物的损失没有达到全部损失的程度。部分损失包括共同海损和单独海损两种。当载货的船舶在海上遇到灾难、事故,威胁到船、货等各方的共同安全,为了解除这种威胁,维护船货安全,或者为了船程能够继续完成,由船方有意识地、合理地采取措施,所做出的某些特殊牺牲或支出某些额外费用,这些损失和费用称为共同海损。单独海损是指除共同海损以外的意外损失,即由于承保范围内的风险所直接导致的船舶或货物的部分损失。

海上费用是指保险人(保险公司)承保的费用。保险货物遭遇保险责任范围内的事故,除了使货物本身受到损毁导致经济损失外,还会产生费用方面的损失。这种费用保险人也会给予赔偿,主要有施救费用和救助费用。施救费用是指当保险标的遭遇保险责任范围内的灾害事故时,被保险人或其代理人、雇用人员和受让人员等为防止损失的扩大而采取抢救措施所支出的费用。救助费用是指当保险标的遭遇保险责任范围内的灾害事故时,由保险人和被保险人以外的第三者采取救助行为,而向其支付的费用。

(3)外来风险

外来风险是指由海上风险以外的其他外来原因所造成的风险,可分为一般外来风险和特殊外来风险。一般外来风险是指被保险货物在运输途中由于偷窃、短量、雨淋、玷污、渗漏、破碎、受热、受潮、串味等外来原因所造成的风险。特殊外来风险是指由于军事、政治、国家政策法令以及行政措施等特殊外来原因造成的风险与损失,如战争、罢工等。

海上运输货物保险的险别很多,概括起来主要有基本险别和附加险别两大类。根据我国《海洋货物运输保险条款》的规定,基本险别包括平安险、水渍险和一切险三种。

2. 陆上运输货物保险

陆上运输货物保险的险别分为陆运险和陆运一切险两种,其承保范围分别如下:

(1)陆运险的承保范围包括被保险货物在运输途中遭受暴风、雷电、地震、洪水等自然灾害,或陆上运输工具遭受碰撞、倾覆或出轨。如在驳运过程中,驳运工具搁浅、触礁、沉没或由于遭受隧道坍塌、压歪或水灾、爆炸等意外事故所造成的全部损失或部分损失。保险公司对陆运险的承保范围大致相当于海上运输货物保险中的水渍险。

(2)陆运一切险的承保范围除包括上述陆运险的范围外,保险公司对被保险或在运输途中由于一般外来原因造成的短少、偷窃、渗透、碰损、破碎、钩损、雨淋、生锈、受潮、受热、发霉、串味、玷污等全部或部分损失,也负赔偿责任。

3. 航空运输货物保险

航空运输货物保险分为航空运输险和航空运输一切险两种。航空运输险的承保范围与海上运输货物保险中的水渍险大体相同。航空运输一切险除包括上述航空运输险的承保范围外,对被保险货物在运输途中由于一般外来原因所造成的包括偷窃、短少等全部或部分损失也负赔偿之责。

4. 邮政包裹保险

邮政包裹保险是承保邮包在运输途中由于自然灾害、意外事故和外来原因所造成的损失。邮政包裹保险包括邮包险和邮包一切险两种基本险别。

步骤 6 掌握国际货运代理的基本业务流程

国际货运代理企业是指接受进出口货物收货人、发货人或承运人的委托,以委托人的名义或者以自己的名义,为委托人办理国际货物运输及相关业务,并收取服务报酬的企业。国际货运代理企业的基本业务包括以下几个方面:

1. 接受委托

揽货人员或客户服务人员在对客户报价时,必须核实相关运价、运输条款、船期,在确定有能力接受委托的情况下,如实告知客户完成此次委托所需的时间和船期,并按公司对外报价表向客户报价,如所报价格低于本公司公布的运价,则按公司运价管理规定执行。

当客户接受报价并下委托指令时,揽货人员或客户服务人员有责任向客户提供该公司的空白集装箱货物托运单,也可接受客户自己的托运单,但此类托运单应包括该公司托运单的主要条款,如托运单上无运价,则需将有关书面报价附于其后(对合约客户、公司的老客户已在电话中确认的运价可不在托运单上显示)。同时要求客户在托运单上签字、盖章(境外客户、托运私人物品的非贸易订舱者签字即可),如客户不能及时提供内容详细的托运单,则必须在装船前补齐,否则由此产生的费用由客户负责。

接受客户委托后,揽货人员应详细填写业务联系单。揽货人员在通知客户服务人员订舱的同时,把业务联系单和上述客户订舱资料交给客户服务人员。

对不符合本控制程序的订舱委托,客户服务人员可以拒绝接受订舱,并有义务向部门经理汇报。

2. 操作

一旦接受客户订舱,应尽快安排向船公司订舱及安排拖车、报关事宜(客户自拖、自报除外),并从拖车公司那里获取箱号、封条号;尽快按委托书要求制单,并传真给客户确认。如有需要,还应将目的港代理打印在提单上,并在货物装船前完成单证校对工作;认真填写操作过程记录,对需换单转船等委托应有记录,并提供给相关部门;客户服务人员将计费人员已签字盖章的收费单交给客户(或揽货人员);揽货人员有责任及时向客户催收运费或按合同(或协议)规定,定期向客户催收运费;客户服务人员应及时通知报关行等分承包方,退回有关资料,如出口退税核销单、报关手册等,这些资料需退还给客户,揽货人员有责任对客户服务人员进行提醒;当客户或揽货人员询问租船等信息时,客户服务人员应提供。

3. 签发提单

提单签发人员必须核实货物已装船离港,验证运费收取满足合同(协议)中运费支付条款后,才能签发此次委托所对应的提单,具体操作按提单签发管理规定进行。

步骤 7 理货

1. 理货的含义

理货是指船方或货主根据运输合同在装运港和卸货港收受和交付货物时,委托港口的理货机构代理完成的在港口对货物进行计数、检查货物残损、指导装舱积载、制作有关单证等工作。

2. 掌握理货工作的内容

(1)理货单证的含义

理货单证是指理货机构在理货业务中使用和出具的单证。以船舶运输为例,理货单证是反映船舶载运货物在港口交接时的数量和状态等实际情况的原始记录,因此它具有凭证和证据的性质。理货机构一般是公正性或证明性的机构,理货人员编制的理货单证具有法律效力。

(2)理货单证的作用

①承运人与托运人或提单持有人之间办理货物数量和外表状态交接的证明。

②承运人、托运人、提单持有人及港方、保险人之间处理货物索赔案件的凭证。

③船舶发生事故时,处理海事案件的主要资料。这里主要是指货物积载图的作用。

④港口安排作业,收货人安排提货的主要依据。这里主要是指货物实际积载图和分舱单的作用。

⑤船舶在航行途中,保管照料货物的主要依据。

⑥买卖双方履行合同情况的主要凭证。

⑦理货机构处理日常业务往来的主要依据。

(3)理货单证的种类

①理货委托书。

②计数单,是理货员理货计数的原始记录。

③现场记录,是理货员记载货物异常状态和现场情况的原始凭证。

④日报单,是理货长向船方报告各舱货物装卸进度的单证。

⑤待时记录,是记载由于船方原因造成理货人员停工待时的证明。

⑥货物溢短单,是记载进口货物件数溢出或短少的证明。

⑦货物残损单,是记载进口货物原残损情况的证明。

⑧货物积载图,是出口货物实际装舱部位的示意图。

⑨分港卸货单、货物分舱单、复查单、更正单、分标志单、查询单、货物丈量单或证明书等单证。

(4)分票和理数

分票是理货员的一项基本工作。分票就是依据出口装货单或进口舱单分清货物的主标志或归属,分清混票和隔票不清货物的归属。理数同样是理货员的一项最基本的工作,是理货工作的核心内容,也是鉴定理货质量的主要尺度。理数就是在船舶装卸货物过程中,记录起吊货物的钩数,点清钩内货物的详细数目,计算装卸货物的数字,亦称计数。

(5)溢短货物

船舶承运的货物在装运港以装货单数字为准,在卸货港以进口舱单数字为准。当理货数字比装货单或进口舱单数字溢出时,称为溢货;短少时,称为短货。在船舶装卸货物时,装货单和进口舱单是理货的唯一凭证和依据,也是船舶承运货物的凭证和依据。理货结果就是通过和装货单及进口舱单进行对照,来确定货物是否溢出或短少。货物装卸船后,由理货长根据计数单核对装货单或进口舱单,确定实际装卸货物是否有溢短。

(6)理残

理残是理货人员的一项主要工作。其工作内容主要是对船舶承运货物在装卸时,检查货物包装或外表是否有异常状况。

(7)绘制实际货物积载图

装船前,理货机构从船方或其代理人处取得配载图,理货人员根据配载图来指导和监督工人装舱积载。但是由于各种原因,在装船过程中经常会发生调整和变更配载,理货长必须参与配载图的调整和变更事宜。在装船结束时,理货长还要绘制实际装船位置的示意图,即实际货物积载图。

3.签证和批注

(1)签证

船方为办理货物交付和收受手续,在理货单证上签字,主要是在货物残损单、货物溢短单、大副收据和理货证明书上签字,称为签证。签证是船方对理货结果的确认,是承运人对托运人履行义务,划分承、托运双方责任的依据,是一项政策性和实践性较强的业务。它关系到船方公司、托运人和收货人的经济责任和经济利益,也关系到理货机构的声誉和影响。

(2) 批注

在理货或货运单证上书写对货物数字或状态的意见称为批注。批注的目的和作用为:一是说明货物的数字和状态情况;二是说明货物的责任关系。按加批注的对象不同,批注可分为船方批注和理货批注两类。

船方批注是船方加的批注,一般加在理货单证和大副收据上。理货批注一般可分两种情况:一种是在装货时,理货人员发现货物外表状况有问题,发货人不能进行处理,而又要坚持装船,这时理货人员就得如实批注在大副收据上;还有发现货物数字不符,而发货人坚持按装货单上记载的数字装船,理货人员也应在装货单上按理货数字批注。有时还有如实批注货物的装船日期等内容。另一种是在卸货时,理货长对船方加在理货单证上的批注内容有不同意见,经摆事实、讲道理后,船方仍坚持不改变批注内容,这时理货长可在理货单证上加上不同意船方批注内容的反批注意见。

4. 复查和查询

(1) 复查

在处理卸货港理货数字与舱单记载的货物数字不一致的情况时,国际航运的习惯做法是,船方在理货单上批注"复查"方面的内容,即要求理货机构对理货数字进行重新核查。理货机构采取各种方式对理货数字进行核查,以证实其准确性,即称为复查。复查的方式有重理、查单、查账、调查、询问。

(2) 查询

查询包括:理货机构为查清货物溢短情况,向装货港理货机构发出查询文件或电函,请求进行调查,且予以答复;或在船舶装货后,发现理货、装舱、制单有误,或有疑问,理货机构向卸货港理货机构发出查询文件或电话,请求卸货时予以注意、澄清,且予以答复。

任务总结

李明通过本岗位的锻炼,了解了国际物流系统的组成、基本业务及运作模式,理解了国际物流标准化的含义、特征、意义及内容,掌握了国际物流作业管理的主要内容和实施过程。

案例分析

A 家具公司全球化的外包物流系统

A 家具公司以其质量可靠、价格适中、服务周到而享誉全球。从 1943 年创立发展至今,A 家具公司已经遍布 13 个国家和地区,近 150 家分店和 20 家商场为 A 家具公司的授权特许经营店,员工达到 44 000 人,成为国际知名的家具公司。

A 家具公司具有鲜明的产品物流特色,如全面采用平板包装和组装分开计价等。在降低物流成本方面引入新的物流理念,可概括为以下三个方面:

1. 减少仓储设备

A 家具公司要求供货厂商把大多数的货物直接送到自选商场,省略中间的仓储存放和搬运工作,目前这个比例已经达到 70%,未来将达到 90%。针对必须转运的货物,A 家具公司也做了许多改善,比如,减少货物转运次数,目前货物的处理次数为 8 次,目标是降低到 2.5 次。同时,A 家具公司还加大力度提高家具超市的面积,从而降低仓储面积。

2. 采用密集运输以降低成本

A 家具公司经过考察后发现改变送货方式可以降低物流成本。以德国境内的 A 家具公司为例,它共有 1 600 个供应商,其中 1 500 个分布在远东、北美、北欧和东欧,这些供应商将货物直接送到集中仓储中心,其余 100 个供应商把货物直接送到展销中心。按照货物的体积计算,约有 50% 的货物是由供应商送到集中仓储中心,从那里每星期再分送到展销中心,另外约 50% 的货物由供应商直接送到展销中心,如大型床垫或者长木条等体积较大的货物。主要的送货方式有三种:

(1)快速反应。根据展销中心的需要,直接在计算机上向供应商下订单,货物会在一至两周内由集中仓储中心送到展销场地。

(2)卖方管理存货。供应商每天收到其所生产的货物的存货情况,决定补货时间、种类和数量。

(3)直接通过计算机网络向国外的供应商订货,用 40 英尺的集装箱集中海运到汉堡,然后由码头运输到各展销中心。

A 家具公司的所有产品都采用平板包装,可以最大限度地降低货运量,增加装货能力。目前,A 家具公司不仅关注货品的单位包装数量,同时尽可能多地采用船舶和火车作为货运方式。因此,所有的仓库现在都已连接直通铁路网或货运港口。

3. 降低整体运作成本

A 家具公司针对特殊订单,成立地方性的服务中心。货物集中到离顾客最近的服务中心,然后再送到顾客手中。A 家具公司没有自己的车队,其运输全部外包,由外部承运代理负责运输。所有承运代理必须遵从环境标准和多项检查,如环境政策与行动计划、机动车尾气排放安全指数等,必须达到最低标准要求。为了减少公路运输尾气二氧化碳的排放,设法增加了产品的单位包装数量,并采用二氧化碳排放量少的货运方式。目前,A 家具公司已建立铁路公司,以确保铁路承运能力,提高铁路货运比例。增加产品单位包装数量是 A 家具公司一项永无止境的工作,不仅是在集装箱内增加单位装箱数量,而且要考虑提高产品集合包装的数量。

高效的外包物流系统和不断优化的运输方式使 A 家具公司的物流能够顺应业务的发展,从而使得 A 家具公司的发展欣欣向荣。

【案例分析与讨论】

1. A 家具公司的物流系统有哪些特点?A 家具公司对其供应商在环保方面有哪些要求?

2. A 家具公司的仓储和运输有什么特点?该公司在包装系统、运输系统的环境保护方面采取了哪些措施?

课外拓展

一、单选题

1. "货物在国际物流节点停留,通过储存和储备来调节整个物流系统的运行"体现的是国际物流节点的( )。
   A. 衔接转换功能　　B. 储存储备功能　　C. 物流信息功能　　D. 物流管理功能
2. 以存放货物为主要功能,国际货物停留时间最长的物流节点是( )。
   A. 流通型节点　　B. 综合型节点　　C. 转运型节点　　D. 储存型节点
3. 许多进口商品的包装是使用各种各样的材料或集装箱运输,所以要向特定的报检机构进行( )。
   A. 商检　　　　　B. 卫检　　　　　C. 报关　　　　　D. 动植物检疫
4. 交易一方向另一方提出有关的交易条件,并表示愿意按此条件与对方达成交易的肯定表示称为( )。
   A. 询盘　　　　　B. 发盘　　　　　C. 还盘　　　　　D. 接受

二、多选题

1. 对外贸易货运保险可分为( )。
   A. 海上运输货物保险　　　　　B. 陆上运输货物保险
   C. 航空运输货物保险　　　　　D. 邮政包裹保险
2. 构成一项有效的接受应具备的条件是( )。
   A. 接受由特定的受盘人做出　　B. 接受的内容必须与发盘相符
   C. 必须在有效期内表示接受　　D. 接受必须送达发盘人才能生效
3. 为防止海上运输途中货物被窃,可以投保( )。
   A. 平安险加保偷窃险　　　　　B. 水渍险加保偷窃险
   C. 一切险加保偷窃险　　　　　D. 一切险
4. 中国出入境检验检疫包括( )。
   A. 海关关检　　　　　　　　　B. 进出口商品检验
   C. 进出境动植物检疫　　　　　D. 国境卫生检疫
   E. 危险品检验

三、判断题

1. 国际物流是在不同国家之间展开的商务活动,是与商品移动相关的制造、流通等各项活动。（　　）
2. 国际商务包括进出口业务及国际贸易。（　　）
3. 在国际物流活动中,风险就是社会动荡、政治冲突、体制改变。（　　）
4. 国际物流的环境复杂,这些环境影响了运输成本、商品包装、商品保管。（　　）
5. 国际物流的发展目标是高质量、高效率和高水平。（　　）

四、操作题

联系实际或查找相关资料,选择一家大型跨国企业,分析其物流系统的组成以及整个物流过程的作业管理方法和具体操作,企业系统和作业管理的优越性,并根据国际物流系统知识分析其原因。

项目九 电子商务物流管理方法应用

项目引入

江苏远航物流公司培训部吴主管告诉李明,电子商务时代,有效的物流管理方法是提高企业总效益的基础,是确保企业具有竞争力的关键。电子商务物流的发展是以信息技术、通信技术和物流技术的应用为前提的。没有这些现代技术的支撑,物流是难以得到发展的。电子商务物流管理以这些技术为支撑,以现代物流管理理论为基础,逐渐形成了一系列管理方法,这些方法以其技术优势和广阔的发展前景增强了企业的竞争力,使传统的企业获得了新生。现代物流管理方法是一股不可抗拒的力量,它加速了企业经营方式和管理方式的变革。

项目分析

李明知道要做好物流管理工作,必须学会专业的物流管理方法。通过对JIT和QR理论的学习,可以了解现代物流企业对自身作业效率和市场需求反应速度的重视程度;通过对MRP和ERP的学习,可以掌握企业对物资供应计划相关需求的集成应用。此外,还需要认识DRP和LRP的原理。

任务分解

培训部吴主管告诉李明,电子商务物流管理方法主要可以归纳为如下三个部分:

第一部分:以准时制生产方式(Just-in-Time,JIT)和快速反应(Quick Response,QR)为代表,反映电子商务物流发展以效率为先的技术方法。

第二部分:物料需求计划(Material Requirement Planning,MRP)和企业资源计划(Enterprise Resource Planning,ERP)。

第三部分:分销资源计划(Distribution Requirement Planning,DRP)和物流资源计划(Logistics Resource Planning,LRP)。

吴主管要求李明主要掌握这几种物流管理方法的原理、特点和一般实施流程,能够在实际物流企业中灵活运用这几种方法。

相关知识

一、JIT

(一) JIT 的含义

Just-in-Time 简称 JIT,称为准时制生产方式,又称为无库存生产方式、零库存或者超级市场生产方式,其基本思想可概括为"在恰当的时候,按恰当的数量生产恰当的产品",其核心就是通过生产的计划和控制及库存的管理,追求一种无库存或库存达到最小的生产系统。为此人们开发了包括"看板"在内的一系列具体方法,并逐渐形成了一套独具特色的生产经营体系。

(二) JIT 的基本原理

JIT 是基于任何工序只在需要时才生产必要的在制品的逻辑进行生产计划与控制,主要表现为:通过生产同步化、均衡化以及"看板"工具,达到"适时、适量、在适当地点生产出需要的质量完善的产品"。JIT 严格根据订货与预测组织生产,通过"看板"在工序间传递物料需求信息,并利用"看板"的权威性将生产控制权下放到各工序,因此,这种控制方式是分散的。JIT 从产品装配出发,每道工序和车间都按照当时的需要向前一道工序和车间提出要求,发出工作指令,前面的工序和车间完全按这些指令进行生产,因而 JIT 的控制方式是拉动式的,其原理如图 9-1 所示。

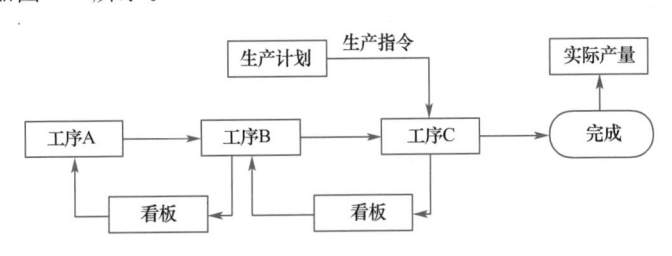

图 9-1 拉动式控制方式原理图

JIT 生产方式认为库存是浪费,对企业来说是负债,因此,要求尽量实现"零库存"。JIT 系统是一个"拉动"系统,即首先由供应链最终端的需求"拉动"产品进入市场,然后由这些产品的需求决定零部件的需求和生产流程,换言之,系统中的活动只有在需要它发生的时候才能发生。具体来说,就是系统(以反复生产制造系统为例)的上一道工序的加工品种、数量和时间由下一道工序的需求确定,零部件供应商的交货品种、数量和交货时间由生产组装线的进度需求来确定,从而做到在生产过程中的每一个阶段或工序,在制品的移动以及供应商的交货均能符合时间和数量要求,即在需要的时间及时供应所需要的零部件,从而也就不会产生库存。所以,及时管理方式往往被称为零库存管理方式。

(三) JIT 系统的优点

JIT 系统的优点体现在以下六个方面:

(1) 由于生产过程中实现同步化,上下道工序的衔接紧凑,减少了原材料、在制品、成品的库存与积压,也节省了生产空间。

(2) 减少了生产加工时间。由于生产中各工序的操作者都按同步的节拍操作,生产进度不是在传统方式下以最慢的节奏进行,而是受"拉动"控制使生产速度能保持在平均速度或平均速度之上。

(3)提高了产品质量,减少了废品与返工。JIT生产中由于实行"小批量生产、小批量运输",特别是"单件生产、单件传递",这就会迫使生产系统中的每道加工工序的作业人员必须生产出100%合格的零部件制品。否则,只要有极少数(甚至1件)不合格品产出,就会破坏正常的生产,因此说,JIT生产形成了一种"确保生产合格品"的强制性约束机制。

(4)提高了劳动生产率及设备利用率。JIT通过生产设施的合理布局,使生产运作管理过程中滞留时间、滞留空间和作业人员的差异减小到最低程度。它改变了一人一机的传统,实行一人多机的作业组织方法,大幅度提高了劳动生产率及设备利用率。

(5)由于是按照一个统一的原则进行整个生产运作系统的管理,因此增强了作业人员的集体感,使他们能主动参与生产问题的解决,提高了积极性。

(6)有利于生产运作管理功能的整体优化。JIT不仅考虑生产局部的"同步化",而且考虑整个企业生产的"同步化"问题。它克服了传统方法中质量管理、设备维修管理和技术工艺管理与工序管理相互脱节的弊端,形成个人、班组、工序、车间乃至整个企业层层配套的管理网络系统。

(四)JIT系统的不足

JIT目前已在国外广泛应用于重复性生产的制造业中。然而,人们在实际应用JIT组织生产时也发现JIT并非十全十美,JIT确实还存在一些缺陷,主要表现在以下五个方面:

(1)不做详细能力计划,生产常安排在低于最高产能的状态下运行。

(2)JIT对生产系统因故障产生的不均衡的承受能力远低于MRPⅡ系统。

(3)成功地开发并应用JIT需要很长时间,其中包括产品和工艺流程的重新设计、员工的技能培训等。

(4)JIT仅限于重复性制造生产,需要非常稳定的生产周期,产品品种有限且有一定的相似性。

(5)生产布局有特定要求及要求供应商就近布置等,在一定程度上影响了JIT作用的发挥。

二、QR

(一)QR的含义

QR(Quick Response,快速反应)是在美国纺织与服装行业发展起来的一项供应链管理策略。20世纪六七十年代,美国的杂货行业面临着国外进口商品的激烈竞争。20世纪80年代早期,美国国产的鞋、玩具以及家用电器在市场中的占有率下降到20%,而国外进口的服装占据了美国市场的40%。面对与国外商品的激烈竞争,在20世纪70年代和20世纪80年代中期,美国的纺织与服装行业开始寻求更有效的方法。

快速反应是零售商及其供应商密切合作的策略,采用这种策略,零售商和供应商可以通过共享POS系统信息、联合预测未来需求、发现新产品营销机会等对消费者的需求做出快速的反应。

(二)QR的主要策略

从实现技术上来说,QR的主要策略有:商品单元条码化、利用EDI传输订购单报文和发票报文、自动化仓库管理、采用电子商务方式交易等。从 QR 应用于管理方面来说,可以将其与其他管理方法相结合,主要策略有:融入了 JIT 的 QR 策略,融入了供应链管理的 QR 策略,将 QR 策略与补偿策略相结合等。

(三) QR 的应用领域及意义

QR 主要应用于如下几个领域:

1. 产品开发

使用严格的 ECO(Engineering Change Order,工程变更指令)控制协调各个部门,如制造计划、采购、库存、销售、制造工程以及供应商,以保证材料供应、路线选择、销售订单等的正常运作。能够及时通知其他部门避免材料和时间的浪费,从而缩短提前期。

2. 销售和服务

使用 SFA(Sales Force Automation,销售能力自动化)可以为企业提供准确和及时的信息;使用 VMI(Vendor Managed Inventory,供应商管理库存)可以缩短制造商和顾客之间的距离,缩短顾客从订货到取货之间的时间;系统通过预定义模型、选项、条件规则、路径选择和定价可以加速工艺和销售以及制造之间的知识传递。

3. 制造

许多时间压缩技术被应用于这个领域,如小批量生产、面向对象设施布置、JIT 和看板等。其主要目的在于简化操作,减少纸张工作并在部件层次集成 MRP 计划。

4. 电子商务

和整个供应链结合紧密的电子商务技术策略是电子采购、产品变更协作(Product Change Collaboration)和知识接口(Knowledge Portals)。

5. 办公室操作

通过减少重复输入数据和在线通知等方式减少工作人员的时间浪费;在办公室环境中采用 E-mail 和 EDI 以及 EFT(Electronic Funds Transfer,电子货币传输)可加速顾客从下订单到货物发运的进程。

6. 评估和跟踪

MLTM(Manufacturing Lead-Time Management,制造提前期管理)支持对运作的监测以缩短制造的提前期,并提供工厂运作流程的全貌;监控器可以监测到实际时间和提前期预设目标之间的差异(所谓监控器,是指一个信息的动态窗口,可以不受用户的干扰,动态地显示和刷新数据);销售商绩效评估可以帮助企业选择好的供应商;ADI(Automated Data Input,自动数据输入)和门店数据搜集可让企业更及时和准确地掌握一手的信息及订单完成状况。

由此可见,快速反应在企业的应用范围很广,对提高企业市场需求反应能力有很大的帮助,对解决我国物流企业目前面临的问题有着实际的应用意义。

在供应链管理中实施 QR 的投入是巨大的,这些投入包括 EDI 启动软件、现有应用软件的改进、租用增值网、产品查询、开发人员费用、教育培训、EDI 工作协调、通信软件、网络及远程通信费用、CPU 硬件、条形码标签打印的软件与硬件等。然而巨大的投资带来的是巨大的收益,其收益远远超过了其投入。它可以节约 5% 的销售费用,这些节省不仅包括商品价格的降低,也包括管理、分销以及库存等费用的大幅度减少。可见,实施 QR 在降低企业成本的同时,带来的是巨大的经济效益,并且极大地增强了企业的竞争能力,使供应链的整体效益最大化。

三、MRP

(一) MRP Ⅰ 的产生

物料需求计划(Material Requirement Planning)习惯上称为 MRP Ⅰ，而制造资源计划(Manufacturing Resource Planning)称为 MRP Ⅱ。MRP Ⅰ 出现于 20 世纪 60 年代初期的美国，20 世纪 70 年代之后随着计算机技术的迅速发展，MRP Ⅰ 在制造业中的应用日益广泛，并进一步发展成为制造业全面的生产管理系统——制造资源计划(MRP Ⅱ)。

MRP Ⅰ 是一个开环系统，由 Oliver W. Wight 和 George W. Plosh 首先提出，IBM 首先在计算机上实现 MRP 处理。MRP Ⅰ 的基本输入是由主生产计划、库存状态文件和物料清单三部分组成的，利用这三种输入，增加能力需求和调整功能；将库存文件变成库存管理；将制造任务单和采购单进一步向前延伸，分别进入车间作业管理(Shop Floor Control, SFC)，并把车间制造出来的产品信息和采购部门执行采购计划的结果信息反馈到库存管理中，增加了闭环的信息反馈功能，这就形成了闭环 MRP。

在闭环 MRP 的基础上，企业将内部销售、采购、制造和财务等子系统连成一个闭环系统，先做出生产计划，接着执行计划，并且反馈计划的执行情况，这就构成了 MRP Ⅱ。近年来，MRP 已引入我国，初期作为管理信息系统(Management Information System, MIS)的一个模块，目前很多大型企业都已引进了专用的软件。

(二) 库存订货点理论

早在 20 世纪 30 年代初期，企业控制物料的需求通常采用控制库存物品数量的方法，为需求的每种物料设置一个最大的库存量和安全库存量。最大库存量是为库存容量、库存占用资金的限制而设置的，安全库存量也叫最小库存量，物料的消耗不能小于安全库存量。由于物料的供应需要一定的时间，因此不能等到物料的库存量消耗到安全库存量时才补充库存，而必须有一定的时间提前量，即必须在安全库存量的基础上增加一定数量的库存。这个库存量作为物料订货期间的供应量，应该满足这样的条件：当物料的供应到货时，物料的消耗刚好到了安全库存量。这种控制模型必须确定两个参数：订货点与订货批量。

库存订货点法(图 9-2)依靠对库存补充周期内需求量的预测，并保持一定的安全库存储备来确定订货点，即

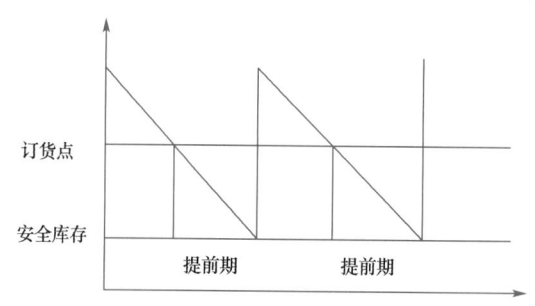

$$订货点 = 单位时段的需求量 \times 订货提前期 + 安全库存量$$

图 9-2 库存订货点法

库存订货点法在当时的环境下也起到了一定的作用，但随着市场的变化和产品复杂性

的增加,它的应用受到了一定的限制。它主要是根据历史记录来推测未来的需求,其适用的条件包括:

(1)物料的消耗相对稳定。
(2)物料的供应比较稳定。
(3)物料的需求是独立的。
(4)物料的价格不是太高。

库存订货点法不能适应的新情况包括:新产品、新材料的不断涌现;客户越来越挑剔。制造企业为了更好地满足市场需求,再也不能按习惯的方式大批量生产,大批量销售了。库存订货点法之所以会不适应上述的新情况,关键在于它没有按照各种物料真正需用的时间来确定订货日期。

(三)MRPⅠ的逻辑原理

MRPⅠ是在库存订货点法基础上发展形成的一种新的库存计划与控制方法,是建立在计算机技术基础上的生产计划与库存控制系统。其主要内容包括客户需求管理、产品生产计划、原材料计划以及库存记录。其中客户需求管理包括客户订单管理及销售预测,将实际的客户订单数与科学的客户需求预测相结合,即能得出客户需要什么以及需要多少。应注意的是,客户需求预测应是科学的预测,而不能是主观的猜测或只是一个主观的愿望。产品生产计划指的是最终生产产品的时间和数量,这将成为决定需要多少劳动力和设备以及需要多少原材料和资金的依据。产品生产计划应是客户需求与现有库存量比较的结果。产品生产计划要求非常精确,因为不准确的产品生产计划有可能导致资源浪费或是不能满足客户的需求。原材料计划是在产品生产计划的基础上制订的原材料需求计划,表示生产所需要的产品而需要准备的原材料的具体情况。而在确定购买原材料之前,需要检查现有库存记录,并通过比较确定实际的购买量,因此,保证库存数据的准确性尤为重要。MRPⅠ的逻辑原理如图 9-3 所示。

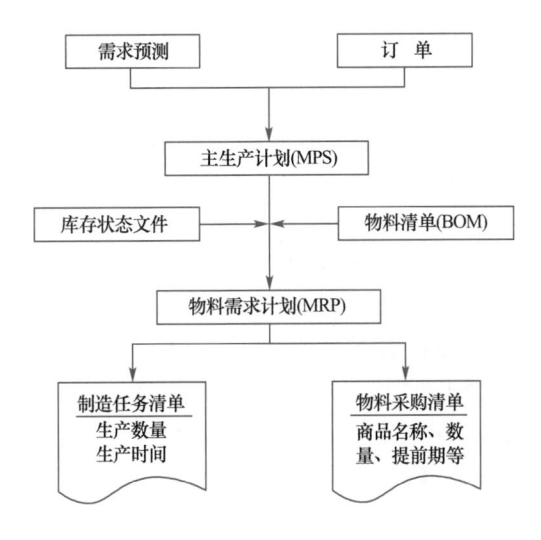

图 9-3 MRPⅠ的逻辑原理

其中,物料清单(Bill of Material,BOM)也称产品结构文件,它反映产品的层次结构,即所有零部件的结构关系和数量组成。根据 BOM 可以确定该产品所有零部件的需要数量、需要时间以及相互关系。主生产计划(Master Production Schedule,MPS)是确定每一具体的最终产品在每一具体时间段内生产数量的计划。这里的最终产品是指对于企业来说最终完成、要出厂的完成品,要具体到产品的品种、型号。这里的具体时间段通常以周为单位,在有些情况下,也可以是日、旬、月。主生产计划详细规定生产什么、什么时段应该产出,它是独立需求计划。它根据客户合同和市场预测,把经营计划或生产大纲中的产品系列具体化,使之成为展开物料需求计划的主要依据,起到了从综合计划向具体计划过渡的承上启下作用。主生产计划确定后,下一步的任务是保证主生产计划所规定的生产最终产品所需的全部物料,以及其他资源在需要的时候得到供应。库存状态文件包含原材料、零部件和产成品的库存量、已订未到量和已分配但还没有提取的数量。根据物料需求计划计算得出的所需物料量,首先应考虑库存量,不足部分再进行采购。由图9-3可见,物料需求计划产生产品投产计划和采购计划,生成制造任务清单和物料采购清单,再据此组织产品的生产和物资的采购。其过程如下:

1. 制订 MPS

主生产计划是一个综合性计划,是 MRP 的主要输入,是 MRP I 运行的驱动力量。同时,它也是核心生产企业上游供应商安排各自生产计划的基础。MPS 将确定最终产品的生产时间和生产数量。产品的需求量可以通过用户订单和需求预测得到。主生产计划在确定时,需要多种输入,如财务计划、消费需求、设备能力、劳动生产率、库存动态、供应商状态以及其他条件。主生产计划的对象是最终产品,主要指按独立需求处理的产成品。它可以是一件完整的产品,也可以是一个完整的部件,甚至是零件。

MRP I 中的主生产计划所体现的产品生产进度要求以周为计划时间单位。为了适应 MRP I 的要求,产品生产进度计划也应以周为计划时间单位。MPS 中规定的生产数量可以是总需要量,也可以是净需要量。如果是总需要量,则需扣除现有库存量才能得到需要生产的数量;如果是净需要量,则可按此计算出下层零部件的总需要量。一般来说,在产品生产计划中列出的为净需要量,即需要生产的数量。因此,由顾客订货和预测得到的总需要量不能直接列入产品生产计划,还应扣除现有库存量,算出净需要量。MPS 的计划期间即计划覆盖的时间范围一定要比最长的产品生产周期长。否则,得到的零部件投入生产计划将不可行。产品生产计划的滚动期应该同 MRP 运行周期一致。若 MRP 每周运行一次,则产品生产计划每周更新一次。

2. 制定 BOM

物料清单是生产某最终产品所需的零部件、辅助材料或材料的目录。它不仅说明产品的细节情况,而且表明产品在制造过程中经历的各个加工阶段。它按产品制造的各个层次说明产品结构。其中,每一层次代表产品形成过程中的一个完整阶段。物料清单与物资消耗定额不同,它不但要反映产品生产所需各种物料的数量,还要确切地反映出产品的制造方式。在产品结构文件中可以按产品制造的各个阶段将产品分解为若干个装配件。某几种零件组装在一起形成一个装配件,该装配件在更高层次上用以组装另一装配件(又称母体装配件)。可以将组成产品的所有装配件、零件及原材料统称为"零件",而不论是外部供应的或内部制造的。物料清单列出了所有子装配件、中间件、零部件和原材料,它用来连接 MPS,以列出采购需求和产品订单。

3. MRPⅠ运算

MRPⅠ运算是MRPⅠ系统的一个重要功能。MRPⅠ系统的基本运算主要有三个环节：一是在需求的层次上按产品结构关系分解；二是在需求的时间上按订货周期从最终产品的交货期起，一步一步向前倒推；三是在求出各零部件总需求的基础上，根据库存状况算出净需求，决定订货期及数量。这些环节是同时进行的。

4. 确定物料采购清单

在BOM确定之后，借助MRPⅠ计算，核心生产企业就可以结合现有的库存情况，首先计算出单个零配件的净需要量，并确定计划订货到达量和计划发出订货量。然后，汇总所有零配件的这些要素，制定出最终的物料采购清单。

初期MRPⅠ能根据有关数据计算出相关物料需求的准确时间与数量，对制造业物资管理有重要意义。但是它还不够完善，其主要缺陷是没有解决如何保证零部件生产计划成功实施的问题，它缺乏对完成计划所实施实际情况的反馈信息，缺乏对计划进行调整的功能。因此，初期MRPⅠ主要应用于订购领域，涉及的是企业与市场的层面，没有深入到企业生产管理的核心。

为了弥补初期MRPⅠ存在的不足，20世纪80年代初，MRP发展为闭环MRP，它是一个结构完整的生产资源计划及执行控制系统。该系统的特点为：以整体生产计划为系统流程的基础，主生产计划及生产执行计划产生过程中均包括能力需求计划，这样使物料需求计划成为可行的计划；具有车间现场管理、采购等功能，各部分的相关执行结果均可立即取得和更新。闭环MRP的基本原理如图9-4所示，它是根据长期生产计划制订短期主生产计划，而这个主生产计划必须经过产能负荷分析，才真正能够实现，才是可行的。然后再执行物料需求计划和能力需求计划，车间作业计划及控制。这里有两点需要注意：一是包括能力需求，车间调度；二是反馈关系，在实施系统时，供应商的反馈、车间的反馈和计划人员的反馈可以帮助实施计划。

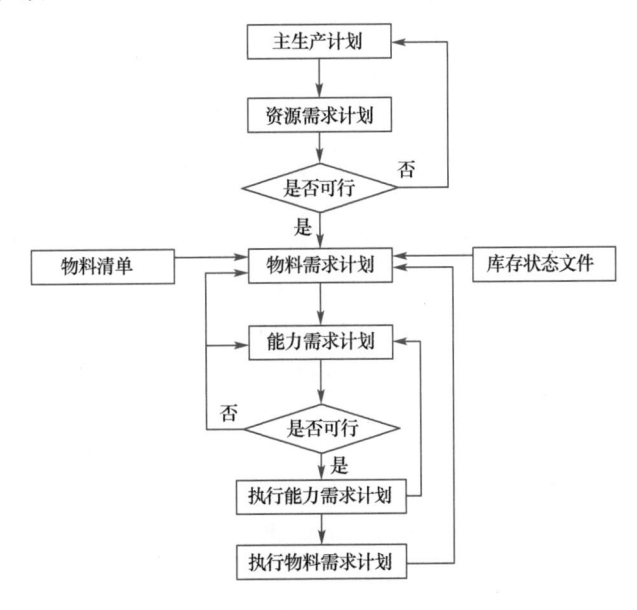

图9-4 闭环MRP的基本原理

(四)MRP Ⅱ

1. MRP Ⅱ 的含义

MRP Ⅱ 是管理科学与现代信息技术相结合的产物。它从 20 世纪 60 年代初期被提出,到 20 世纪 80 年代发展成熟,大体经历了三个发展阶段:MRP Ⅰ 阶段、闭环 MRP 阶段和 MRP Ⅱ 阶段。在 20 世纪 80 年代初期,伴随着日、美两国企业竞争的激化,这种管理规范逐渐发展起来,日益成为世界上主要制造企业纷纷研究、应用和实现的首要目标。MRP Ⅱ 是在闭环 MRP 基础上不断扩充、逐步发展并完善的一种以企业计划控制为主体的计算机管理信息系统。它以产品订货和需求预测制订主生产计划,然后根据物料清单和提前期制订每种零部件的投入产出计划,在详尽的能力平衡之后,按计划发出生产与订货指令,对生产的全过程进行全面、集中的控制。各车间和各工序按计划制造零部件,将实际情况反馈到计划部门并将加工完的零部件送到后续车间和进行下一道工序,而不管后续车间和下一道工序当时是否需要,因而 MRP Ⅱ 采用的是推动式控制方式,其原理如图 9-5 所示。

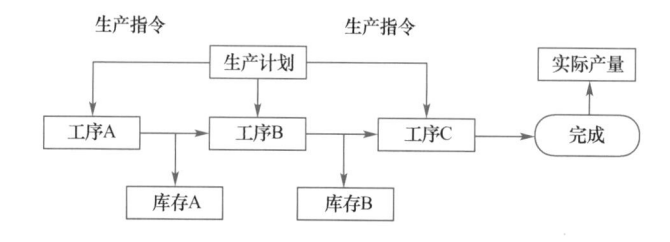

图 9-5 推动式控制方式原理

MRP Ⅱ 的基本目标是建立一个连接需求预测计划和供应计划的过程,使资源在加工者、供应者特别是其顾客等多个环节中的利用能够做到最有效益,而且花费最少、产出较高。其目的是实现在正确的时间、正确的地点得到正确数量的物料等资源。MRP Ⅱ 是对制造企业所有资源做有效计划的一种方法。成功的 MRP Ⅱ 系统应当是以市场为导向,以销售为龙头来控制生产,制订相应生产计划,最终达到获利的目的。

MRP Ⅱ 的基本思想:通过科学的管理方法和工具,基于企业经营目标,制订生产计划,围绕物料需求转化成制造资源,实现按需、按时生产。其主要技术环节涉及经营规划、销售与运作计划、主生产计划、物料需求计划、能力需求计划、车间作业管理、物料管理、产品成本管理和财务管理等。其处理逻辑如图 9-6 所示。

(1)首先按照经营计划确定企业的产值和利润目标,根据市场需求和企业当前的生产条件,确定生产计划大纲,它一般以产品族为对象。

(2)按照生产计划大纲要求,综合考虑企业当前的生产能力和条件(如毛坯和零部件库存、设备和人员状况等)来确定产品出厂计划,即主生产计划,它是以具体产品为对象,规定每种产品的具体出产时间与数量。

(3)根据产品的物料清单和物料库存信息,在产品生产计划的驱动下,资源需求计划分解为生产自制件的生产作业计划和外构件的采购计划,作为车间生产和物料采购的依据。但物料需求计划必须经过能力平衡,即与能力需求计划(Capacity Requirements Planning,CRP)进行比较,以检验其可行性。

(4)车间生产作业计划要规定每个工作地每天的工作任务,使输出的零部件投入产出计划落实到每一道工序。编制车间生产作业计划要依据每个零部件的加工路线和每道工序的

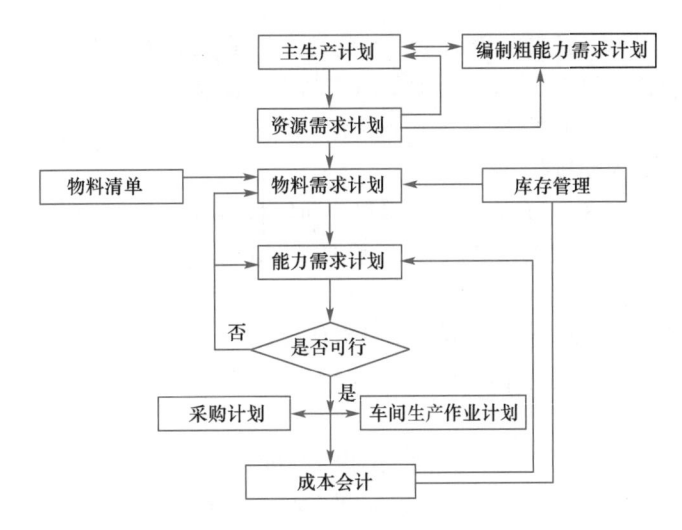

图 9-6　MRPⅡ的处理逻辑

工时定额,在满足加工路线的条件下,保证安排到每台机床上的任务不发生冲突,同时保证每个零部件按期完工。

(5)成本会计是用来计算各种成本的,包括各车间的生产成本、仓库的库存费用、订货费用和往来账目情况等,是进行财务分析的依据。

2. MRPⅡ系统的优点

MRPⅡ系统的优点主要有以下三个方面:

(1)保证生产销售的快速反应能力。MRPⅡ系统的特点之一就是能对企业内外变化做出快速反应。这主要是因为该系统拥有的供应链管理模块具有同步计划整个生产流程的能力,使生产和采购随时响应市场的需求,避免了生产采购的盲目性,使企业能对市场进行迅速反应,从而及时调整产品结构,缩短生产周期,提高企业的生产率。

(2)完善的存货控制能力。MRPⅡ系统能够通过对存货的 ABC 分析和严格的周期性盘点使库存保持准确无误。企业还可以随时运用 MRPⅡ系统提供的自动数据采集功能来捕获所有的物料处理信息;可以通过市场提供的信息来确定物料的需求时间和需求量,并结合国内外市场的物料供求情况和企业自身的生产经营信息来最终确定物料的采购提前期、最佳订货量,使企业的物流、资金流和信息流得到统一管理。

(3)科学的生产作业流程。灵活的生产方式是降低成本、缩短生产周期的关键。MPRⅡ系统中的生产制造管理系统可以优化企业的生产过程,并可以将设计、生产、市场和用户等多方面协调统一,再通过其具有的模拟功能,使企业得以先行评测整个业务流程,然后根据预测的结果配置灵活的生产计划,从而达到控制成本的目的。

3. MRPⅡ系统的不足

MRPⅡ系统具有剖析物料清单,安排项目时间与物料需求的能力,因而能够用于生产计划。但 MRPⅡ关于生产提前期不变、物料清单准确无误等的假定却常常引发严重问题。其主要不足可概括为以下五个方面:

(1)相对 JIT 而言,库存和在制品量大。主要原因在于:第一,中长期需求预测的误差较大,计划和实际需求很难达到平衡,为了减少库存短缺造成的损失,往往采用较大的安全库存和生产提前期。第二,MRPⅡ采用固定的提前期,而提前期时间的确定总留有余地。实际制造时间往往低于提前时间,因而不可避免地产生了在制品和产品的存储。

(2)制造周期长。MRPⅡ采用增加最终产品安全储量和在制品储量的方法来调节生产和需求之间、不同工序之间的平衡。高存储量降低了物料在制造系统中的流动速度,于是导致了MRPⅡ的制造周期较长。

(3)MRPⅡ利用物料清单来计算对零部件和原材料等的需求,如果物料清单过于复杂,则对数据的存储、处理等的工作量巨大,过程复杂,出现问题在所难免,这与MRPⅡ精确核算提前期的要求相违背。

(4)主生产计划的数据在实际中往往很难精确,加上未来需求的不确定性,使得MRPⅡ的主生产计划精度降低,执行中必须不断修改。若更改不及时,就难以反映拖期交货及生产和市场等方面的变化。

(5)MRPⅡ的生产是按计划执行的,员工参与度不高,这就使企业管理成了少数高层管理人员的事,制约了员工主观能动性的发挥和生产效率的提高。

四、ERP

(一)ERP的含义

可以从管理思想、软件产品、管理系统三个层次总结ERP的定义。

(1)ERP是由美国著名的计算机技术咨询和评估集团提出的一整套企业管理系统体系标准,其实质是在MRPⅡ基础上进一步发展而成的面向供应链(Supply Chain)的管理思想。

(2)ERP是综合应用了客户机/服务器体系、关系数据库结构、面向对象技术、图形用户界面、第四代语言(4GL)、网络通信等信息产业成果,以ERP管理思想为灵魂的软件产品。

(3)ERP是集企业管理理念、业务流程、基础数据、人力、物力、计算机硬件和软件于一体的企业资源管理系统。

ERP的概念层次如图9-7所示。所以,对应管理界、信息界、企业界不同的表述,ERP分别有着它特定的内涵和外延。为明确起见,本项目中论及ERP,将结合不同的上下文,相应采用"ERP管理思想""ERP软件产品""ERP管理系统"的表述方式。

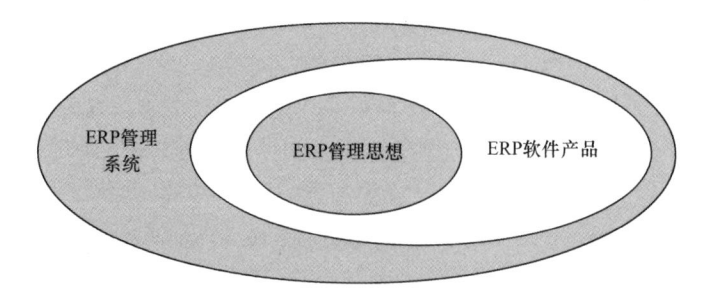

图9-7 ERP的概念层次

(二)ERP系统的演变

1957年美国生产与库存控制协会的成立与1960年前后Joseph Orlicky等人开发的第一套物料需求计划(MRPⅠ)软件的面世,标志着现代企业资源管理系统的发展开始起步。纵观其几十年的发展历程,可以发现,企业资源管理系统发展中的每一次进步都与社会经济的发展阶段、企业所处经营环境的变化息息相关,尤其重要的是,新的管理哲学、管理理论、管理技术的出现必然成为企业资源管理系统发展的直接催化剂,这一过程见表9-1。

表 9-1　　　　　　　　　　企业资源管理系统发展历程

阶段	企业经营特点	问题的提出	ERP的形成过程	理论基础
（Ⅰ）20世纪40年代	• 降低库存成本 • 降低采购费用	如何确定订货时间和订货数量	订货点方法（手工管理）	库存管理理论
（Ⅱ）20世纪60年代	• 追求降低成本 • 手工订货、发货 • 生产缺货频繁	如何根据主生产计划确定订货时间、订货品种、订货数量	时段式MRP系统	• 库存管理理论 • 主生产计划 • BOM
（Ⅲ）20世纪70年代	• 计划偏离实际 • 手工完成车间 • 作业计划	如何保证从计划制订到有效实施的及时调整	闭环式MRP系统	• 能力需求计划 • 车间作业计划 • 计划、实际、反馈与控制的循环
（Ⅳ）20世纪80年代	• 追求竞争优势 • 各子系统间缺乏联系,甚至彼此矛盾	如何实现管理系统统一化	MRPⅡ系统	• 决策技术 • 系统仿真技术 • 物流管理技术 • 系统集成技术
（Ⅴ）20世纪90年代	• 追求技术、管理创新 • 追求适应市场环境的快速变化	如何在企业及合作伙伴范围内利用一切可利用的资源	ERP系统	• 事前控制 • 混合型生产 • 供应链技术 • JIT和AM技术

(三) ERP系统的特点

1. "社会一体化"的基本思想

ERP系统是将企业的生存环境看成一条供应商、企业本身、分销网络以及客户等各个环节紧密连接的供应链,企业内部又划分成几个相互协同作业的支持子系统,如生产制造、工程技术、质量控制、财务、市场营销、服务维护等,还包括对竞争对手的监视管理。较之以前的资源管理系统,它完全按用户需求生产,以新的角度重新定义供应商、生产商、分销商相互之间的业务关系,重新构建企业的业务和信息流程及组织结构,协调企业各子系统更加柔性、能动地响应市场的变化。

2. 强大的系统功能

ERP系统除了能够实现MRPⅡ的原有功能(制造、仓储、供销、财务等)以外,管理上更加适应企业多地点、多工厂、多国家生产经营的趋势,覆盖多工厂管理、质量管理、实验室管理、设备维修管理、运输管理、过程控制接口、数据采集接口、电子通信(如采用EDI、电子邮件等)、法规与标准、项目管理、金融投资管理、市场信息管理等几乎企业运营的所有领域。

3. 灵活的应用环境

传统的MRPⅡ系统把企业归类为几种典型的生产方式来进行管理,如重复制造、批量生产、按订单生产、按订单装配、按库存生产等,针对类型设计管理标准。而在20世纪80年代末90年代初,企业为紧跟市场的变化,纷纷从单一的生产方式向混合型生产方式发展。ERP系统则汇合了零散型生产和流程型生产的特点,能够很好地支持混合型生产环境,满足企业的多角化经营需求。

4. 实时控制能力

MRP Ⅱ 是通过计划的及时滚动来控制整个生产过程，一般只能实现事中控制。而 ERP 系统强调企业的事前控制能力，可以将设计、制造、销售、运输等通过集成来并行地进行各种相关的作业，为企业提供对质量、适应变化、客户满意、绩效等关键问题的实时分析能力。

小资料

为了更好地说明 ERP 的有关特点，我们以 SAP R/3 软件（SAP 公司开发的 ERP 软件）的实现原理，模拟一家制衣厂从接受订货到最后发货的主要业务流程，如图 9-8 所示。为简明起见，各步骤前冠以阿拉伯数字 1、2、3 等，但实际处理中有些步骤的触发并不能进行严格的时间先后划分，而是利用计算机并发机制几乎同时进行的。

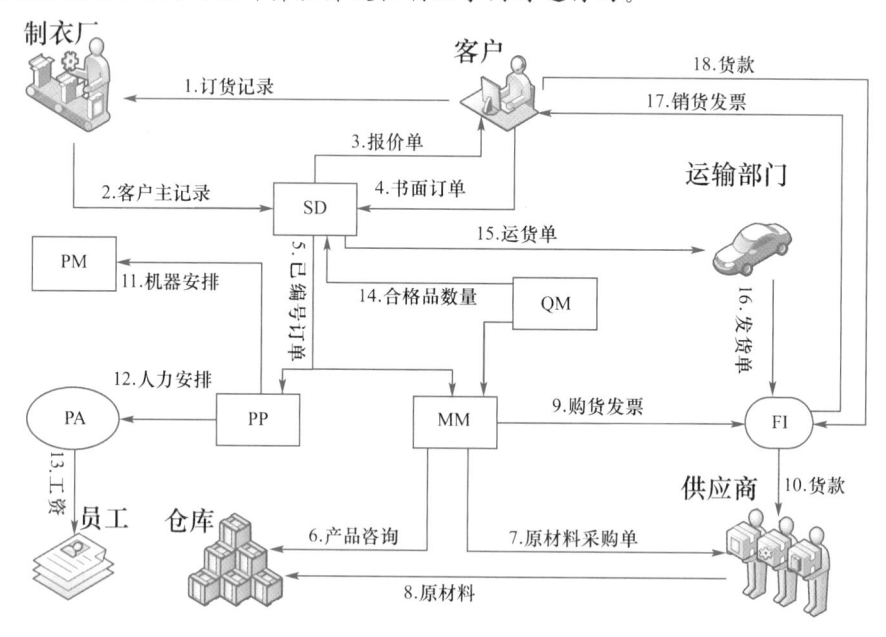

注：SD（销售与分发模块）；MM（物料管理模块）；PP（生产计划模块）；FI（财务会计模块）；PM（工厂维护模块）；PA（人事管理模块）；QM（质量管理模块）。

图 9-8 ERP 系统功能说明简图

通过对图 9-8 的分析，可以得出一个结论——ERP 并不是 MRP Ⅱ 的简单再包装。它突破了 MRP Ⅱ 系统本身固有的局限，在管理思想的层次上前进了一大步，真正整合了企业管理理念、业务流程、基础数据、人力、物力、计算机硬件和软件，对企业可利用的所有内部和外部资源进行综合运营。换言之，ERP 是对"企业资源管理"的真正实现。

五、DRP

（一）DRP 的含义

20 世纪 60 年代，在物料需求计划形成的过程中，西方曾产生了一场关于独立需求与相关需求的大讨论，讨论的结果是 MRP 适用于相关需求的系统，订货点技术适用于独立需求。而在现实经济社会中，真正独立的需求是不存在的。需求的独立性是相对的，需求的相关性是绝对的,特别是随着供应链管理思想的提出和完善,人们对需求相关性的认识也更全面、科学了。实际上,MRP 一出现,就开始有敏锐的管理科学家注意到它对流通过程的巨大影响力和深刻意义。MRP 提出了一种新的管理思想、管理思维,即按照未来需求组织生产和流通。因此,MRP 不仅是库存订货技术,而且是既可以应用于生产过程又可以应用于流通过程的优先权调度技术。

DRP 的定义可以表述为:DRP 是 MRP 原理和技术在流通领域中的应用。该技术主要解决分销物资的供应计划和调度问题,基本目标就是合理进行物资分销和资源配置,达到既保证有效满足市场需要,又使得配置费用最省的目的。

DRP 的思想实际上是一种准时供应的思想,而准时供应的实现以大范围内的物流系统实时控制为基础,是计算机集成物流系统中决策支持系统的主要方法和原则之一。

DRP 的发展经历了两个阶段:

第一阶段是初级 DRP(Distribution Requirement Planning,分销需求计划,也称为DRP Ⅰ)阶段。初级 DRP 主要解决分销物资的供应计划和调度问题,达到有效满足市场需要又使配置费用最低,它基本上是一种库存控制技术。

第二阶段是 DRP Ⅱ(Distribution Resource Planning,分销资源计划)阶段。DRP Ⅱ是在初级 DRP 的基础上发展起来的,它类似于生产领域中的 MRP Ⅱ,它除了拥有初级 DRP 的功能外,还增加了需求计划和运输规划功能,是流通领域进行全面管理的企业级物流计划系统。

(二) DRP 的原理

DRP 主要在以下两类企业中得到应用:一类是流通企业,如储运企业、配送企业、物流中心、流通中心等。这些企业不一定做销售,但必须有储存和运输的业务。这些企业具有较强大的储存能力和运输能力,受生产企业的委托为其存货或从生产企业购进货物存放在自己的仓库里,为生产企业销售部门或企业订货用户进货。另一类是生产企业,大多数中小企业生产的产品是交给经销商或零售商去销售,自己没有销售网络,但一部分较大型的生产企业有自己的销售网络和储运设施,这样的生产企业是面对市场来生产自己的产品,既做生产,又做流通。这两类企业的共同之处有:

(1) 以满足社会需求为企业的宗旨。
(2) 依靠一定的物流能力(储运、包装、装卸、搬运等)来满足社会的需求。
(3) 为满足社会需求,要从制造企业或物资资源市场组织物资资源。

DRP 的原理如图 9-9 所示。实施 DRP 时,要输入三个文件,输出两个计划。

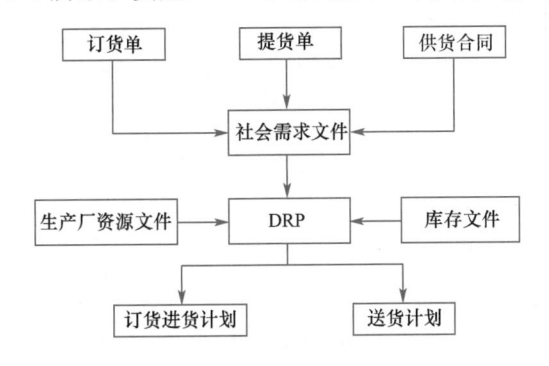

图 9-9 DRP 的原理

输入的三个文件:

(1)社会需求文件。其内容包括所有用户的订货单、提货单和供货合同,也包括下属子公司、企业的订货单。将这些需求按品种、需求日期进行统计构成一个文件,即社会需求文件。

(2)库存文件。它是仓库里所有库存物资量的列表。仓库里有的物资,从仓库里提货送货,送货的数量不得超过现有的库存量,仓库里没有的物资,就应订货进货。所以库存文件也是制订DRP计划必需的文件。

(3)生产厂资源文件。其包括可供的物资品种,也包括生产厂的地理位置情况。生产厂资源文件主要是为DRP制订订货计划之用。

输出的两个计划:

(1)送货计划,即对用户的送货计划。由于仓库距用户、下属子公司都有一定路程,所以提货送货要提前一定时间开始作业。对于大批量需求的用户实行直送,对于数量众多的小批量需求者可以进行配送。

(2)订货进货计划。这里指从生产厂订货进货的计划。对于需求物资,如果仓库内无货或库存不足,则需要到生产厂订货进货。因为订货进货需要时间,所以也需要设定订货提前期。

就物流中心经理而言,要决定某种商品的需求量,首先需要弄清该产品的预测需求量,然后去检查该商品的库存量并计算库存能够维持多长时间。如果需要维持一个安全库存,就必须将它从计算维持时间的库存中扣除。假设没有在途商品,这里计算的日期是仓库缺货的日期(如果考虑安全库存则是低于安全库存的日期)。如果考虑在途商品,必须将在途商品加入库存以决定库存能够维持的时间。这样,库存商品与购进在途商品数量之和用完的日期就是下次订货进货到达的最佳日期。商品到达物流中心的日期与中央订货供应点的装运配送日期可能不一致。这里应考虑从中央供应点的订货进货提前期,这段时间包括:本物流中心的装运、运输时间以及本物流中心的验货、收货时间等。进货批量应当是规定的订货批量。同样,对本物流中心送货方的处理也应考虑送货提前期来确定送货日期,即由用户的需求日期倒推一个送货提前期,以确定本物流中心向用户的送货日期。

(三)分销需求计划的发展——DRP Ⅱ

DRP和MRP一样,只提出了需求,而没有考虑执行计划的能力问题。在DRP的基础上,增加物流能力计划,就形成了一个集成、闭环的物资资源配置系统,称为DRP Ⅱ,它具有以下几个特点:

(1)在功能方面,DRP Ⅱ除了对物资的进、销、存进行管理外,还具有对车辆、仓库的配置利用以及成本、利润核算等功能。此外,还有物流优化、管理决策等功能。

(2)在具体内容上,DRP Ⅱ增加了车辆管理、仓储管理、物流能力、物流优化辅助决策系统和成本核算系统。

(3)具有闭环性。DRP Ⅱ是一个自我适应、自我发展的闭环系统。信息系统也是一个闭环反馈系统。订货信息和送货信息都反馈到仓库和车队。

六、LRP

(一)LRP的含义

物流资源计划(Logistics Resource Planning,LRP)是以物流为基础手段,打破生产与流通的界限,集成制造资源计划、分销需求计划以及功能计划而形成的物流资源优化配置方法。其实质是把MRP和DRP结合起来应用,在生产厂系统内部实行MRP,在生产厂外部实行 DRP,最显著的特点是在计划时考虑了物流的因素,把物流作为联系两者的纽带。因此它是一种联系产、供、销,既适时适量地保障了相互之间的物资供应,又使总费用最省的物流资源计划方法。

(二)LRP 的设计思想

MRP 是在生产领域中进行物流资源配置的技术,它能够实现加工装配过程中各种零部件和原材料按时按量的需求计划装配到位,但它不适用于流通领域。而 DRP 是在流通领域中配置物流资源的技术,它能够实现流通领域中物流资源按时间、按数量的需求计划装配到位,但它不适用于生产领域。设计 LRP 的基本动机,是想它既适用于生产领域,又适用于流通领域,以利于既做生产又做流通的企业来制订物流资源计划。它的基本思想是面向大市场,以物流为基本手段,打破生产和流通的界限,为企业生产和社会流通的物资需求进行经济有效的物流资源配置。它包含以下几个基本点:

(1)站在市场的高度,从社会大市场和企业内部经济有效地组织资源。
(2)打破生产和流通的界限,以降低物流资源配置的成本。
(3)以物流为基本手段,跨越生产和流通来组织和配置物流资源。
(4)打破地区、部门、所有制等多种多样的界限,灵活运用各种手段来组织企业经营活动。

(三)LRP 的原理

如前所述,LRP 实际上是把 MRP 和 DRP 结合起来应用,在生产企业系统内部实行 MRP,在生产企业外部实行 DRP,而将物流作为联系两者的纽带。物流之所以能成为联系纽带,是因为两者虽然在原理上有许多不同之处,但在物流上有共同之处,即它们都包含物资时间、空间位置的转移。LRP 的处理逻辑原理如图 9-10 所示。

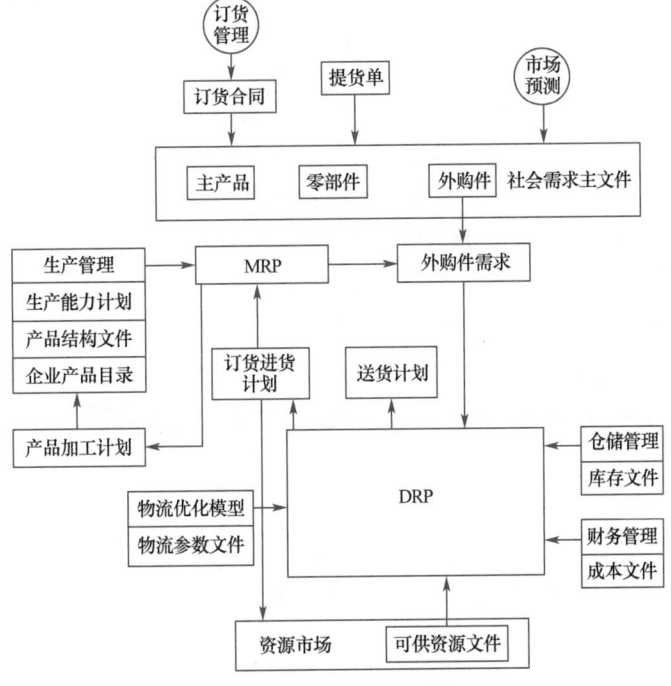

图 9-10　LRP 的处理逻辑原理

由图 9-10 可以看出,它输入社会需求主文件、生产能力文件、产品结构文件、物流能力文件、生产成本文件和供应商货源文件等,形成产品投产计划、生产能力需求计划、送货计划和订货进货计划、运输计划、物流能力需求计划等,并进行成本核算。而社会需求主文件(社会订货)总是先由 DRP 从库存中予以供应,仓库中不够的再向 MRP 订货进货。与一般 MRP 的不同之处在于,这里的 MRP 的输入是 DRP 生成的订货进货计划的一部分,即向生产部门的订货,其输出除了一般 MRP 生成的产品投产计划之外,还加上了向 DRP 输入的外购计划。MRP 根据 DRP 的生产订货进货计划进行处理,制定生产任务单,产生加工任务单交生产部门加工,外购件又加入 DRP 系统的需求文件,进入 DRP 处理。DRP 仍然先从仓库供应,仓库不够的根据订货进货计划到资源市场去采购进货。

(四) LRP 的应用

LRP 的实际原型可以用图 9-11 表示,这基本上是一个企业集团的模式。它包含多个生产厂和流通中心,整个企业处在市场之中,由资源市场取得资源投入企业生产过程,获得生产产品或服务去满足需求市场或流通中心的需要。企业也可以从资源市场获取资源进入流通中心去满足需求市场的需要。LRP 在其中的作用就是,站在大市场的高度,打破生产和流通的界限,对整个企业的生产和流通进行资源配置,对社会需求进行资源配置。

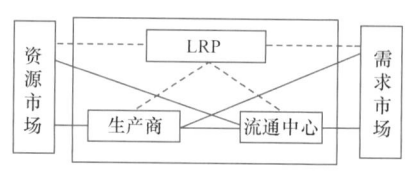

图 9-11 LRP 的实际原型

这种 LRP 应用的特点在于,它是一种包含企业生产、供应和销售的完全而又精细的计划。它有产品投产计划、生产过程的物料需求计划、采购供应计划、车辆运输计划、库存计划、用户送货计划、物流能力计划、运输能力、仓储能力等。可以说,LRP 涵盖了企业日常业务的各个方面。它们相互紧密连接,全盘规划指挥着整个企业的工作有条不紊地进行。这些计划通过计算机运行一次就产生出来,代替了整个企业各个部门许许多多计划人员繁重复杂的计划工作,不但大大节约了劳动力,而且提高了工作质量。

LRP 最显著的特点是在计划时考虑了物流的因素,即它不但考虑了物资的搬运、进货、送货的数量和时间,而且考虑了物流路线、运输方案的优化,使得物资运动不但能及时到位,而且总是费用最省。其原因就是计算机在做计划时,同时运行了相应的物流优化模型,从而得出的计划都是使物流费用最省的计划。LRP 适用于所有需要兼产、供、销于一身的企业,大的可以是企业集团,小的可以是一般的大中型企业和商店。在这样的企业中,它可以代替整个企业计划部门的工作。

任务一 JIT 与 QR 应用

任务引入

培训部吴主管告诉李明,JIT 是由日本丰田汽车公司(以下简称丰田公司)在 20 世纪 60 年代提出并实行的一种生产方式。1973 年以后,这种方式对丰田公司渡过第一次能源危机起到了突出的作用,后来引起其他国家生产企业的重视,并逐渐在欧洲和美国的日资企业及当地企业中推行开来,现在这一方式与源自日本的其他生产、流通方式一起被西方企业称为"日本化模式"。其中,日本生产、流通企业的物流模式对欧美的物流产生了重要影响。近年来,JIT不仅作为一种生产方式,而且作为一种通用管理模式在物流、电子商务等领域得到推行。Walmart吸收了QR的思想进行改革,今天Walmart已成为美国零售百货业中规模较大的公司。江苏远航物流公司作为很多企业的供应链上的重要成员,在供应链的运作上,必须和其他企业保持高度集成化的快速反应,这离不开JIT和QR管理方法的应用。

任务目标

吴主管要求李明通过对JIT与QR理论的应用学习,掌握现代物流企业对自身的作业效率和市场需求反应速度的管理,学会运用JIT和QR策略服务企业,并培养自己勇于探索的品格。

工作过程

步骤 1 利用看板管理实现JIT

1. 认识看板

看板是一张卡片,卡片的形式随不同的企业而有差别。看板上的信息通常包括:零件号码、产品名称、制造编号、容器形式、容器容量、看板编号、移送地点和零件外观等。

在实际JIT系统中,根据需要和用途的不同,使用的看板可以分为三种:

(1)在制品看板:工序间看板;信号看板。它们记载后续工序必须生产和订购的零件、组件种类和数量。

(2)领取看板:工序间看板;对外订货看板。它们记载后续工序应该向之前工序领取的零部件、组件种类和数量。

(3)临时看板。临时看板是在进行设备保全、设备维修、临时任务或需要加班生产的时候所使用的看板。

2. 了解看板的功能

(1)生产以及运送工作指令

看板中记载着生产数量、时间、方法、顺序以及运送量、运送时间、运送目的地、放置场所、搬运工具等信息,从装配工序逐次向前工序追溯,在装配线上将所使用的零部件上所带的看板取下,以此再去前工序领取。"后工序领取"以及"JIT生产"就是这样通过看板来实现的。

(2)防止过量生产和过量运送

看板必须按照既定的运用规则来使用。其中一条规则是"没有看板不能生产,也不能运送"。根据这一规则,看板数量减少,则生产量也相应减少。由于看板所表示的只是必要的量,因此通过看板的运用能够做到自动防止过量生产以及适量运送。

(3)进行"目视管理"的工具

看板的另一条运用规则是"看板必须在实物上存放,前工序按照看板取下的顺序进行生产"。根据这一规则,作业现场的管理人员对生产的优先顺序能够一目了然,易于管理。通过看板就可知道后工序的作业进展情况、库存情况等。

(4)改善的工具

在JIT生产方式中,可以通过不断减少看板数量来减少在制品的中间储存。在一般情况下,如果在制品库存较多,即使设备出现故障、不良品数目增加也不会影响到后道工序的生产,所以容易把这些问题掩盖起来。而且即使有人员过剩,也不易察觉。根据看板的运用规则之一"不能把不良品送往后工序",如果后工序所需得不到满足,就会造成全线停工,由此可立即使问题暴露,从而必须立即采取措施来解决问题。这样通过改善活动不仅使问题得到了解决,而且使生产线的"体质"不断增强,带来了生产效率的提高。JIT生产方式的目标是要最终实现无储存生产系统,而看板提供了一个朝着这个方向迈进的工具。

3. 掌握看板管理的五大原则

(1)后工序只在必要的时候,才向前工序领取必要数量的零部件。

(2)前工序应该只生产足够的数量,以补充被后工序领取的零部件。在前两条原则下,生产系统自然结合为输送带式系统,生产时间达到平衡。

(3)不良品不送往后工序。后工序没有库存,后工序一旦发现次品必须停止生产,找到次品送回前工序。

(4)看板的使用数目应该尽量减小。看板的数量代表零部件的最大库存量。

(5)应该使用看板以适应小幅度需求变动。计划的变更经由市场的需求和生产的紧急状况,依照看板取下的数目自然产生。

JIT生产方式的本质是一种生产管理技术,而看板只不过是一种管理工具。决不能把JIT生产方式与看板方式等同起来。看板只有在工序一体化、生产均衡化、生产同步化的前提下,才有可能运用。如果错误地认为JIT生产方式就是看板方式,不对现有的生产管理方法做任何变动就单纯地引进看板方式的话,是不会起到任何作用的。所以,在引进JIT生产方式以及看板方式时,最重要的是对现存的生产系统进行全面改组。

步骤 2 学会JIT采购

1. 懂得JIT采购的基本原理

与传统采购面向库存不同,准时采购是一种直接面向需求的采购模式,它的采购送货是直接送到需求点上。

(1)用户需要什么,就送什么,品种规格符合客户需要。

(2)用户需要什么质量,就送什么质量,品种质量符合客户需要,拒绝次品和废品。

(3)用户需要多少就送多少,不少送,也不多送。

(4)用户什么时候需要,就什么时候送货,不晚送,也不早送,非常准时。

(5)用户在什么地点需要,就送到什么地点。

2. 理解JIT采购的主要优点

传统采购是填充库存,并以一定的库存来应对企业需求,为了保证企业生产经营的正常进行和应付物资采购过程中的各种不确定性(如市场变化、物资短缺、运输条件约束等),常常产生大量的原材料和外购件库存。虽然传统采购方式也在极力进行库存控制,想方设法地压缩库存,但是由于机制问题,其压缩库存的能力是有限的。特别是在需求急剧变化的情况下,常常导致既有高库存,又出现某些物资缺货的局面。高库存增加了成本,缺货则直接影响生产。JIT作为一种先进的采购模式,不但可以有效克服传统采购的缺陷,提高物资采

购的效率和质量,而且可以有效提升企业的管理水平,为企业带来巨大的经济效益。JIT采购的主要优点包括以下几个方面:

(1)有利于暴露生产过程隐藏的问题。JIT采购通过不断减少外购件和原材料的库存来暴露生产过程隐藏的问题,从解决深层次的问题上来提高生产效率。

(2)消除了生产过程的不增值现象,提高了生产效率。在企业采购中存在大量的不增加产品价值的活动,如订货、修改订货、收货、装卸、开票、质量检验、点数、入库及运转等,把大量时间、精力、资金花在这些活动上是一种浪费。JIT采购由于大大精简了采购作业流程,因此消除了这些浪费,极大地提高了工作效率。

(3)进一步减少并最终消除原材料和外购件库存。能否降低企业原材料库存不仅取决于企业内部,而且取决于供应商的管理水平。JIT采购模式不仅对企业内部的科学管理提出了严格的要求,而且对供应商的管理水平提出了更高、更严格的要求。JIT采购不仅是一种采购方式,而且是一种科学的管理模式。JIT采购模式的运作,在客观上将在用户企业和供应商企业中铸造一种新的科学管理模式,这将大大提高用户企业和供应商企业的科学管理水平。根据国外一些实施JIT采购策略企业的测算,JIT采购可以使原材料和外购件库存降低40%~85%,有利于企业减少流动资金的占用,加速流动资金的周转,同时也有利于节省原材料和外购件库存的占用空间,从而降低库存成本。

(4)使企业真正实现柔性生产。JIT采购使企业实现了需要什么物资就能供给什么样的物资,什么时间要就能什么时间供应,需要多少就能供给多少,从而使原材料和外购件库存降到最低水平。从这个意义上讲,JIT采购最能适应市场需求变化,使企业能够具有真正的柔性。

(5)有利于提高采购物资的质量。一般来说,实施JIT采购可以使购买的原材料和外购件的质量提高2~3倍。而且,原材料和外购件质量的提高又会引起质量成本的降低。

(6)有利于降低原材料和外购件的采购价格。由于供应商和制造商的密切合作以及内部规模效益与长期订货的增长,再加上消除了采购过程中的一些浪费,使得购买的原材料和外购件的价格得以降低。如某公司通过实施JIT采购策略,使其采购物资的成本下降了40%~50%,取得了显著的经济效益。

3. 掌握JIT采购的步骤

企业在实施JIT采购时,大体可以遵循以下步骤:

(1)创建JIT采购班组。JIT采购班组的作用就是全面处理JIT有关事宜,制订JIT采购的操作规程,协调企业内部各有关部门的运作、协调企业与供应商之间的运作。JIT采购班组除了企业采购供应部门的有关人员之外,还要有本企业以及供应商企业的生产管理人员、技术人员、搬运人员等。一般应成立两个班组:一个是专门处理供应商事务的班组,该班组的任务是指导供应商的JIT采购操作,衔接供应商与本企业的操作流程,认定和评估供应商的信誉、能力,与供应商谈判签订准时化供货合同,向供应商发放免检签证等;另一个班组专门协调本企业各个部门的JIT采购操作,制定作业流程,指导和培训操作人员,进行操作检验、监督和评估。这些班组人员对JIT采购的方法应有充分的了解和认识,必要时要进行培训。

(2)制订计划,确保JIT采购有计划地实施。企业要有针对性地制定采购策略,制定出具体的分阶段改进当前传统采购的措施,包括减少供应商的数量、了解供应商的评价、向供应商发放签证等内容。在这个过程中,企业要与供应商一起商定JIT采购的目标和有关措施,保持经常性的信息沟通。

(3)精选少数供应商建立伙伴关系。供应商和企业之间互利的伙伴关系,意味着双方充满了一种紧密合作、主动交流、相互信赖的和谐气氛以及共同承担长期协作的义务。在这种关系的基础上,发展共同的目标,分享共同的利益。企业可以选择少数几个最佳供应商作为工作对象,抓住一切机会加强与其之间的业务关系。

(4)进行试点工作。企业可以先从某种产品、某条生产线或是某些特定原材料的试点开始,进行JIT采购的试点工作。在试点过程中,取得企业各个部门的支持是很重要的,特别是生产部门的支持。通过试点总结经验,为正式的JIT采购实施打下基础。

(5)搞好供应商培训,确定共同目标。JIT采购是供需双方共同的业务活动,单靠采购部门的努力是不够的,还需要供应商的配合。只有供应商也对JIT采购的策略和运作方法有了认识和理解,才能获得供应商的支持和配合,因此,需要对供应商进行教育和培训。通过培训,大家取得一致的目标,相互之间就能够很好地协调做好采购的准时化工作。

(6)给供应商颁发免检证书。在实施JIT采购策略时,颁发免检证书是非常关键的一步。颁发免检证书的前提是供应商的产品合格率达到100%。为此,颁发免检证书时,要求供应商提供最新的、正确的、完整的产品质量文件,包括设计蓝图、规格、检验程序以及其他必要的关键内容。经长期检验达到目标后,所有采购的物资就可以从卸货点直接运至生产线使用。

(7)实现配合节拍进度的交货方式。向供应商采购原材料和外购件,其目标是要实现这样的交货方式:当生产线正好需要某种物资时,该物资就到货并运至生产线,生产线拉动它所需的物资,并在制造产品时使用该物资。

(8)继续改进,扩大成果。JIT采购是一个不断完善和改进的过程,需要在实施过程中不断总结经验教训,从降低运输成本、提供交货的准确性、提高产品质量、降低供应库存等各个方面进行改进,不断提高JIT采购的运作绩效。实行JIT采购效益非常好,操作也非常简单,但对企业管理基础和信息化建设基础要求较高,因此,国内许多企业尚未采用。但是作为一种先进的采购方法,由于能为企业带来显著的经济效益,JIT采购模式已经引起了越来越多国内企业的了解和重视,推广和应用JIT采购模式已是国内企业发展的必然需要和大势所趋。国内企业要开展JIT采购,只有未雨绸缪,尽快了解和探索JIT采购的原理和方法,从基础工作抓起,逐步创造条件,才能达到事半功倍的效果,早日为企业创造经济效益,提高企业的竞争能力。

步骤 3　掌握QR的实施关键点

1. 改变传统的经营方式,革新企业的经营意识与组织结构

(1)企业要打破传统的局限于依靠本企业独自力量来提高经营效率的意识,通过与供应链各方建立合作伙伴关系,利用各方资源来提高经营效率,树立起现代经营意识。

(2)零售商在垂直型QR系统中起主导作用,零售店铺是垂直型QR系统的起始点。

(3)在垂直型QR系统内部,通过POS数据等销售信息和成本信息的相互公开和交换,来提高各个企业的经营效率。

(4)明确垂直型QR系统内各个企业之间的分工协作范围和形式,消除重复作业,建立有效的分工协作框架。

(5) 改变传统的事务作业方式,通过利用信息技术实现事务作业的无纸化和自动化。

2. 开发和应用现代信息处理技术

信息技术是成功进行 QR 活动的前提条件,包括条形码(Bar Code)、电子订货系统(EOS)、销售时点系统(POS)、电子数据交换(EDI)、电子资金转账(EFT)、供应商管理库存(VMI)等。

3. 与供应链各方建立战略伙伴关系

一方面,要积极寻找和发现战略合作伙伴;另一方面,要在合作伙伴之间建立分工和协作关系。可以将合作目标定为削减库存、避免缺货现象发生、降低商品风险、避免大幅度降价现象发生、减少作业人员和简化事务性作业等。

4. 建立信息共享机制

改变传统的对企业商业信息保密的做法,将销售信息、库存信息、生产信息、成本信息等与合作伙伴交流共享,并以此为基础,各方一起发现问题、分析问题并最终解决问题。

5. 供应方必须缩短生产周期,降低商品库存

(1) 缩短商品生产周期。

(2) 进行多品种、小批量生产和多频次、小数量配送,降低零售商的库存水平,提高顾客服务水平。

(3) 对将要发生的实际需求采用 JIT 的组织方式生产,降低供应商自身的库存水平。

任务二　ERP 应用

任务引入

培训部吴主管告诉李明,物流企业也都越来越重视企业内部信息化的管理,运用 ERP 软件系统管理企业内部资源是包括江苏远航物流公司在内的很多物流企业的选择。ERP 是建立在信息技术基础上,以系统化的思想为企业决策层和员工提供决策运营手段的管理平台。它有效地整合企业内部的所有资源,对采购、生产、成本、库存、分销、运输、财务、人力资源等进行规划,以达到最佳的资源组织,取得最佳效益。

任务目标

吴主管希望李明通过学习可以掌握 ERP 系统的优点与不足;掌握 ERP 系统的工作原理,学会操作 ERP 软件,培养自己不断进取的品格。

工作过程

这里以某 ERP 生产管理软件为例进行介绍。

步骤 1 掌握系统基础功能模块操作

1. 用户管理

单击"系统功能模块"菜单里的【用户管理】按钮,弹出"用户管理"页面,用来设置各用户权限,如图 9-12 所示。单击【新建】按钮,输入用户姓名及初始密码,然后在左边的"功能选择"列表中双击需要给该用户添加的功能(或右键添加全部,一次性添加所有功能),然后在页面的右面选择新建、修改等权限。需要注意的是,如果不想该用户拥有某功能,就不能让该功能在右面的列表出现,右面的功能名称列表可按键盘的"Delete"键删除,注意不要单击"用户管理"页面上方的【删除】按钮,该删除按钮是用来删除用户信息的。

图 9-12 用户管理设置

2. 修改密码

提供当前登录用户修改密码的功能。

3. 功能设置

提供快捷按钮栏的设置功能。

4. 库存初始化

提供期初库存数的录入功能,要注意期初数的录入是一次性的,不能重复录入。

5. 数据库备份

对当前数据进行备份,备份文件保存在数据库服务器 E 盘根目录,以备份当天日期为文件名。

6. 操作流水查询

提供软件操作员所进行的所有业务操作记录的查询功能。

步骤 2 掌握生产管理模块操作

1. 生产订单录入

单击"客服管理模块"菜单里的【生产订单录入】按钮,弹出生产订单录入页面,如

图 9-13 所示。单击【新建】按钮后依次填好相应生产单信息及特别要求,单击【保存】按钮后,可打印"生产通知单"。注意粉红色输入框为必填项。双击表间,可选择所需原材料,填上"需要数量",如库存数量不足,会显示红色提示。如需按旧单生产,可先选客户名称,再单击【旧单】按钮,选择相应旧单,软件会自动把旧单的工艺信息拉出。

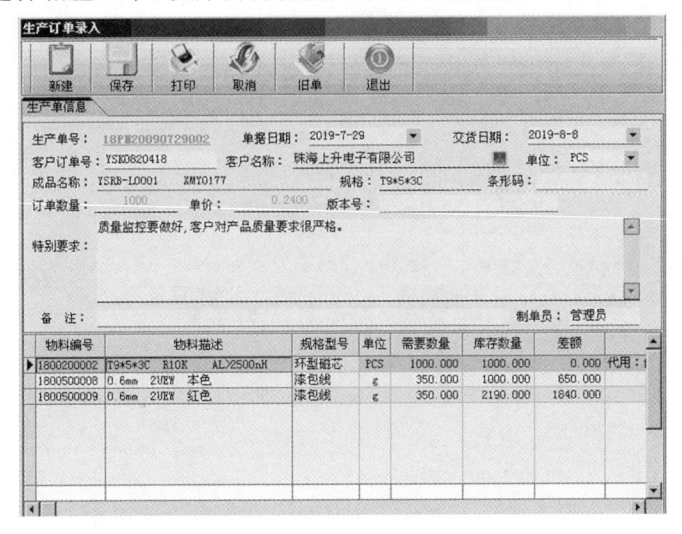

图 9-13　生产订单录入

2. 生产单审批

单击"客服管理模块"菜单里的【生产单审批】按钮,弹出"生产单审批"页面,选择需要审批的生产订单,单击【审批】按钮,在弹出的页面中选择符合审批条件的生产订单,并给出审批意见。对未通过审批的生产订单,可在"客服管理模块"菜单里的"生产订单修改"功能里修改。通过审批的生产单才能在"生产管理模块"里的"生产单查询"功能中看到。

3. 生产领料录入

单击"生产管理模块"菜单里的【生产领料录入】按钮,弹出"生产领料录入"页面。双击生产单,软件会自动带出所需物料,并可修改本次领料数量。如选择"同时出库",软件将自动生成一张领用出库单,扣减库存数量,如图 9-14 所示。

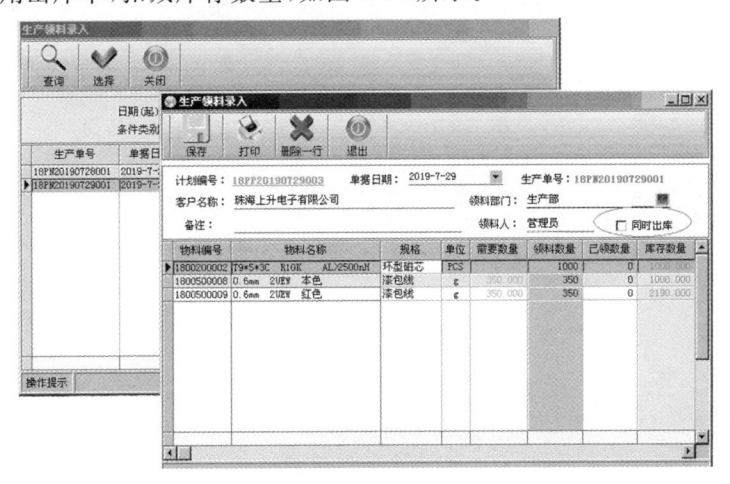

图 9-14　生产领料录入

4. 生产进度录入

单击"生产管理模块"菜单里的【生产进度录入】按钮,弹出"生产进度录入"页面。单击【新建】按钮后,选择生产单,并录入生产进度情况。

5. 生产进度查询

单击"生产管理模块"菜单里的【生产进度查询】按钮,弹出"生产进度查询"页面。可双击打开并查看某张生产单的生产进度,如图 9-15 所示。

图 9-15　生产进度查询

6. 生产送库录入

单击"生产管理模块"菜单里的【生产送库录入】按钮,弹出"生产送库录入"页面,如图 9-16 所示。单击【新建】按钮,选择相应的生产单号,输入送库数量后单击【保存】按钮,完成生产送库录入。如果选择"同步入库",则软件将自动生成一张生产入库单,成品库存数量增加。

图 9-16　生产送库录入

7. 送货单录入

单击"客服管理模块"菜单里的【送货单录入】按钮,弹出"送货单录入"页面,单击【新建】按钮后选择相应客户名称和相应生产单,输入送货数量、送货单价,单击【保存】按钮后打印送货单,如图9-17所示。如果选择"无订单送货",则只需有库存,就可以进行送货,不需选择订单。如果选择"同步出库",则系统会自动生成一张出库单,成品库存数量扣减。如选择"不输出金额",则打印送货单时就不会打印金额。

图 9-17　送货单录入

8. 交货提醒

单击"客服管理模块"菜单里的【交货提醒】按钮,弹出"交货提醒"页面。所有生产订单在交货日期的前三日开始提醒,红色显示的是已超出交货日期的生产订单。

步骤 3　掌握采购管理模块操作

1. 采购单录入

单击"采购管理模块"菜单里的【采购单录入】按钮,弹出"采购单录入"页面,如图9-18所示。单击【新建】按钮后填写好相应项目,保存后可以打印采购单。

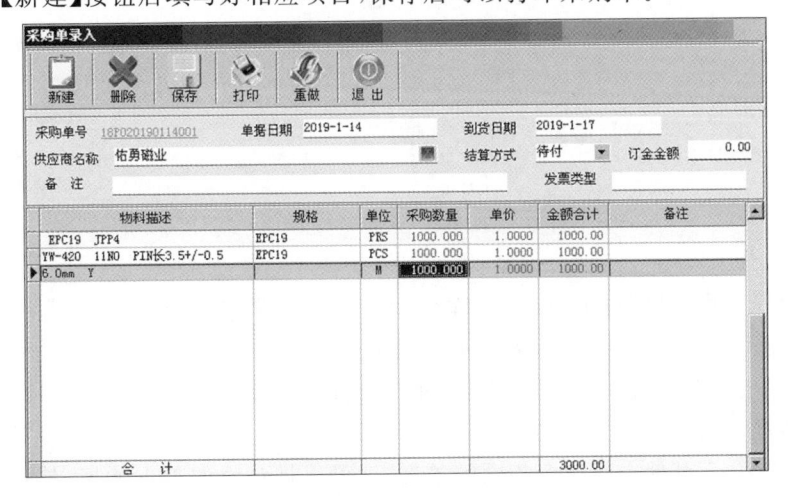

图 9-18　采购单录入

2. 采购单查询

单击"采购管理模块"菜单里的【采购单查询】按钮,弹出"采购单查询"页面。可选择"采购单号""供应商编号""供应商名称""物料描述""规格""入库单号"等条件来查询采购单,并可以双击查看详细内容。

3. 采购单修改

单击"采购管理模块"菜单里的【采购单修改】按钮,弹出"采购单修改"页面。可先查询出需修改的采购单,然后双击打开采购单进行修改。

步骤 4 掌握仓库管理模块操作

1. 入库单录入

单击"仓库管理模块"菜单里的【入库单录入】按钮,弹出"入库单录入"页面,如图9-19所示。入库类型有"采购入库""生产入库""其他入库""购退入库"四种。"采购入库"需选择相应的采购单,"生产入库"需选择相应的生产单,"购退入库"需选择相应的购退单,而"其他入库"是针对特殊情况入库,不需对应相关单据,可手动输入交货单位及对应单号。如果"其他入库"录入错误,可进行"冲单",也就是需要输入一张数量为负数,而其他内容完全相同的单据,就可以把错误的单据冲掉,然后再重新输入正确的单据。

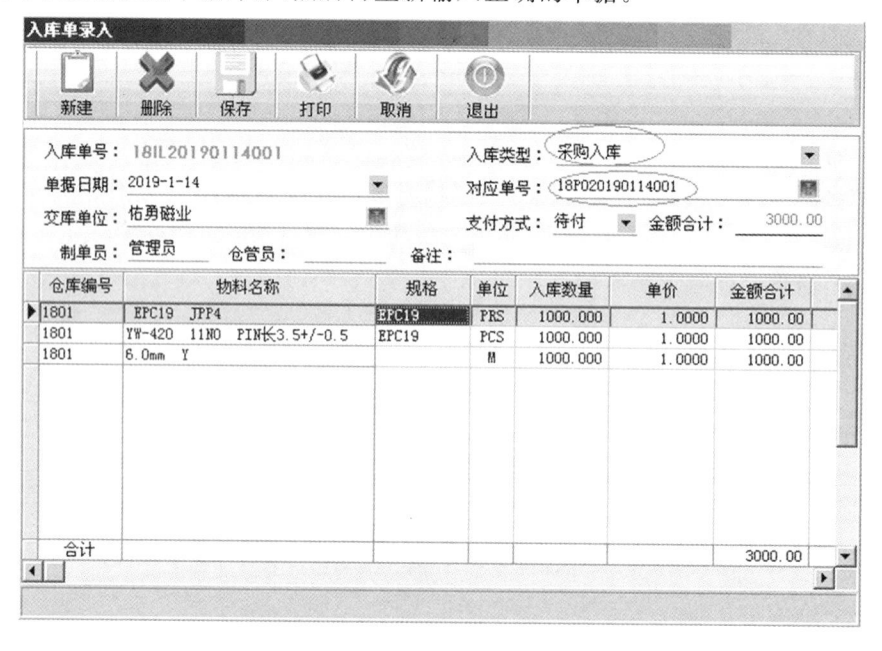

图 9-19 入库单录入

2. 出库单录入

单击"仓库管理模块"菜单里的【出库单录入】按钮,弹出"出库单录入"页面,如图9-20所示。出库类型有"领用出库""发货出库""其他出库"三种。"领用出库"需选择相应的生产领料单,"发货出库"需选择相应的送货单,而"其他出库"是针对特殊情况出库,不需对应相关单据,可手动输入对应单号。如果"其他出库"录入错误,可进行"冲单",也就是需要输入一张数量为负数,而其他内容完全相同的单据,就可以把错误的单据冲掉,然后再重新输入正确的单据。

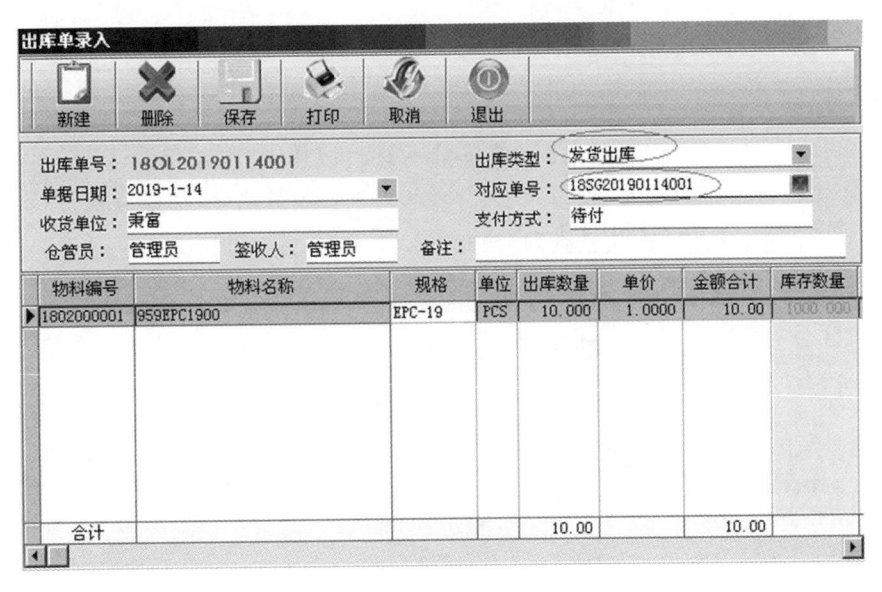

图 9-20　出库单录入

3. 库存物料查询

单击"仓库管理模块"菜单里的【库存物料查询】按钮,弹出"库存物料查询"页面,如图 9-21 所示。可以选择"物料描述""规格""条形码"模糊查询某物品当前的实有库存数量。该功能可按不同仓库、不同类别来显示库存物料。

图 9-21　库存物料查询

4. 仓库盘点

单击"仓库管理模块"菜单里的【仓库盘点】按钮,弹出"仓库盘点"页面,提供仓管员打印盘点表并锁盘的功能。

5. 库存量报警

单击"仓库管理模块"菜单里的【库存量报警】按钮,弹出"盘点差异查询"页面。系统会根据物料信息设置里的最高库存量及最低库存量进行判断报警。

步骤 5　掌握应收应付模块操作

1. 收款单录入

单击"应收应付模块"菜单里的【收款单录入】按钮,弹出"收款单录入"页面,如图9-22所示。可以进行收款单的录入,先输入收款金额,再选择收款账号,选择付款人,然后双击表间选择相应的订单。配合"应收款查询"功能一起使用,会更加方便。

图 9-22　收款单录入

2. 付款单录入

单击"应收应付模块"菜单里的【付款单录入】按钮,弹出"付款单录入"页面,如图 9-23 所示。可以进行付款单的录入,先输入支付金额,再选择支付账号,选择收款人,然后双击表间选择相应的单据。配合"应付款查询"功能一起使用,会更加方便。

3. 应收款和应付款查询

单击"应收应付模块"菜单里的【应收款查询】按钮,弹出"应收款查询"页面。可以单击"客户名称"来查询应收款,有"完成""未完成""全部"三种状态。单击"应收应付模块"菜单里的【应付款查询】按钮,弹出"应付款查询"页面。可以单击"客户名称"来查询应付款,有"完成""未完成""全部"三种状态。

4. 现金日记账

单击"应收应付模块"菜单里的【现金日记账】按钮,弹出"现金日记账"页面,如图9-24所示。可以按账户统计某段时间内的现金日记账,并可以打印现金日记账报表。

5. 银行日记账

单击"应收应付模块"菜单里的【银行日记账】按钮,弹出"银行日记账"页面。可以单击"账户"统计某段时间内的银行账目。

还有"统计报表模块"和"基础数据模块"等,可以进行相应的设置和操作管理。

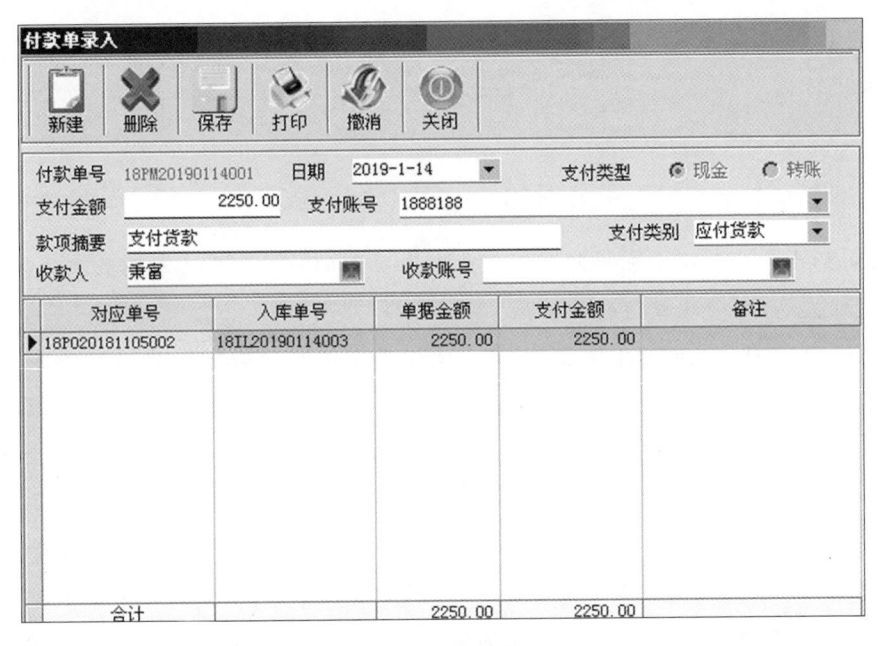

项目九　电子商务物流管理方法应用

图 9-23　付款单录入

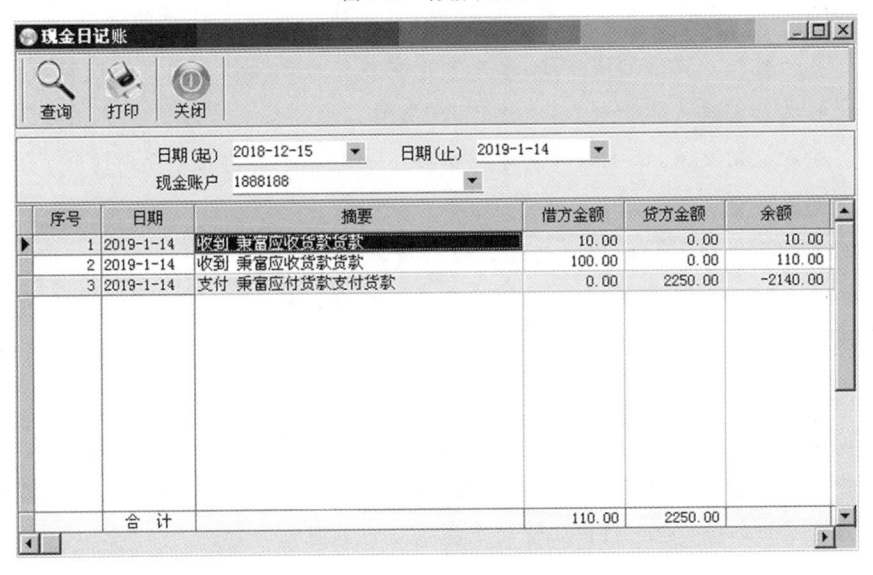

图 9-24　现金日记账

任务总结

李明通过学习掌握了 JIT 和 QR 发展的历史、应用过程及其优缺点，MRP 与 ERP 的背景、发展、特征和实施过程中容易出现的问题，掌握了 ERP 软件的应用。

案例分析

A公司的Just-in-Time管理

A公司的生产和管理系统长期以来一直是A公司的核心竞争力和高效率的源泉,同时也是国际上企业经营管理效仿的对象。

20世纪70年代初,A公司在北美市场实行了有效的车种转型战略,由于原来高档小型车的价格竞争力丧失,因此产品销售的重点开始转向更具有竞争力的科罗拉。为此,A公司进行了严格的质量管理,并且与供应商协作,以提高生产效率。以往日本汽车生产商从各自独立的公司那里获得零部件,而单个企业内部的纵向联系又显得不够紧密,为了彻底解决这个问题,在相互高度信任和尊重的基础上,A公司和它的零部件供应商建立起牢固的协作关系,这种协作关系主要依靠交叉管理、相互融资、技术转移和规定作业区来维系。看板和及时供应的管理方法运用在A公司及其供应商中。合理的生产流水线的安排减少了运输费用,使运输中造成的损失减小到最低程度,并大幅度降低了必要的库存储备。A公司的看板管理是一种生产现场管理方法,它是利用卡片作为传递作业指示的控制工具,将生产过程中传统的送料制改为取料制,以看板作为"取货指令""运输指令""生产指令"进行现场生产控制。在看板制度下,很多部件要等到需要下一道工序的前几个小时才生产出来,这就是JIT管理的第一步。

A公司为充分发挥JIT的作用创造了两个条件:

(1)使产品规格相对变化较少。他们提高汽车标准件的先进程度,并宣传其所付出的额外成本。这样,既可以提高汽车售价,又不会增加汽车零部件生产上的复杂性,有利于采用JIT的生产流水线。

(2)使零部件供应商及其装配厂尽量靠近销售市场。东京、名古屋、广岛是A公司的三大汽车销售市场。零部件供应商都离这三处不超过60公里,有的甚至和汽车装配厂同处在一个工业园区之中,这为实现JIT从空间上提供了可能性。

A公司也从推行JIT中获得了两大好处:

(1)减少了供装配用的零部件的库存量,从而减少了库存所占用的流动资金与仓库空间,并避免了一些备用品因搁置而受到的损坏。

(2)提高了库存的周转次数,减少了其等待装配的时间。供应商相继推行JIT管理之后,在两年内将存货的周转次数提高了两倍。

1985年,A公司在美国肯塔基投资80亿美元建成A公司美国汽车生产厂,自创立以来,提出了"为更多的人创造出最佳汽车"的口号,这意味着在无瑕疵的基础上生产出能满足不同需求的汽车,并且在最佳的时间里将不同类型的汽车以合理的价格传递给所需要的顾客。为了实现这个目标,必须寻求一种全新的资源,以多品种、优良的质量、及时的服务及合理的价格来赢得市场,而A公司生产系统(TPS)就可以做到这一点。

TPS的宗旨在于通过消除浪费来实现成本降低,消除浪费的根本是防止过度生产。在A公司看来,过度生产所造成的浪费不仅仅是仓储所占用的资金,而且还表现为仓储空间的占用、货物搬运过程中使用的设备、人员的额外雇佣、库存管理系统的使用等费用。所以TPS的一个精髓就是保持零库存,从根本上消除浪费,杜绝过度生产。在实际运作中,TPS提供了两条重要的原则促进生产绩效的提高。首先一条就是JIT生产,即在必要的时间、必要的地点,生产必要数量的产品,任何偏离这三个要素的生产都可以被视为浪费;第二条原则是自动化,即当生产中出现问题时立即停止生产,直到问题解决。

基于上述的先进管理思想,A公司在美国取得了巨大的成就。

B公司的快速反应

著名的消毒水生产厂商B公司在非典型肺炎事件中的反应是企业快速反应能力的重要体现。

2003年2月11日,广州市政府组织新闻发布会通报了广东省疫情。与此同时,政府和专家给出了一些预防病毒感染的建议措施,在这些建议中,勤洗手是关键的措施之一。B公司立即对这一信息做出反应,迅速挖掘市场,在《广州日报》头版推出平面广告"预防流行性疾病,用××消毒药水",随后又在《南方都市报》等媒体上连续推出通栏广告。在迅速扩大了品牌知名度之后,B公司开始利用事件建立品牌美誉度。通过新闻媒介《南方都市报》向社会各界,包括学校、机关等人群密集地区无偿派送××消毒产品总计37吨,价值100万元。

结合事件中与企业相关的市场诉求点进行企业的产品宣传,同时又使公司一贯秉承的"关心大众,无私奉献"的企业精神在这次事件营销中得到了很好的诠释。B公司在这种突发事件中展现了企业深厚的营销功力和生产及运作上的快速反应能力。事实上,B公司品牌形象得到了迅速提升,在许多消费者心目中确立了消毒水第一品牌的位置。

C集团的ERP项目

山东C集团是著名的现代化大型家电企业。集团下属12个分公司,生产经营家用滚筒洗衣机、波轮洗衣机和商用洗衣机、家用冰柜、超市冷柜、电燃气热水器、燃气灶具、空调、办公设备、发电机组、小家电等12大门类,150多个系列的产品,固定资产达228亿元,是中国最大的滚筒洗衣机、电热水器、商用冷柜生产基地之一。

C集团通过各地办事处及各厂的销售公司进行产品销售,拥有很大的商业客户基础。

一、信息化抉择

中国加入WTO,国内庞大的消费市场正迅速成为国际商业巨头竞争中的必争之地。面临来自国内外的市场竞争,C集团开始意识到,做好生产、降低成本是企业管理不懈的追求。同时,随着IT技术的飞速发展,企业面临的竞争环境发生了根本性的变化,如顾客需求瞬息万变、技术创新不断加速、产品生命周期不断缩短等。因此,赢得竞争的最直接和最有竞争力的核心手段就是必须实施 ERP。如何选择、应用 ERP 就成了 C 集团的当务之急。然而，ERP 项目的实施不是一个普通软件的实施，它涉及对企业的管理优化和流程重组，而实施人员的素质和水平及对业务的了解程度将直接影响到项目的实施成败。

因此在选择 ERP 软件时，C 集团在综合比较了十几家软件公司后，最终选择了北京诚通信科技术有限公司（以下简称信科）。C 集团作为规模庞大的电子制造企业，各种生产模式并存，物流种类多达 30 万种，数据量庞大，业务相当复杂。这就要求 ERP 软件系统功能强大，而这恰恰是信科的强项，而且信科在国内完成的 ERP 项目有 20 多个，积累了在制造业实施 ERP 的丰富经验。

二、ERP 实现

ERP 项目的实施是软件应用效果的关键，也是项目成败的决定因素。C 集团在经历了系统培训、业务分析、实施分析、实施设计、模拟测试和试运行等重要阶段后，短短半年就按计划实现了第一阶段实施的重要切换。目前已经完成了 ERP 系统的 FI（财务会计模块）、MM（物料管理模块）的全部功能，以及成本管理中控制模块、销售模块、生产计划管理模块的部分功能，使 C 集团的财务管理和物料管理进入真正意义上的实施管理和控制，有效支持了集团业务的快速增长，并为下一阶段的实施开了一个好头。ERP 实施的效果是显著的。短短几个月的时间里，C 集团成功地实现了新老系统的转换，完全抛弃了原有生产管理系统，并成功地把这个系统扩展到五大生产基地，用 ERP 管理企业生产，提高了人均产值和客户服务水平，库存资金占用降低了 30%～50%。集团在员工人数不增加的情况下，实现年产洗衣机 220 万台，营业收入超过 30 亿元。ERP 项目的成功实施为进一步推进 CMIS，实现设计、制造一体化奠定了坚实的基础。此外，C 集团还是具有重复制造和单件离散制造等多制造模式的企业，这就必然对实施的 ERP 项目提出更高的要求。信科以其雄厚的技术实力使复杂的 ERP 项目得以成功实施，充分满足了客户的要求。

三、应用效果

C 集团已经成为中国上市公司中实施企业资源计划系统的大型电子电器企业之一，其 ERP 项目软硬件设备投资已超过 1 000 万元。ERP 系统的成功实施，为 C 集团完成年度销售目标提供了有力的保障。C 集团将进一步完善 ERP 系统中的 PP（产品计划）、CO（管理会计）、SD（销售与分发）三个模块，在集团总部全面实施成功后再推广到集团下属的五个大型生产基地，从而实现与之信息共享集成，形成真正意义上的 ERP 系统。同时，企业信息化由于信息技术的大量采用，改进并强化了企业物流、资金流、人力流及信息流的集成管理，对企业固有的经营思想和管理模式产生了强烈冲击，带来了根本性的变革。信息技术与企业管理的发展与融合，使企业竞争战略管理不断创新，企业竞争力不断提高，从而推动了业务流程重组，促进了组织结构优化，有效地降低了成本，扩大了企业竞争范围，加快了产品和技术创新，加速差别化，提高了企业的整体管理水平。

D 公司的分销资源管理系统（DRP）

D 公司主要从事以 D 品牌为主的男士服装服饰的经营销售，其产品包括将近 100 个类别，2 000多种商品。公司开发的在线订单处理及ERP系统只是解决了D公司内部资源流转的问题，无法和公司遍布全国各地的将近800家代理商、分销商进行实时数据通信。D公司急需管理好并拓展公司现有的业务渠道和贸易伙伴资源。

DRP系统，即企业的分销资源管理系统，实施此系统的目的是使企业对订单和供货具有快速反应和持续补充库存的能力。系统依托于互联网，将制造商（或供应商）与代理商（或经销商）有机地联系在一起，可以自动处理制造商（或供应商）及其遍布全国各地的代理商（或经销商）之间的仓储管理、销售管理和订购管理。

D公司创建的供应链管理系统，为其供应链通信的成功铺平了道路，同时通过采用低成本快速扩张战略，逐步将品牌、货品资源、IT系统作为核心战略资源输出到代理商及其门店，最终建立起策略联盟，这也为国内类似企业的管理树立了楷模。

一、调查研究

D公司在中国的生产总部每周大约生产价值几十万美元的产品，销售是通过其遍布全国各地的代理商而不是直接销售给最终用户。因此，D公司必须依赖有效的通信和订购系统来保证各个分销商和零售商都有适当的货物库存。多年来，D公司一直想使用电子数据交换（EDI）来自动处理与大分销商之间的订单和供应问题。但是，由于EDI的高成本和使用的复杂性，使公司和分销商望而生畏，特别是小分销商想实现这种系统更为困难。通常，这些小的分销商是通过传真或电话来进行订购和查询订单状态，并了解公司库存是否有它们想要的产品等。于是，D公司就进行了一次调查，了解顾客、代理商、分公司、各部门对销售信息系统的需求情况。调查结果表明，代理商最明显的需求是仓储信息、订单处理进度信息和订单条目，而各部门、分公司则对各代理商的销售情况最为关心。基于这些需求，D公司与流通领域高端应用解决方案提供商富基旋风科技有限公司（以下简称富基）开始了接触。

二、方案拟订

富基与D公司合作，双方认为，D公司经过多年的发展，已拥有稳定庞大的消费群，其品牌价值和影响力与日俱增；但同时D公司的市场反应速度、准确性和分析方法越来越跟不上公司的发展进程；代理商和潜在的经销商对公司的信息需求也越来越强烈；公司已采用ERP系统，具备了实现新的信息战略的基础；Internet又缩小了企业规模与采用新的IT技术的差异，因而通过低成本地加强管理，高速增长，将D公司现有的资源有效发挥，将会对市场产生更强大的作用力。于是D公司DRP系统解决方案就此产生。通过将D公司代理商及代理商所属专柜或专卖店进行业务整合，并与D公司ERP系统一起组建D公司业务网站，达到加快供应链反应速度，提高企业凝聚力和市场洞察力及企业发展力的目的。

D公司DRP系统由四部分组成：集团管理系统、代理商管理系统、专卖店管理系统和接口管理系统。在这四部分中，集团管理系统可以实现D集团总部对代理商及其下属门店的进、销、存信息查询分析，并对代理商的系统进行管理和维护；代理商管理系统则在代理商级实现进、销、存的自动管理，并提供相关决策分析及业务指导；专卖店管理系统在专卖店级实现进、销、存管理及相关数据的分析；接口管理系统主要包括集团ERP与D公司DRP系统的信息数据交互和专卖店与DRP数据中心的信息数据交互。

这套系统为D公司的业务经营及与贸易伙伴的合作提供了一种全新的模式。D公司和经销商之间可以实时地提交订单、查询产品供应和库存状况,并获得市场销售信息及客户支持,有效地缩短了供销链。

【案例分析与讨论】

1. A公司为充分发挥JIT管理的作业创造了什么条件?它从JIT管理中得到了什么好处?
2. A公司JIT生产的含义是什么?为什么JIT生产有助于杜绝浪费?
3. 简述快速反应给B公司带来的效益。
4. C集团ERP的顺利实施主要得益于哪些方面?
5. D公司通过DRP系统的实施为企业带来了什么益处?该公司的DRP系统由哪些部分组成?

课外拓展

一、单选题

1. ( )是ERP的入口,所有的生产计划都是根据它下达并进行排产的。
   A. 销售订单　　B. 采购订单　　C. 销售合同　　D. 采购合同
2. 原材料到货后,库存部门根据( )进行审核入库,完成采购入库。
   A. 客户订单　　B. 进货单　　C. 出库单　　D. 采购单
3. 以下不属于科学采购的是( )。
   A. 订货点采购　　　　　　　B. 物料需求计划采购
   C. JIT采购　　　　　　　　D. 传统采购
4. 以下不属于物料需求计划输出信息的是( )。
   A. 销售数据　　　　　　　　B. 下达采购订单的通知
   C. 撤销订单的通知　　　　　D. 未来一段时间内的采购订单
5. ERP实施中,需求分析工作的目的在于( )。
   A. 优化业务流程　　　　　　B. 了解企业需求
   C. 定义项目目标　　　　　　D. 为实施ERP做准备

二、多选题

1. ERP系统中应付账款模块的作用在于( )。
   A. 降低管理成本　　　　　　B. 减少处理应付款的时间
   C. 改进现金支付的控制　　　D. 提供商业信用
2. 工艺路线的作用有( )。
   A. 计算加工件的提前期　　　B. 提供运行能力计划的数据
   C. 按工序跟踪在制品　　　　D. 分析物料库存状态

3. 局部流程重组的特点包括（　　）。
A. 重组的范围窄　　　　　　　　B. 牵涉面小
C. 重组流程的方式简单　　　　　D. 实施阻力小

4. MRP 的基本内容包括（　　）。
A. 编制物料的采购计划　　　　　B. 编制加工件和产品的生产计划
C. 确定采购订单下达时间　　　　D. 确定各加工件开工时间

5. 精益生产的特点包括（　　）。
A. 体现增值链的概念　　　　　　B. 提高快速响应能力
C. 强调合作伙伴关系　　　　　　D. 以满足客户需求为前提

三、判断题
1. ERP 是将企业所有资源进行集成的数字化管理。（　　）
2. ERP 项目验收是企业实施 ERP 项目的终点。（　　）
3. 主生产计划比生产计划更加详细，它可以确定每一个具体的产品在每一个具体时间段内的生产。（　　）
4. ERP 打破了 MRP Ⅱ 只局限于传统制造业的旧的观念和格局，把触角伸向了各个行业。（　　）
5. ERP 系统不是单纯的 IT 项目，而是一项管理系统工程。（　　）

四、操作题
联系实际企业或查找相关资料，找出几家实施 DRP 或 ERP 的企业，对其优缺点进行分析，并分析它们成功或失败的原因。

项目十 电子商务物流系统规划

项目引入

江苏远航物流公司培训部吴主管告诉李明,随着电子商务活动在我国的不断发展,电子商务物流系统化管理显得日益重要。和传统物流系统相比,电子商务物流系统无论是在服务范围、通信手段,还是在仓储、运输、配送、支付等方面都发生了较大的变化。电子商务物流系统化管理、电子商务下的物流业务流程自动化和企业资源计划系统等的应用,使电子商务活动更加高效、方便和快捷。

项目分析

培训部吴主管介绍说,电子商务物流系统是指在实现电子商务特定过程的时间和空间范围内,由所需位移的商品(物资)、包装设备、装卸搬运机械、运输工具、仓储设施、人员和通信联系设施等若干相互制约的动态要素所构成的具有特定功能的有机整体。构建电子商务物流系统的目的是实现电子商务过程中商品(物资)的空间效益和时间效益,在保证商品满足供给需求的前提下,实现各物流环节的合理衔接,并取得最佳经济效益。

任务分解

培训部吴主管安排李明参加公司的一个配送中心的筹建工作,锻炼其规划电子商务物流系统的能力。

相关知识

一、电子商务物流系统概述

电子商务下的物流系统由物流作业系统和物流信息系统两个分系统组成。物流作业系统在运输、保管、搬运、包装、流通加工等作业中使用各种先进技术,并实现生产据点、物流据点、配送路线、运输手段等的网络化,以提高物流活动的效率。物流信息系统在保证订货、进货、库存、出货、配送等信息通畅的基础上，使通信据点、通信线路、通信手段网络化，以提高物流作业系统的效率。

（一）电子商务物流系统的特点

电子商务物流系统具有以下几个特点：

1. 功能集成化

电子商务物流系统着重于将物流与供应链的其他环节进行集成，包括物流渠道与商流渠道的集成、物流渠道之间的集成、物流功能的集成、物流环节与制造环节的集成等。物流系统的竞争优势主要取决于它的功能整合与集成的程度。

2. 系统具有复杂性、动态性

电子商务物流系统与传统物流系统相比更为复杂，这主要是由电子商务自身特点所决定的。电子商务要求物流系统提供更加完备、迅速和灵活的服务，并随时保持物流信息的畅通。符合电子商务快捷、灵活要求的物流系统将比以往的物流系统更为复杂，而且需要具有一定的"柔性"，以便随时根据环境和需求的变化进行调整。

3. 服务系列化

在电子商务下，物流系统除强调物流配送服务功能的恰当定位与完善化、系列化以及传统的储存、运输、包装和流通加工等服务外，还向上延伸至市场调查与预测、采购及订单处理，向下延伸至物流配送咨询、物流系统方案的选择与规划、库存控制策略建议、货款回收与结算、教育培训等增值服务，而且在内涵上提高了以上服务对决策的支持作用。

4. 手段现代化、流程自动化

电子商务下的物流系统使用先进的技术、设备与管理为销售提供服务，生产、流通和销售的规模越大、范围越广，物流配送技术、设备及管理越现代化。而物流系统流程自动化是指运送规格标准，仓储、货箱排列、装卸、搬运等按照自动化标准作业，商品按照最佳配送路线配送等。

5. 组织网络化、规模化

互联网的无边界性特点导致了电子商务客户区域的离散性与不确定性，显然，过于分散的配送网络不利于物流企业实施集中的批量配送。但随着现代通信技术和网络技术的发展，构建跨地区的物流网络已经成为可能。为了保证对产品提供快速、全方位的物流支持，电子商务物流系统就需要建立全国性、规模性的物流网络，保证整个物流配送网络保持最优化的库存水平及库存分布。

6. 经营市场化

电子商务物流系统的具体经营采用市场机制，无论是企业自营物流，还是委托第三方物流企业承担物流工作，都必须确保整个物流系统以最小的输入得到最佳的物流服务效果。在电子商务环境下，物流业要以服务市场为首要宗旨。从当前物流的现状来看，物流系统不仅要为本地区服务，而且还要提供长距离的服务。因此，如何满足市场需要便成了物流系统的中心课题。

此外，物流系统不仅要与生产厂家保持紧密的伙伴关系，而且要直接与客户联系，这样能及时了解客户的需求信息，起到沟通厂商和客户的桥梁作用。

7. 目标分散化

在经济一体化、信息全球化日益明显的今天，电子商务企业要十分注意企业的灵活性和相对独立性,不要将企业的业务高度集中在一两个点上或一两个大城市中,要分散目标,分散风险。而电子商务企业的目标分散也导致了物流系统的目标分散化。

8. 企业信息化

在电子商务时代,要想提供最佳的服务,必须要有良好的信息处理和传输系统。物流信息化不仅包括存储、运输等物流活动的信息管理和信息传送,还包括为物流过程中的各种决策活动提供支持,即充分利用计算机分析物流数据,进行决策,降低成本和提高效率。

大型的配送公司一般都建立了 ECR 和 JIT 系统。所谓 ECR(Efficient Customer Response),即有效客户信息反馈。一般仓库商品的周转次数为每年 20 次左右,若利用客户信息反馈这种有效手段,可增加到 24 次,使仓库的吞吐量大大增加。通过 JIT 系统,可从零售商店很快地得到销售反馈信息。配送不仅实现了内部的信息网络化,而且增加了配送货物的跟踪信息,从而大大提高了物流企业的服务水平,降低了成本,增强了竞争力。

9. 管理法制化

宏观上,要有健全的法规、制度和规则;微观上,物流企业要依法办事,照章行事。

(二) 电子商务物流系统的模式

1. 电子商务下的自营物流

自营物流就是指企业在基于 Internet 技术的电子商务下,采用先进的物流管理系统和物流技术,利用企业已有的物流资源或整合企业外部物流资源,通过不断优化物流运作流程,为企业生产经营发展提供高效、优质物流服务的基本方式。自营物流包含以下三个层次:

(1) 完全型自营

完全型自营是指企业为构造适应电子商务需要的物流系统,对物流各功能、各环节进行研究和管理,以建立一个功能健全、环节配套的物流运作系统的基本方式。我国传统大型制造企业一般自备仓库、车队等,拥有一个完整的物流自我服务体系。从事电子商务时,除了企业内部各职能部门完成各自的物流使命以外,企业内部设有物流运作的综合管理部门或物流公司来统一管理企业的物流运作。

(2) 管理型自营

管理型自营分两种类型:一是企业在掌握物流管理主要权力的前提下,将有关的物流作业委托给物流企业去做,即从市场上购买有关的物流服务,如由专门的运输公司负责原料和产品的运输;二是物流服务的基础设施为企业所有,但委托有关的物流企业来运作,如请仓库管理公司来管理仓库,或请物流企业来管理运作现有的企业车队。

(3) 整合型自营

整合型自营是指企业将各种物流资源系统、物流活动系统以及企业内外各种相关系统用供应链思想整合、集成起来,形成统一、高效的物流管理体系的基本方式。整合型自营主要有企业内部集成、企业外部集成和综合集成三种做法。该模式是目前企业物流管理发展的核心模式,包括供应链系统的设计、物流服务标准的制定、供应商和分销商的选择等,还包括选择第三方物流企业来提供全程的物流服务,从战略层面对物流进行总体规划和控制。

事实上,一般企业的物流运作都是前两个层次的交叉,即自营与外购相结合。能够采用第三个层次的企业往往是那些控制了产品的核心技术,或是拥有知名品牌,或具有极强的研发能力和渠道控制能力的企业。

2. 第三方物流

第三方物流是20世纪80年代中期由欧美等国家提出的,是指由供方与需方以外的第三方物流企业通过合约提供物流服务的业务模式。第三方就是指提供部分或全部物流功能的外部物流服务提供者。从某种意义上说,它是物流专业化的一种形式。电子商务环境下第三方物流的优势体现在以下三个方面:

(1)提高物流效率。在电子商务环境下,配送速度是电子商务企业竞争因素中的一个重要砝码。电子商务的成功与否取决于物流系统的运作效率,第三方物流企业拥有发达的物流网络和针对不同物流市场的专业能力和信息技术,这使其能够灵活运用新技术,最大限度地利用运输和分销网络,快速、有效地进行物流运作,缩短交货期,从而改进电子商务企业的形象。

(2)降低物流成本。第三方物流企业能以更具成本优势的方式满足更新自己的资源或技术的需求,与独立的软件供应商结盟或者开发内部信息系统,从而达到以信息换库存、降低成本的目的;第三方物流企业具有规模经济优势,可以从运输商那里大批量购买运输能力,然后集中配载许多客户的货物,大幅度降低单位运输成本,而这些服务通常都是一家电子商务企业难以做到的。

(3)减少资金占用。外包能减少固定资产投资,加速资本周转。企业自营物流需要投入大量的资金购买物流设备,建设仓库和信息网络等专业物流设施。而使用第三方物流公司不仅可以减少设施的投资,而且能够免去仓库和车队方面的资金占用,实现社会资源的共享和有效利用。

电子商务环境下第三方物流模式主要有以下两种:

(1)物流连锁模式。电子商务环境下,商品需求者所在地的分散和远距离是最为常见的一种情况,一个物流企业不论多么强大,其物流网络也不可能覆盖所有地区。这就需要物流企业之间达成联盟,相互之间交流各种信息,实现信息和其他资源的共享,协同配送。物流企业为了更好地发挥物流服务优势和品牌优势可以采取连锁形式开展物流经营活动。连锁经营有三种形式:直营连锁经营、特许连锁经营、自由连锁经营。

(2)基于虚拟物流企业的配送模式。虚拟物流企业是为完成某一物流项目,若干法律上独立的物流公司或自由职业者之间进行的有时间限制的合作,当虚拟物流企业的商业目的达到后,该虚拟企业即自行解体。虚拟组织不具有法人资格,也没有固定的组织层次和内部命令系统,而是一种开放的组织结构,因而可以在拥有充分信息的条件下,从众多的组织中通过竞争招标或自由选择等方式,精选出合作伙伴,迅速形成各专业领域中具有竞争优势的价值链,再通过对外部资源的有效整合和利用,完成单个企业难以承担的市场功能。

3. 物流联盟

物流联盟是一种介于自营和外包之间的物流模式,可以降低前两种模式的风险。物流联盟是为了取得比单独从事物流活动更好的效果,在物流方面通过契约形成的优势互补、要素双向或多向流动的中间组织。联盟是动态的,只要合同结束,双方又会变成追求自身利益最大化的单独个体。电子商务企业与物流企业进行联盟,一方面有助于电子商务企业降低经营风险,提高竞争力,企业还可从物流伙伴处获得物流技术和管理技巧;另一方面也使物流企业有了稳定的货源。当然物流联盟的长期性、稳定性会使电子商务企业改变物流服务供应商的行为变得困难,电子商务企业必须对今后过度依赖物流伙伴的局面做周全的考虑。

成立物流联盟时应注意以下两个方面的问题：

(1)注意联盟伙伴的类型。选择联盟伙伴时，要注意物流提供商的种类及其经营策略。一般可以根据物流企业服务的范围大小和物流功能的整合程度这两个标准，确定物流企业的类型。物流企业服务的范围主要是指业务服务区域的广度、运送方式的多样性、保管和流通加工等附加服务的广度；物流功能的整合程度是指企业自身所拥有的提供物流服务所必要的物流功能。必要的物流功能是指包括基本运输功能在内的经营管理、集装、配送、流通加工、信息、企划、战略、战术等各种功能。不同类型的物流企业在市场竞争中所采取的经营策略有很大的区别，如有的物流企业提供的服务质量很高，但其价格也高，而有的物流服务商靠低廉的价格和一般水平的服务来参与市场竞争，电子商务企业可以根据自己的需要来进行选择。

(2)注意保持在联盟中的控制能力。如果电子商务在企业战略中处于关键地位，电子商务销售额占总销售额的绝大部分，而自身物流管理水平却较低，对这类企业来说，寻找物流伙伴组建物流联盟将会在物流设施、运输能力、专业管理技巧上收益极大，但要注意选择和合作的多样性或将一部分物流分出去与他人合作，避免因物流伙伴掌握顾客资源后在整个供应链中占据支配地位而受制于人，从而保证企业获得长期稳定的利润。对于物流在其战略中不占关键地位，但其物流水平却很高的企业来说，可以寻找合作伙伴共享物流资源，作为物流联盟关系的领导者，通过增大物流量来获得规模效益，降低成本。

4. 第四方物流

电子商务环境下的物流管理日益复杂，使得电子商务环境下的供应链管理过程需要一个"超级经理"，来对企业的供应链进行设计、优化和监控，在客户与它的物流、信息、供应商之间充当唯一"联系人"的角色，这促使了第四方物流模式的出现。著名的管理咨询公司——埃森哲公司首先提出了第四方物流的概念。

所谓第四方物流，就是供应链的集成者、整合者和管理者，主要通过对物流资源、物流设施和物流技术的整合，提出物流全过程的设计、实施办法和解决途径，形成一体化的供应链解决方案，根据集成方案将所有的物流运作以及管理业务外包给第三方物流企业。它是一个供应链的集成商，对公司内部和具有互补性的服务供应商所拥有的不同资源、能力和技术进行整合和管理，提供一整套供应链解决方案。

应当认识到，第四方物流概念的引进是与目前第三方物流缺乏跨越整个供应链的运作能力，以及整合供应链流程所需的IT专业技术和管理技能的特点密切相关的。第四方物流企业参与设计、咨询，提供集成管理方案，可以将每一个领域的最佳物流服务商组合起来，形成最优物流方案或供应链管理方案。

(三)电子商务物流系统的作用

没有一个与电子商务相适应的物流系统，就不能实现物流运作的高效、快捷、准确，电子商务物流系统有利于促进物流资源的整合，提高物流运作的效率。电子商务物流系统的作用主要体现在以下几个方面：

1. 更好地为顾客提供满意的服务

电子商务物流系统能改变整个供应链运营的环境基础。网络是平台，供应链是主体，电子商务是手段，信息环境对供应链一体化运作起着控制和主导作用。电子商务物流系统由供给推动型变为需求拉动型，当供应链环境下的电子商务物流系统各方都得到互联网技支持时，可极大地提高用户对产品和服务的可得性，从而更好地满足客户需求。

2. 实现供应链物流一体化运作

电子商务物流模式采取以顾客为中心，面向供应链过程的管理方法，提高了企业对顾客、市场的响应速度。企业依靠电子商务物流系统，将改变物流管理各自为政的局面，实现供应链物流一体化运作。

3. 提高物流信息的处理能力

物流信息化是实现电子商务物流系统的必然要求，而物品的快速移动完全依赖于电子商务物流系统，为了有效缩短物品的在途时间，实现零库存，及时供货和保持供应链的连续和稳定，就要求电子商务物流系统保持实时物流信息的畅通。而电子商务物流系统为物流信息畅通、及时、准确反馈等提供了网络平台，可以提高物流运作效率，拓宽物流的增值空间。

4. 提高供应链上信息共享的程度

利用电子商务物流系统，用户可以直接面对制造商并可获得个性化服务，传统流通渠道中的批发商和零售商等中介的功能将减弱，减少了物流环节，降低了产品成本。

二、电子商务物流系统的规划设计

(一) 电子商务物流系统规划设计的目的与原则

1. 电子商务物流系统规划设计的目的

(1) 将原有传统的业务流程，通过计算机和信息技术进行业务重组，能消除无效流程，有效地控制物流，降低物流成本。

(2) 能为客户提供有特色的电子商务物流服务平台，以达到吸引更多客户的目的。

(3) 对实施物流服务的业务范围、经济地理上的网点布局是否与电子商务要求相适应，对客户需求的反应速度、送货频率、送货可靠性、相关物流文档质量、物流费用、网点分布、管理制度、货物跟踪等方面能够提供完整的物流信息和完善的决策支持，并通过系统评估来判断这些服务是否能满足客户的要求。

(4) 建立网络化物流系统平台可以减少很多生产和流通中不必要的部门和环节，从而达到降低成本的目的；也可以减少企业组织仓储、运输环节的成本和麻烦，甩掉沉重的物流包袱，简化传统物流配送的流程，方便客户使用。

2. 电子商务物流系统规划设计的原则

(1) 外部条件与内部条件相结合的原则

注重外部条件与内部条件的相互影响，了解物流活动的内在和外在关联，正确处理好它们之间的转换与相互约束的关系，可以促使系统向最优化发展。

(2) 当前利益与长远利益相结合的原则

选择方案既要考虑目前的利益，又要兼顾长远的利益。只顾当前不顾长远会影响企业的发展后劲，只顾长远不顾当前会挫伤企业发展的积极性。只有对当前和将来都有利的方案，才能使系统更具生命力。

(3) 子系统与整个系统相结合的原则

物流系统由多个子系统组成，并不是所有子系统都是最好的，整个系统才是最好的，而应是以整体系统最好作为评价标准，只有当所有子系统都能发挥最大功能，组合在一起，并且使整个系统最佳才为最好。以汽车为例,整车的使用年限为10年,而轮胎的使用年限即使有20年,其作用也只有10年,因此当所有汽车零配件的使用年限都最为接近,使整个汽车(相当于整体系统)使用年限达到最长时才是最佳的。

(4)定量分析与定性分析相结合的原则

采用定量分析的方法有利于使系统量化,便于根据实际确定对策(如车辆发车的时间间隔、仓库的大小适宜度等)。而那些不能用数字量化的指标(如政策因素、环境污染对人体的影响等)则采用定性分析的方法,从而少走弯路,节省成本。

(二)电子商务物流系统规划设计的步骤

电子商务物流系统规划程序分为筹划准备阶段、总体规划阶段、方案评估阶段、详细设计阶段、系统实施阶段五个步骤。

1. 筹划准备阶段

在筹划准备阶段,首先要对物流系统建设的必要性和可行性进行分析和论证。有了初步结论后,就应该设立筹划小组进行具体规划。为了避免片面性,筹划小组应该吸收多方面成员参加,包括物流咨询公司、物流工程技术公司、土建公司人员以及一些经验丰富的物流专家或顾问等。物流系统筹划准备阶段的主要任务包括明确物流中心的定位及目标,分析物流系统的背景条件,物流中心的选址等。

2. 总体规划阶段

在物流系统的总体规划阶段,需要对物流中心的基础资料进行详细分析,确定物流系统的规划条件,在此基础上进行基本功能和流程的规划、区域布置的规划和信息系统的规划,根据规划方案制订项目进度计划、投资预算,进行经济效益分析等。

3. 方案评估阶段

在基本设计阶段往往产生几个可行的系统方案,应根据各方案的特点,采取各种系统评价方法和仿真方法,对各个方案进行评价,从中选择一个最优的方案进行详细的设计。

4. 详细设计阶段

在详细设计阶段,在对各个方案进行完善的基础上,决定作业场群的详细配置,对物流系统所使用的各种设施和设备及其功能进行详细设计,并对办公系统和运营系统进行设计。

5. 系统实施阶段

为了保证系统的统一性和系统目标与功能的完整性,应对参与设计施工的各方所设计的内容从性能、操作、安全性、可靠性、可维护性等方面进行评价和审查,在设备制造期间也需要进行现场了解,对质量和交货日期等进行检查。

(三)电子商务物流系统规划的内容

物流中心作为物流活动的场所或组织、物流系统网络的节点,其系统规划包括方案设计规划、信息系统规划、运营系统规划三个方面的内容。方案设计规划包括物流中心的功能规划、作业流程规划、作业区域规划、设施布置规划和设备选用规划;信息系统规划也就是对物流中心信息管理与决策支持系统的规划;运营系统规划包括组织机构规划、人员配备规划和作业标准规划等。电子商务物流系统规划的内容如图10-1所示。

项目十　电子商务物流系统规划

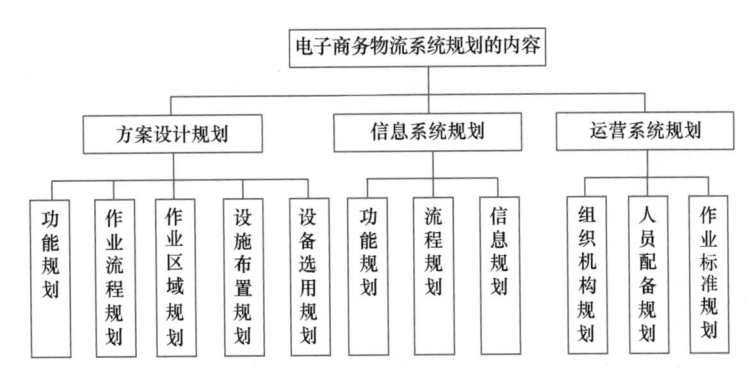

图10-1　电子商务物流系统规划的内容

任务　筹建配送中心

任务引入

培训部吴主管告诉李明，在现代物流系统中，配送中心是集物流、信息流和资金流于一体的流通型节点，对现代社会经济的发展具有重要的作用，是物流系统建设中的战略规划之重，也是实现我国流通产业现代化的重要组成部分。合理地规划和建设配送中心，对于减少物流系统给城市发展带来的负面影响，改善城市的交通和生态环境，优化城市的功能布局，增强城市的载体功能，提高城市的综合竞争力，培育和促进第三方物流的发展，推进物流产业向社会化、现代化、集约化、专业化方向发展，加快传统储运业向现代物流业转型，实行专业化、规模化经营，共享相关物流设施，从而降低运营成本，发挥物流企业整体优势，提高物流规模效益，都将起到重要作用。

任务目标

培训部吴主管要求李明通过参与公司新配送中心的建设，掌握配送中心设计的原则和规划的条件，学会收集规划资料，并能对其进行分析；能对配送中心功能、作业流程、作业区域等做好规划，同时培养团队协作的意识。

工作过程

步骤 1　明确配送中心设计的原则

建立配送中心的根本目的在于提高物流服务水平、降低物流成本和提高物流效益。为实现这一目标，就必须对配送中心规划与设计进行认真的分析和研究。在进行配送中心规划设计时，应遵循以下基本原则：

1. 布局合理化原则

为了突出配送中心的主体功能，使内部布局设计合理，应该做到以下六个方面：

(1)功能区域的划分和作业区域的设置要与装卸搬运、储存、流通加工、包装、运输等作业活动完全相适应。

(2)布局必须满足便于管理，提高物流效益，对作业量的变化和商品形态的变化能灵活适应等要求。

(3) 以系统工程思想为指导,运用系统分析的方法求得内部布局整体优化。

(4) 为保证内部布局合理化,应注重从宏观(总体方案)到微观(每个部门、库房、设施),再从微观到宏观过程的协调。

(5) 应注意减少或消除不必要的作业流程,这是提高配送中心生产率和减少消耗的最有效的方法之一。

(6) 要重视人的因素,创造一个良好、舒适的工作环境。

2. 作业标准化原则

配送中心是物流系统的一个环节(节点),所以在对其进行内部规划设计时应考虑整个物流系统的统一和标准化。在规划设计中应采用现有的标准化成果,尽量使搬运方法、容器、托盘和设备标准化,从而与运输车辆、装卸机械、包装模式等社会上已形成的标准系统相匹配。

3. 作业规模经济化原则

和工业生产企业一样,配送中心也存在规模经济性的问题,采用大规模处理货物的手段可以降低成本。配送中心作业规模主要受客观物流量的限制,同时也受各地交通运输等条件的限制,在设计时不能根据规模经济性来选择企业规模,而应根据市场容量、发展趋势以及该领域竞争对手的状况等因素来确定目标的份额,从而决定配送中心的规模设计。

4. 作业能力弹性化原则

设计配送中心各作业区域的作业能力时,必须要考虑到弹性化的问题,其主要原因是物资流通相对于生产而言具有一定的被动性,一旦出现市场变化、生产涨落,流通量也必然有较大波动,这种波动性往往高于生产企业的波动。在一般条件下,配送中心对于这种波动应该有一定的容纳能力,这就要求在方案设计时对配送中心各作业区域的作业能力做出一定的弹性安排。

5. 技术设施适用化原则

随着科学技术的不断发展,物流领域也产生了许多先进的实用技术,如自动化仓库、自动分拣系统及自动导引搬运车等。在进行配送中心的技术设施设计时,是否采用某种先进技术,应从经济、技术、使用条件、成本等多方面进行综合论证,做出选择。要合理配置物流设施设备,以实用的设备、适当的投资规模,实现预定的物流作业功能,同时,作业设备和作业方法要具有柔性,能适用于各种不同商品的储运工作。

步骤 2 收集基本规划资料

在进行配送中心内部规划与设计前,必须开展基本资料的收集和调研工作,为后面的系统规划设计提供依据。

1. 基本规划资料的类型

(1) 确定性资料,指产品类型、订单资料、物品特性等定性需求分析资料。

(2) 政策性资料,指着手物流中心规划时预定的基本条件和规模设定等资料,这类资料是企业设定的主要政策,一经确定应全力贯彻执行,但在规划过程中,若外部环境和内部条件发生变化,应进行适度修正。

(3) 规划导向资料,指事先难以完全确定的规划资料,在规划实施中,设计者的主要责任是分阶段将规划具体化、详细化。

2. 资料的收集

进行资料收集时可采用的调查研究方法主要有两个：一是去现场进行访问，将所获得的信息进行记录并加以整理；另一个方法是直接收集厂商实际使用的表单，通过统计分析获取信息。

（1）现行资料的收集。现行资料的收集是针对欲建的配送中心类型和现时需求而进行的，具体资料包括：基本运营资料、商品资料、订单资料、商品特性、销售资料、作业流程、单据传递、厂房设施资料、物料搬运资料、供应商资料等。

（2）未来规划资料的收集。除收集现行资料外，还应收集未来发展的趋势及需求变化的相关资料，包括：运营策略和中长期发展计划、未来商品需求预测及未来消费增长趋势、商品品种变化趋势、预测将来可能发展的规模和水平等。

基本规划资料的收集工作完成后，应对所收集的资料从技术性、政策性、可靠性等方面进行认真的分析，以进一步确认配送中心系统规划的目标和方针。

步骤 3 分析基本规划资料

对所收集的资料，必须进行整理分析，并结合欲建配送中心的实际情况加以修订，才能作为规划设计的重要参考。在分析过程中，要避免只将资料做一番整理、统计和计算之类的工作，而应把原始资料与规划设计结合起来。通常可对收集来的资料从以下四个角度进行分析：

1. 订单变化趋势

对订单变化趋势的分析，可用来规划配送中心的作业规模和能力。首先要总结历来的销售和发货资料并进行分析，从而了解销售趋势和变化情况，若能求出有关的变化趋势或周期性变化，则有利于后续资料分析和物流中心的建立。常用的分析方法有时间序列分析法、回归分析法和统计分析法等。

2. 订单品项和数量

进行订单不同层面的分析，得出货物在配送中心的接收、储存、拣选、出货特征，有效掌握物流特性并提供规划过程宏观角度的切入点。

3. 物品特性与储运单位

在进行订单品项和数量分析时，应该结合物品的相关特性、包装规格及特性、储运单位等因素进行分析，这样更有利于对仓储和分拣区的规划。根据储存保管特性，仓储与分拣区可分为干货区、冷冻区、冷藏区；按货物重量，可分为重物区、轻物区；按货物价格，可分为贵重物品区和一般物品区。

4. 物流与信息流

在进行配送中心规划时，除了定量化信息分析之外，物流与信息流等定性化的资料分析也很重要，例如，作业流程分析、事物流程分析、作业时序分析、人员素质分析及自动化水平分析等。通过分析，可以确定配送中心的规划条件，为配送中心的内部规划与设计提供依据。

步骤 4 确定配送中心规划的条件

通过前面对基本规划资料的详细分析，需要确定配送中心规划与设计的基本条件，具体来说，主要包括配送中心的基本运转能力、基本储运单位和自动化水平等。明确了这些基本条件后，才可以开始系统地进行配送中心规划与设计的工作。

1. 基本运转能力的规划

基本运转能力的规划包括进货区、仓储区、拣货区、出货区的基本运转能力的估计规划，除需考虑基本作业需求量以外，还要配合作业弹性及未来趋势。另外，此处所估计的运转能力为一个初估的值，当进行各区域的详细规划时，将逐步修正至一个比较实际的数值。

2. 基本储运单位的规划

其目的在于使储运单位易于量化及转换，并且对不同作业阶段的装载单位逐一确认。通常各区域的储运单位不尽相同，如进货时为托盘进货，储存时以箱储存，出货时则以箱或单品出货等。需强调的是，在进行后续分析及配送中心各项设备规划时，必须先确定基本储运单位的规划。

3. 自动化水平的规划

在对自动化需求、作业时序及基本运转能力分析的基础上，还需要确定物流中心各类设备的自动化水平。只有从实际需求及改善效益的角度出发来引入自动化设备，才能发挥自动化整合的效果。

步骤 5 规划配送中心的功能

配送中心的功能是配送中心能够提供的各种物流服务的总称。配送中心作为一种专业化的物流组织，不仅需要具备一般的物流服务功能，还应该具备适合不同需要的增值功能。因此，合理规划和设计配送中心的功能，是配送中心作业流程规划、作业区域功能规划、设施规划等工作的基础，是配送中心规划设计的重要环节。

1. 基本功能

配送中心是综合性、地域性、大批量的物资集散地，它承担商品从出厂到达最终用户过程中的全部业务及其他相关服务。一般来说，配送中心应具备以下基本功能：

(1) 运输功能。配送中心必须有强大的运输功能与之相配套，可以自己拥有或租赁一定规模的运输工具，负责为客户选择满足其需要的运输方式，然后具体组织运输作业，在规定的时间内将商品运抵目的地，并满足安全、迅速、价廉的要求。

(2) 储存功能。储存功能是配送中心的基本功能，但客户需要的不是在配送中心储存商品，而是要通过储存保证市场分销活动的开展，同时尽可能地降低库存占压的资金，减少储存成本，保障客户利益。因此，配送中心需要配备高效率的分拣、传送、储存和拣选设备。

(3) 装卸搬运功能。装卸搬运功能是为了加快商品在配送中心的流通速度所必须具备的功能，包括对运输、储存、包装、流通加工等进行的衔接活动，以及在商品储存过程中为进行检验、维护、保养所进行的装卸活动。

(4) 包装功能。在配送中心，通过对商品销售包装进行组合、拼配、加固，形成适合于物流作业的组合包装单元，可以提高货物的装卸效率，减少装卸和运输过程中的货损。

(5) 流通加工功能。通常为了方便生产或销售，物流中心常常与固定的制造商或分销商进行长期合作，为制造商或分销商完成一定的流通加工作业，一般包括再包装，加贴标签，制作并粘贴条形码等。

(6) 配送功能。配送功能是配送中心的核心功能之一，要求按照客户的需求，对商品进行门到门的配送服务。它所起的作用是在经过干线运输之后，完成商品至客户的最终送达，这个功能是整个实体物流服务环节中的重要一环。

(7) 物流信息处理功能。配送中心现在已经离不开计算机，因此将各个物流环节中产生的物流信息进行实时采集、分析、传递,并向货主提供各种作业明细信息及咨询信息,已成为现代配送中心必备的功能。

2. 增值功能

随着科技的进步和电子商务的飞速发展,物流环境也发生了很大变化,主要表现在:顾客的需求不断升级;市场竞争日趋加剧,人们开始重视物流;快速反应已经成为物流发展的动力之一;销售方式不断更新,给物流界提供了机遇;供应链概念的引入使物流服务延伸至与供应链集成的服务。

为了进一步挖掘第三利润源,延伸物流系统的作用范围,提高竞争力,现代化的配送中心必须具备以下增值功能:

(1)结算功能。这是对物流功能的一种延伸,不只是物流费用的结算,在从事代理、配送的情况下,物流中心还要替货主向收货人结算货款等。

(2)需求预测功能。配送中心要根据商品进货、出货信息来预测未来一段时间内的商品进出库量,进而预测市场对商品的需求。

(3)物流系统设计咨询功能。配送中心要充当货主的物流专家,为其设计物流系统,代替货主选择和评价运输商、仓储商及其他物流服务供应商。

(4)物流教育与培训功能。培养货主与配送中心经营管理者的认同感,提高货主的物流管理水平,也便于确立物流作业标准。

(5)共同配送功能。共同配送可以降低运输成本,形成规模经济效益。

步骤 6 规划配送中心的作业流程

对于公共型、综合型配送中心来说,其一般的作业流程如图10-2所示。

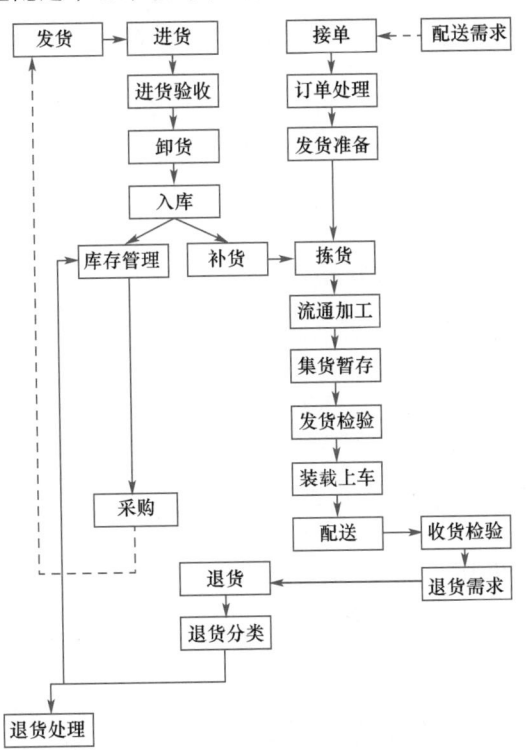

图10-2 配送中心的一般作业流程

不同的商品由于在周转率、特性等方面存在差异,因此它们在配送中心的作业流程是不一样的。在了解了配送中心的一般作业流程后,有必要针对不同类别的商品进一步分析其作业流程,从而找出不合理和不必要的作业,简化配送中心里可能出现的不必要的计算和处理单位,也为后面的作业区域功能规划和区域相关性分析等提供依据。

1. 直接转运型商品

直接转运型商品从进货月台进货后,就直接运到出货月台,直至配送车辆上等待出货,没有入库、储存、拣货等作业,其作业流程如图 10-3 所示。

进货 → 验收 → 装货配货 → 送货

图 10-3　直接转运型商品作业流程

2. 配送型商品

配送型商品通常利用配送中心来进行配货和送货服务。商品在配送中心的理货区短暂存放,一般不单独设置储区。配送中心的理货及配货区面积较大,根据客户需求的不同,有些商品需要进行再加工,有些则不需要。在现实生活中,生鲜食品常按照如图 10-4 所示的作业流程开展物流活动。

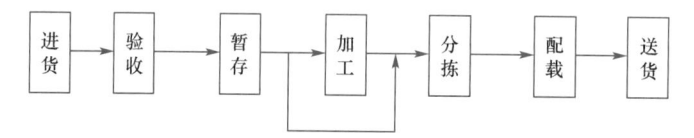

进货 → 验收 → 暂存 → 加工 → 分拣 → 配载 → 送货

图 10-4　配送型商品作业流程

3. 储存型商品

储存型商品在配送中心的储存时间较长,周转速度慢,作业流程如图 10-5 所示。

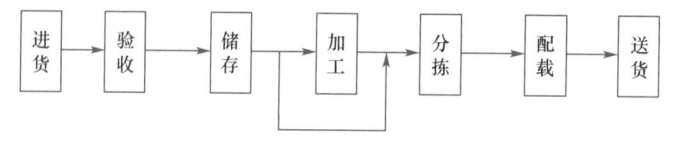

进货 → 验收 → 储存 → 加工 → 分拣 → 配载 → 送货

图 10-5　储存型商品作业流程

步骤 7　规划配送中心作业区域功能

配送中心内各项作业既相互联系,又相对独立,在作业流程明确后即可根据配送中心的营运特性来设计所需的作业区域。配送中心作业区域功能的规划流程如图 10-6 所示。

采用模块化方法进行作业区域功能的规划,具体如下:

(1)通过对配送中心的作业流程及其性质进行分析,确定配送中心的作业模块。这些作业模块可分为两大类,即物流作业模块和周边辅助作业模块。物流作业通常具有流程性的前后关系,而周边辅助作业则与其他各项作业存在着相关性,可逐一建立各活动间的关联分析。

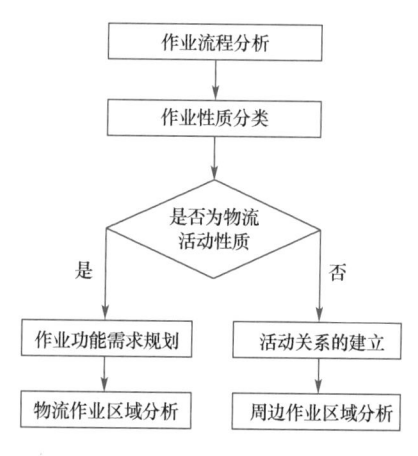

作业流程分析 → 作业性质分类 → 是否为物流活动性质
是 → 作业功能需求规划 → 物流作业区域分析
否 → 活动关系的建立 → 周边作业区域分析

图 10-6　配送中心作业区域功能的规划流程

(2)分析每一类作业模块中包含的所有作业项目。
(3)明确每一作业项目所需的作业区域。
(4)将各作业区域整合,以获得最终所需要的区域。

通过对公共型、综合型配送中心的功能和作业流程的规划和分析,得到常见的作业模块,如图10-7所示。

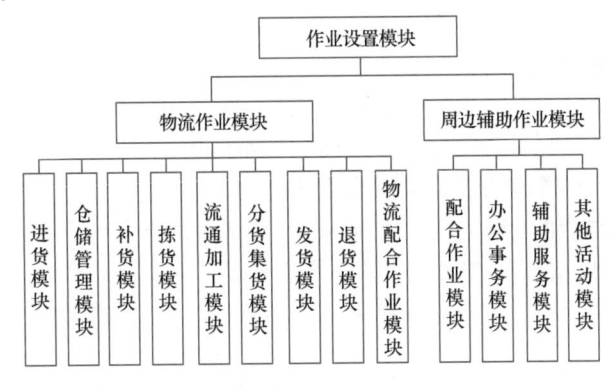

图10-7 配送中心作业设置模块

步骤 8 规划配送中心设施

配送中心设施的规划设计是一项复杂的工作,不仅影响整个配送中心的作业效率,而且将对生产运作成本、资金占用等多方面产生作用,直接关系到配送中心的利益。

1. 物流作业区域设施

对物流作业区域的设施进行规划设计,其重点就是对物流设备的规划设计。不同功能的物流设备要求有与之相适应的厂房布置和面积。在系统规划设计阶段,由于厂房布置尚未定型,物流设备规划设计主要以要求的功能、数量和选用型号等内容为主,并估计每个设备的使用空间。

2. 辅助作业区域设施

在配送中心的运营过程中,除了物流作业区域的设施之外,还需要辅助作业区域的配合,其主要的设施包括办公设施、计算机及其周边设施以及劳务设施等。

3. 厂房建筑及周边设施

这主要指配送中心的厂房建筑,包括仓储区、流通加工区、业务综合楼等,以及与厂房建筑相关的交通、土建、水电、安全、消防等周边设施。这些设施一般要根据配送中心的实际需要来选定。

步骤 9 规划配送中心区域作业空间

在明确了配送中心所需要的作业区域之后,即可依据各项基础需求分析资料,结合所选用设备的型号、数量以及各区域的作业流量、作业活动特性、建筑物特性等因素,确定满足其作业要求的空间大小;考虑配送中心的实际发展情况,并做适当的调整,从而完成各区域的作业空间规划。

1. 通道规划

通道的正确安排和宽度设计是影响物流作业效率的一个关键因素。作为仓储区与进出货区的通路,通道的设计应能提供货物的正确存取、装卸设备的进出及必要的服务区间。配送中心的通道可分为库区外通道和库内通道两种。库区外通道将影响车辆、人员的进出及车辆回转、装卸货等,而库内通道主要影响配送中心的作业能力和效率。在对通道进行规划时,主要应该考虑通道的设置方式和宽度,需要满足以下几个方面的要求:

(1)流量经济性。让通道中人和物的移动形成最佳的作业线路。

(2)空间经济性。用最小的空间占用率有效发挥空间的效益。

(3)设计顺序。应先确定出入货码头位置以设计主通道,再设计作业区之间的存储通道,最后设计服务设施和参观通道等。

(4)大规模库房的空间经济性。在库房面积较大的配送中心,通道设计可以取得较大的规模效益,其通道占库房空间的比例远低于面积较小的库房。

(5)直线原则。所有通道的设计应以直线为原则。

(6)方向性。通常主通道与码头的方向平行,存储通道垂直或平行于主通道。

(7)紧急逃生原则。通道要宽敞,以保证紧急情况下人员的逃生。

(8)电梯通道。电梯是楼层间的主要交通工具,电梯位置不能妨碍主要通道的交通。

2. 进出货区规划

在对进出货区进行详细规划前,必须尽可能准确掌握以下资料:进出货区是否共用、装卸货车辆进出频率、装卸货车辆形式、物品装载特性、每车装卸货所需时间、进货时段、配送时段等。

由于进出货是配送中心的主要作业,因此进出货区的设计成为配送中心内部规划的关键决策之一。为使进出货作业达到安全高效,在对进出货区进行规划时必须遵循以下原则:

(1)进出货区的位置能使车辆快速安全地进出物流中心,不产生交叉。

(2)月台的车位数应保证车辆在规定时间内完成货物装卸任务。

(3)码头尺寸应尽可能兼顾主要车辆的规格。

(4)选用适当的码头设备确保安全装卸货物。

3. 仓储区规划

根据仓储区的储运量,可知日常存货的数量。除此之外,在进行仓储区作业面积规划时,还必须事先了解货物的尺寸、堆放方式、托盘尺寸、货架储位空间和通道宽度等。采用不同的储存方式,货物所需要的仓储作业面积是不一样的,通常物流中心货物的储存方式有地面堆码以及使用托盘货架、轻型货架和自动化仓库等。

4. 拣货区规划

拣货作业是配送中心内较费时的工作,因此拣货区作业面积规划的好坏必将影响整个配送中心的效率。按照拣货作业量、出货频率以及商品特性,拣货区的规划模式可分为三类,见表10-1。

表 10-1　　　　　　　　　　　拣货区规划

拣货区规划模式	作业方式	拣货量	出货频率	适用范围
拣货区与仓储区分区规划	由仓储区补货至拣货区	中	高	零散出货、拆箱拣货
拣货区与仓储区同区分层规划	由上层仓储区补货至下层拣货区	大	中	整箱出货
拣货区与仓储区合并规划	不另设拣货区,直接在储位上进行拣货	小	低	少量零星出货

步骤 10　规划配送中心作业区域平面布局

在完成了配送中心的作业功能规划和设施规划设计之后,结合各区域作业空间大小,就可以对各作业区域进行平面布置规划了。

1. 区域平面布局规划方法

通常作业区域的平面布局规划方法有关联线图法、图形建构法和动线布置法。

(1) 关联线图法

关联线图法以作业区域间接近的程度作为挑选作业区的原则。首先选择具有最多的最高等级关联的作业区域,第二个选定的作业区域应与第一个作业区域具有最高的接近程度,第三个区域应与前两个区域同时具有最高的接近程度。以此类推,逐个选择各作业区域。

(2) 图形建构法

图形建构法是按不同作业区域之间的权重总和的大小来挑选作业区域。首先选择具有最大关联权重的两个作业区域,第三个作业区域应是与这两个作业区域关联权重总和最大的区域。以此类推,逐个选择作业区域。

关联线图法和图形建构法是在完成各作业区域面积需求的计算及基本规划后,对物料流程与区域相关性的关系进行整合,以决定不同作业区域的可行位置。

(3) 动线布置法

动线布置法是先决定作业系统的主要动线进行的方向,再依据流程性质或区域相关性进行配置。由于物流中心内各作业区域间多半具有流程性的关系,且区域间物流量较大,为保障商品在配送中心内顺畅流通,建议采用动线布置法来进行配送中心内部各区域的平面布置规划,可借助计算机辅助平面区域布置技术进行。

2. 物流作业区域平面布置规划

对于物流作业区域,可以采用流程式布置,即以配送中心作业流程作为布置的主要依据。具体步骤如下:

(1) 决定物流中心内由进货到发货的主要物流动线形式。常见的有直线型、U 型、锯齿型、L 型,其余形式均为这四种基本形式的组合,规划设计时可采用混合式的动线规划。

(2) 确定各物流作业区域的位置。按作业流程,沿着物流动线方向,把各区域填入拟建配送中心的图中。

应先布置面积较大且长宽比例不易变更的作业区域,如托盘货架区、分类输送区;再布置面积较大但长宽比例可变更调整的作业区域,如集货区、流动货架区;最后布置面积较小且长宽比例可变更调整的作业区域,如进货暂存区、出货暂存区等。

3. 区域平面布局的调整与确定

在任何一种物流动线形式下,各区域间的布置方式都不是唯一的,在规划时,要根据作业流程和区域间的相关性,考虑相应物流动线形式下各种可能的区域布置组合。

按照各区域间的相关性,检查各种布置组合方式是否符合相关性原则,若有违反相关性原则的(如大流量的区域间活动经过太长的距离),则需要进行调整,直到动线形态、作业区域配置与区域间相关性取得一致为止。

任务总结

李明通过参与筹建企业的配送中心过程认识到:物流节点是指具有一定规模和综合服务功能的物流集结点,包括物流园区、物流中心、配送中心、物流转运中心、物流储存中心和物流加工中心等。物流基础设施是指承担物流活动的硬件基础和条件,主要是指运输工具、公路、铁路、航道、航空线路等交通基础设施和信息通信网。物流节点与物流基础设施的有机结合构成了区域现代物流网络。整合改善区域物流节点和基础设施可以提高现代物流活动的通畅性,从而使现代物流网络更为优化。

案例分析

A集团现代物流系统建设

A集团在连续16年保持80%的增长速度之后,近两年来又在悄然进行一场重大的管理革命:在对企业进行全方位流程再造的基础之上,建立了具有国际水平的自动化、智能化的现代物流体系,使企业的运营效益发生了较大变化,资金周转达到一年15次,实现了零库存、零运营成本和与顾客的零距离,突破了构筑现代企业核心竞争力的瓶颈。

一、A集团现代物流从根本上重塑了企业的业务流程,真正实现了市场化程度较高的订单经济

A集团现代物流的起点是订单。企业把订单作为企业运行的驱动力,作为业务流程的源头,完全按订单组织采购、生产、销售等全部经营活动。从接到订单时起,就开始了采购、配送和分拨物流的同步流程,现代物流过程也就同时开始。由于物流技术和计算机管理的支持,A集团物流通过3个JIT(JIT采购、JIT配送、JIT分拨物流)来实现同步流程。这样的运行速度为A集团赢得了源源不断的订单。所有的采购都基于订单,采购周期减到3天;所有的生产都基于订单,生产过程降到一周之内;所有的配送也都基于订单,产品一下线,中心城市在8小时内,辐射区域在24小时内,全国在4天之内即能送达。

二、A集团现代物流从根本上改变了物流企业的流通方式,基本实现了资本效率最大化的零库存

A集团改变了传统仓库的"蓄水池"功能,使之成为一条流动的"河"。A集团认为,提高物流效率的最大目的就是实现零库存,现在A集团的仓库已经不是传统意义上的仓库,它只是企业的一个配送中心,成了为下道工序配送而暂时存放物资的地方。

建立现代物流系统之前,A集团占用50多万平方米仓库,费用开支很大。目前,A集团建立了2座我国规模最大、自动化水平最高的现代化、智能化立体仓库,仓库使用面积仅有2.54万平方米。这个立体仓库与A集团的商流、信息流、资金流、工作流联网,进行同步数据传输,采用世界上先进的激光导引无人驾驶运输车系统、机器人技术、巷道堆垛机、通信传感技术等,整个仓库空无一人。自动堆垛机把原材料和制成品举上7层楼高的货位,自动穿梭车则把货位上的货物搬下来,放在激光导引无人驾驶运输车上,运输车井然有序地按照指令再把货送到机器人面前,机器人叉起托盘,把货物装上外运的载重运输车上,运输车开向出库大门,仓库中物的流动过程结束。整个仓库实现了对物料的统一编码,使用了条形码技术、自动扫描技术和标准化的包装,没有一道环节会使流动的过程"梗塞"。

三、A集团现代物流从根本上打破了企业自循环的封闭体系,建立了市场快速响应体系

面对日趋激烈的市场竞争,现代企业要占领市场份额,就必须以最快的速度满足终端消费者多样化的个性需求。因此,A集团建立了一整套市场快速响应系统。一是建立了网上订单管理平台。全部采购订单均由网上发出,供货商在网上查询库存,根据订单和库存情况及时补货。二是建立网上支付系统。支付准确率和及时率达100%。三是建立网上招标竞价平台。供应商与A集团共同面对终端消费者,以最快的速度、最好的质量、最低的价格供应原材料,提高了产品的竞争力。四是建立信息交流平台。供应商、销售商共享网上信息,保证了商流、物流、资金流的顺畅。集成化的信息平台,形成了企业内部的信息"高速公路",架起了A集团与全球用户资源网、全球供应链资源网和计算机网络的桥梁,将用户信息同步转化为企业内部信息,以信息替代库存,强化了整个系统执行订单的能力。A集团现代物流成功地运用电子商务体系,大大缩短了A集团与终端消费者的距离,为A集团赢得了响应市场的速度,扩大了A集团产品的市场份额。

四、A集团现代物流从根本上扭转了企业以单体参与市场竞争的局面,使通过全球供应链参与国际竞争成为可能

从1984年12月到现在,A集团经历了三个发展战略阶段:第一阶段是品牌战略,第二阶段是多元化战略,第三阶段是国际化战略。在第三阶段,其战略创新的核心是从集团的国际化到国际化的集团,建立全球供应链网络,而支撑这个网络体系的是集团的现代物流体系。

A集团在进行流程再造时,围绕建立强有力的全球供应链网络体系,采取了一系列重大举措。一是优化供应商网络。将供应商由原有的2 336家优化到978家,减少了1 358家。二是扩大国际供应商的比重。目前国际供应商的比例已达67.5%,较流程再造前提高了20%,世界500强企业中已有44家成为A集团的供应商。三是就近发展供应商。A集团与已经进入和准备进入A集团开发区工业园的19家国际供应商建立了供应链关系。四是请大型国际供应商以其高新技术参与集团产品的前端设计。目前参与A集团产品设计开发的供应商比例已高达32.5%。供应商与A集团共同面对终端消费者,通过创造顾客价值使订单增加,形成了双赢的战略伙伴关系。

在抓上游供应商的同时,A集团还完善了面向消费者的配送体系,在全国建立了42个配送中心,每天按照订单向1 550个专卖店、9 000多个网点配送100多个品种、5万多台产品,形成了快速的产品分拨配送体系、备件配送体系和返回物流体系。与此同时,A集团与国家邮政局、中远集团等企业合作,在国内调配车辆可达16 000辆。

A集团认为,21世纪的竞争不是单个企业之间的竞争,而是供应链与供应链之间的竞争。谁所在的供应链总成本低,对市场响应速度快,谁就能赢得市场。一只手抓住用户的需求,一只手抓住可以满足用户需求的全球供应链,这就是A集团物流创造的核心竞争力。

【案例分析与讨论】

1. A集团物流的快速响应是如何实现的?
2. A集团物流系统的最大特点是什么?

课外拓展

一、单选题

1. 以下选项中，不属于根据作业特点分类的物流配送中心是（　　）。
   A. 流通型物流配送中心　　　　　　B. 加工配送型物流配送中心
   C. 区域物流配送中心　　　　　　　D. 批量转换型物流配送中心

2. 车间总体物流管理原则中，不包括（　　）。
   A. 直线前进原则　　　　　　　　　B. 最小移动距离原则
   C. 整体原则　　　　　　　　　　　D. 生产力突出原则

3. 以下指标中，不属于销售物流综合绩效考评体系指标的是（　　）。
   A. 物流管理绩效的成本指标　　　　B. 物流的效能评价指标
   C. 物流的风险评价指标　　　　　　D. 客户满意度评价指标

4. 场区内交通通道规划，除了考虑车流形式路线规划、通道规划，还需要考虑（　　）。
   A. 停车场设计　　B. 货流路线规划　　C. 工作人员工作流线设计　　D. 信号灯管理

5. 适合于同类大批量货物存储的货架类型是（　　）。
   A. 托盘货架　　　B. 驶入/驶出式货架　　C. 流动式货架　　D. 可移动式货架

二、多选题

1. 物流企业发展规划的基本内容包括（　　）。
   A. 物流服务企业体系的结构
   B. 物流基础设施的投融资与建设发展政策与建议
   C. 各类物流企业的组织与管理模式
   D. 物流企业的服务质量与效率
   E. 物流企业的市场管理与发展政策

2. 选址规划考虑的经济环境因素包括（　　）。
   A. 货物的流向　　B. 城市的扩张和发展　　C. 交通条件　　D. 经济规模要求
   E. 离城市的距离

3. 逆向物流的原则包括（　　）。
   A. "事后处理重于事前防范"原则　　B. 绿色原则
   C. 效益原则　　　　　　　　　　　D. 信息化原则
   E. 法制化原则

4. 以下存储设备中，货格位数大于且等于10的有（　　）。
   A. 托盘货架　　　B. 窄巷式货架　　C. 驶入式货架　　D. 驶出式货架
   E. 流动货架

5. 仓储中心区主要包括（　　）设施。
   A. 配送仓库　　　B. 特殊商品仓库　　C. 堆场　　D. 生产加工区
   E. 流通加工区

三、判断题

1. 国外物流园区建设经验表明,政府应该尽量少干预市场行为,没必要承担物流园区配套设施建设。（   ）
2. 在物流园区的运营期,我国政府的作用应该是政策扶植者、服务者、市场管理者。（   ）
3. 物流配送中心的规模大小是相对的,并不是绝对的。（   ）
4. 物流配送中心的辐射范围一般大于配送中心的辐射范围。（   ）
5. 储存与保管主要是改变物的时间分布状态和空间位置。（   ）

四、操作题

实地调研某物流中心,分析该物流中心的作业流程、作业区域设施、物流功能等。

参 考 文 献

[1] 何飞,季金震.电子商务物流.4版.大连:大连理工大学出版社,2015
[2] 朱孟高.电子商务物流管理.北京:电子工业出版社,2019
[3] 杨晓英.精益智能物流与供应链管理创新方法及其应用.北京:中国经济出版社,2019
[4] 张清.国际物流实务.2版.北京:北京交通大学出版社,2019
[5] 刘宝红等.供应链质量防线.北京:机械工业出版社,2019
[6] 黄滨.透明数字化供应链.北京:人民邮电出版社,2019
[7] 王先庆.智慧物流:打造智能高效的物流生态系统.北京:电子工业出版社,2019
[8] 徐丰伟.物流系统规划与设计.北京:电子工业出版社,2019
[9] 叶怀珍.现代物流学.4版.北京:高等教育出版社,2020
[10] 羊英.跨境电商物流实用教程.北京:中国海关出版社,2019
[11] 赵启兰等.物流实践能力培养与提升.北京:机械工业出版社,2019
[12] 周兴建等.现代物流方案设计.北京:中国纺织出版社,2019
[13] [英]艾伦·哈里森等著.李婷,李克芳等译.物流管理.北京:机械工业出版社,2019
[14] 郑宁.物流运输管理.上海:上海财经大学出版社,2019
[15] 付雅琴.当代物流与供应链管理研究——以电子商务为视角.武汉:武汉大学出版社,2019
[16] 余建海,王苏芳.物流信息管理.北京:中国人民大学出版社,2019
[17] 李春燕.运输管理实务.北京:人民交通出版社,2019
[18] 黄福华,周敏.现代企业物流管理.2版.北京:科学出版社,2017